目　录

中等职业学校对口升学财经专业理论测试全真模拟试卷(一) …… 共16页

中等职业学校对口升学财经专业理论测试全真模拟试卷(二) …… 共16页

中等职业学校对口升学财经专业理论测试全真模拟试卷(三) …… 共16页

中等职业学校对口升学财经专业理论测试全真模拟试卷(四) …… 共16页

中等职业学校对口升学财经专业理论测试全真模拟试卷(五) …… 共16页

中等职业学校对口升学财经专业理论测试全真模拟试卷(六) …… 共16页

中等职业学校对口升学财经专业理论测试全真模拟试卷(七) …… 共16页

中等职业学校对口升学财经专业理论测试全真模拟试卷(八) …… 共16页

中等职业学校对口升学财经专业理论测试全真模拟试卷(九) …… 共16页

中等职业学校对口升学财经专业理论测试全真模拟试卷(十) …… 共16页

中等职业学校对口升学财经专业理论测试全真模拟试卷(十一) … 共16页

中等职业学校对口升学财经专业理论测试全真模拟试卷(十二) … 共16页

中等职业学校对口升学财经专业理论测试全真模拟试卷(十三) … 共16页

中等职业学校对口升学财经专业理论测试全真模拟试卷(十四) … 共16页

中等职业学校对口升学财经专业理论测试全真模拟试卷(十五) … 共22页

中等职业学校对口升学财经专业理论测试

全真模拟试卷(一)

一、单项选择题(本题包括 84 个小题，每小题 1 分，共 84 分。在每小题给出的四个选项中，只有一个符合题目要求，请在答题卡相应位置用 2B 铅笔填涂相应答案代码。)

1. 一般说来会计主体与法律主体是(　　)。

A. 有区别的　　B. 相互一致的　　C. 不相关的　　D. 相互可替代的

2. 在会计信息质量要求中，要求合理核算可能发生的费用和损失的是(　　)。

A. 谨慎性　　B. 可比性　　C. 可理解性　　D. 可靠性

3. 收回应收账款 50000 元，存入银行。这一业务引起的会计要素的变动是(　　)。

A. 资产总额不变　　B. 资产增加，负债增加

C. 资产增加，负债减少　　D. 资产减少，负债增加

4. 以银行存款缴纳所得税，所引起的变化为(　　)。

A. 一项资产减少，一项所有者权益减少　　B. 一项资产减少，一项负债减少

C. 一项负债减少，一项资产增加　　D. 一项资产减少，一项资产增加

5. 引起资产和负债同时增加的交易或事项是(　　)。

A. 以银行存款购入原材料一批　　B. 以银行存款支付前欠货款

C. 收回应收账款存入银行　　D. 购入电视机一部，款暂欠

6. 能够引起资产总额增加的事项有(　　)。

A. 接受投资者投资　　B. 以银行存款偿还债务

C. 从银行提取现金　　D. 将资本公积转增资本

7. 复式记账法对每项经济业务都必须以相等的金额在两个或两个以上账户中同时登记，其登记的账户是(　　)。

A. 资产类账户　　B. 权益类账户

C. 互相联系的对应账户　　D. 总分类账户和明细分类账户

8. 应收账款账户的期初余额为借方 2000 元，本期借方发生额 1000 元，本期贷方发生额 8000 元，该账户的期末余额为(　　)。

A. 借方 3000 元　　B. 贷方 8000 元　　C. 借方 5000 元　　D. 贷方 5000 元

9. 借贷记账法下的发生额平衡是由(　　)决定的。

A. “有借必有贷，借贷必相等”的记账规则　　B. 账户的结构

C. “资产=权益”的会计等式　　D. 平行登记要点

10. 企业从银行取得期限为 3 个月的借款时，应贷记(　　)账户。

A. 银行存款　　B. 短期借款　　C. 财务费用　　D. 长期借款

11. 某公司购入材料一批，总价款 11300 元，其中含进项增值税 1300 元，发生材料运输费 200 元，装卸费 100 元，采购人员工资 1000 元，入库前挑选整理费用为 100 元。该批材料的采购成本为(　　)。

A. 10500 元　　B. 12700 元　　C. 11700 元　　D. 10400 元

39. 下列关于会计职业道德的说法中，正确的是(　　)。

A. 会计职业道德是在会计职业活动中应当遵循的、体现会计职业特征的、调整会计职业关系的职业行为准则和规范

B. 会计职业道德依靠国家强制力保证其贯彻执行

C. 会计职业道德与会计法律制度作用范围相同

D. 会计职业道德是会计法律制度的最低要求

40. 会计人员的下列行为中，属于违反会计法律制度的是(　　)。

A. 会计人员小王上班经常迟到早退

B. 会计人员李某沉溺于赌博，不爱钻研业务

C. 会计人员张某挪用公款炒股

D. 会计机构负责人赵某满足于记账算账，不利用大量而丰富的会计信息参与本单位经营管理

41. 根据税收征收管理法律制度的规定，以下需要办理税务登记的是(　　)。

A. 个人

B. 国家机关

C. 无固定生产经营场所的农村流动性小商贩

D. 企业在外地设立的分支机构

42. 根据发票管理法律制度的规定，纳税人开具发票的时间应是(　　)。

A. 发生经营业务确认收入时　　B. 收到货款时

C. 发出产品时　　D. 签订合同时

43. (　　)负责制定统一的支付结算制度，组织、协调、管理、监督全国的支付结算工作。

A. 国务院财政部　　B. 国家税务总局

C. 中国人民银行总行　　D. 中国银行

44. 基本存款账户是存款人的主办账户。下列关于基本存款账户的表述中，不正确的是(　　)。

A. 异地常设机构可以申请开立基本存款账户

B. 一个单位只能开立一个基本存款账户

C. 可以办理存款人日常经营活动中的资金收付

D. 工资、奖金的发放禁止从基本存款账户中支取

45. 格林公司为向布莱克公司支付货款，向其签发了一张金额为10万元的转账支票，付款人为格林公司的开户银行A银行，保证人为B银行。根据票据法律制度的规定，下列选项中，不属于该支票基本当事人的是(　　)。

A. 格林公司　　B. 布莱克公司　　C. A银行　　D. B银行

46. 根据票据法律制度的相关规定，以下不属于见票即付的票据的是(　　)。

A. 支票　　B. 银行汇票　　C. 商业汇票　　D. 本票

47. 根据支付结算法律制度的规定，下列关于信用卡表述不正确的是(　　)。

A. 根据是否需要交存备用金，分为贷记卡和准贷记卡

B. 信用卡都是直接消费，后还款

C. 贷记卡非现金交易享受免息还款期或最低还款额优惠

D. 信用卡持卡人通过ATM机取现每日每卡限额为1万元

48. 以下关于个人银行结算账户的说法，错误的是(　　)。

A. 可分为Ⅰ类、Ⅱ类、Ⅲ类银行账户

B. 存款人可通过Ⅰ类户办理存款、购买投资理财产品等金融产品、转账、消费和缴费支付、支取现金等服务

C. 存款人可通过Ⅱ类户存款、购买投资理财产品等金融产品、限定金额的消费和缴费支付等服务

D. Ⅲ类银行账户任一时点余额不得超过5000元

49. 根据增值税法律制度的规定，下列各项中属于“销售劳务”的是(　　)。

A. 修理小汽车　　B. 修缮办公楼　　C. 公交车运输旅客　　D. 银行提供贷款

50. 以下税法要素中，区别不同税种的根本标志的是(　　)。

A. 纳税主体　　B. 征税对象　　C. 税目　　D. 税率

51. 甲公司为增值税一般纳税人，2023年9月进口一批货物，海关审定的关税完税价格为113万元。已知增值税税率为13%，关税税率为10%。计算甲公司当月该笔业务应缴纳增值税税额的下列算式中，正确的是(　　)。

A. 113÷(1+13%)×13%＝13(万元)

B. 113×(1+10%)÷(1+13%)×13%＝14.3(万元)

C. 113×13%＝14.69(万元)

D. 113×(1+10%)×13%＝16.159(万元)

52. 甲商店(增值税一般纳税人)有金银销售资质，2022年12月销售金项链100条，其中有50条属于直接销售，另外50条采取以旧换新的方式销售，已知：每条新项链的含税销售价格为2260元，收取的每条旧项链作价1130元，则该商店销售金项链业务相应的增值税销项税额为(　　)元。

A. 20345　　B. 22035　　C. 19500　　D. 29380

53. 根据消费税法律制度的规定，下列商品中，不属于消费税征税范围的是(　　)。

A. 高档手表　　B. 调味料酒　　C. 黄酒　　D. 薯类白酒

54. 某卷烟生产企业为增值税一般纳税人，2022年8月，收回委托乙企业加工的100标准箱甲类卷烟，已知：该卷烟生产企业提供不含税价款为100万元的原材料，同时支付不含税加工费20万元，乙企业无同类卷烟的销售价格，则乙企业当月应代收代缴消费税(　　)万元(甲类卷烟消费税税率为56%加150元/箱)。

A. 156.14　　B. 155.58　　C. 35.25　　D. 38.75

55. 根据企业所得税法律制度的规定，下列各项中，属于不征税收入的是(　　)。

A. 财政拨款　　B. 股息收入　　C. 国债利息收入　　D. 违约金收入

56. 根据企业所得税法律制度的规定，企业从事下列项目的所得，减半征收企业所得税的是(　　)。

A. 花卉种植　　B. 中药材种植　　C. 谷物种植　　D. 蔬菜种植

57. 居民个人取得综合所得，需要办理汇算清缴的，应当在取得所得的一定期间内办理汇算清缴。该期间为(　　)。

A. 次年1月1日至3月31日　　B. 次年1月1日至6月30日

C. 次年3月1日至6月30日　　D. 次年3月1日至5月31日

58. 郑某于2023年3月购买福利彩票获得奖金10000元，领奖时发生交通费50元、食宿

83. 在用友 T3 环境下，固定资产系统不能够提供的折旧表是(　　)。

A. 固定资产及累计折旧表　　B. 使用状况折旧表

C. 部门折旧计提汇总表　　D. 固定资产折旧计算明细表

84. 在用友 T3 环境下，固定资产管理系统初始化时，会计科目定义是为了系统能自动将相应的记账凭证传递到(　　)中去。

A. 报表系统　　B. 成本核算系统

C. 固定资产核算系统　　D. 总账系统

二、多项选择题(本题包括 31 个小题，每小题 2 分，共 62 分。在每小题给出的四个选项中，有两个或两个以上答案符合题目要求，请在答题卡相应位置用 2B 铅笔填涂相应答案代码。)

85. 下列各项中，属于会计职能的有(　　)。

A. 会计核算　　B. 会计监督　　C. 预测经济前景　　D. 参与经济决策

86. 按照权责发生制原则，下列各项应确认为本月费用的有(　　)。

A. 本月支付以前已预提的短期借款利息

B. 年初已支付，分摊计入本月的报刊订阅费

C. 本月预提的短期借款利息

D. 本月支付的下半年房屋租金

87. 下列关于会计基本假设的说法中正确的有(　　)。

A. 会计基本假设是对会计核算所处的时间、空间环境、计量方式等作的合理假定

B. 企业会计确认、计量和报告应当以持续经营为前提

C. 货币计量假设：一是会计核算要以货币为主要计量尺度，二是假定币值稳定

D. 在实务中独立核算的公司、企业集团、分厂、分公司、生产车间均可作为会计主体

88. 不定期清查一般是在(　　)时进行。

A. 年末结账　　B. 月末结账

C. 更换财产物资保管人员　　D. 发生非常损失

89. 属于损益类科目的有(　　)。

A. 主营业务收入　　B. 所得税费用　　C. 本年利润　　D. 管理费用

90. 供应过程的经济业务：材料与账单同时到达并已验收入库，则账务处理可能是(　　)。

A. 借：原材料

　　　应交税费——应交增值税(进项税额)

　　贷：银行存款

B. 借：在途物资

　　　应交税费——应交增值税(进项税额)

　　贷：银行存款

C. 借：原材料

　　　应交税费——应交增值税(进项税额)

　　贷：应付票据(应付账款)

D. 借：在途物资

　　　应交税费——应交增值税(进项税额)

　　贷：应付票据(应付账款)

91. 下列属于会计核算的具体内容的是(　　)。

A. 款项的收付、财物的收发、增减和使用　B. 资本的增减、有价证券的收付

C. 基金的增减　D. 财务成果的计算和处理

92. 下列业务中，属于资金退出的有(　　)。

A. 购买材料　B. 缴纳税费　C. 对外分配利润　D. 归还银行借款

93. 关于更换账簿的描述，正确的有(　　)。

A. 总账与多数明细账应该每年更换一次

B. 有些财产物资、债权债务明细账可跨年度使用

C. 库存现金、银行存款日记账应该每年更换一次

D. 备查账不可以跨年使用

94. 经济业务发生后若引起某个资产项目的金额增加，则可能同时引起(　　)。

A. 某个所有者权益项目等额增加　B. 某个负债项目等额增加

C. 某个所有者权益项目等额减少　D. 某个负债项目等额减少

95. 单位负责人在内部会计监督中的职责，下列表述正确的有(　　)。

A. 不得授意、指使、强令会计机构、会计人员违法办理会计事项

B. 应对本单位会计资料的真实性负责

C. 应对本单位会计资料的完整性负责

D. 应依法做好会计核算工作

96. 下列属于会计法律制度的有(　　)。

A.《中华人民共和国会计法》　B.《总会计师条例》

C.《企业财务会计报告条例》　D.《税收征收管理法》

97. 根据会计法律制度的规定，下列关于单位之间会计档案交接的表述中，正确的有(　　)。

A. 电子会计档案应当与其元数据一并移交

B. 档案接收单位应当对保存电子会计档案的载体和其技术环境进行检验

C. 交接双方的单位有关负责人负责监督会计档案交接

D. 交接双方经办人和监督人应当在会计档案移交清册上签名或盖章

98. 会计职业道德建设的组织与实施应依靠(　　)。

A. 财政部门的组织推动　B. 会计职业组织的行业自律

C. 社会各界齐抓共管　D. 树立坚定的会计职业道德信念

99. 李某因从王某处购买货物而需向王某支付 20000 元货款，则李某可以选择的支付结算方式有(　　)。

A. 支票　B. 本票　C. 银行汇票　D. 商业汇票

100. 甲受乙胁迫开出一张以甲为付款人、乙为收款人的汇票，之后乙通过背书方式将该汇票赠与丙，丙又将该票据背书转让给丁，以支付货款。丙、丁对该票据的来历毫不知情。根据票据法律制度的规定，下列说法中，正确的有(　　)。

A. 甲有权请求丁返还该汇票　B. 乙不享有该票据的票据权利

C. 丙不享有该票据的票据权利　D. 丁不享有该票据的票据权利

101. 根据支付结算法律制度的规定，以下账户可以支取现金的有(　　)。

A. 基本存款账户　B. 一般存款账户

(　　)137. 企业按规定提取的法定盈余公积应以当年实现的净利润作为基数计提。

(　　)138. 县级以上地方各级人民政府财政部门主管全国的会计工作。

(　　)139. 甲公司原有一条生产线一直按直线法计提折旧，后因该生产线更新换代较快，改为采用双倍余额递减法计提折旧，导致当年多提折旧200余万元，甲公司在财务会计报告中对此项变更做了说明，该做法符合法律规定。

(　　)140. 国有企业应当至少每年一次向本企业的职工代表大会公布财务会计报告。

(　　)141. 会计机构、会计人员必须按照国家统一的会计制度的规定对原始凭证进行审核，对记载不准确、不完整的原始凭证有权不予受理，并向单位负责人报告。

(　　)142. 小黄是单位的会计，她认为只要爱岗敬业，没有娴熟的会计技能也是可以的，只要不出大错误就行。小黄的想法是正确的。

(　　)143. “坚持准则”是会计职业道德的主要内容之一，这里的“准则”特指会计准则。

(　　)144. 票据或结算凭证的中文大写金额数字应用正楷或行书填写，不得使用自造简化字。如果金额数字书写中使用繁体字，也应受理。

(　　)145. 刚刚注册成立的甲公司需要到银行开立一个一般存款账户，只能由单位的法定代表人亲自办理。

(　　)146. 票据的持票人因超过票据权利时效或因票据记载事项欠缺而丧失票据权利的，即不能再向出票人或承兑人追偿。

(　　)147. 汇款人可以对汇出行尚未汇出的款项申请撤销。

(　　)148. 贷记卡持卡人非现金交易可同时享受免息还款期和最低还款额两个优惠条件。

(　　)149. 彩票中奖金额不超过1万元的，暂免征收个人所得税。超过1万元的，全额征收个人所得税。

(　　)150. 设有两个以上机构并统一核算的纳税人，将货物从一个机构移送至其他机构用于销售，应视同销售征收增值税。

(　　)151. 对销售啤酒、黄酒所收取的包装物押金，在收到时不计算增值税，于逾期时才计征增值税。

(　　)152. 委托加工的应税消费品，委托方用于连续生产应税消费品的，所纳税款准予按规定抵扣。

(　　)153. 非居民企业适用的企业所得税税率为20%。

(　　)154. 居民个人的综合所得执行3%~45%七级超额累进税率。

(　　)155. 已经开具的发票存根联和发票登记簿，应当保存5年。保存期满，即可直接销毁。

(　　)156. 纳税人超过应纳税额缴纳的税款，税务机关发现后应当自发现之日起10日内退还。

(　　)157. 税收法律责任可分为行政责任和刑事责任。

(　　)158. 引入会计专业判断的渗透融合阶段，是会计电算化发展的中级阶段，目的是实现会计管理的电算化。

(　　)159. 因系统运维需要而通过备份系统进行的备份，无论是在线还是离线的，都是真正意义上的归档保存。

(　　)160. 如果一项原始凭证从纸面扫描为电子影像，或者将手工填写的记账凭证(例如利润分配)输入会计软件中，这些电子资料就是“从纸面转换”的，而不是由信息系统自动生成的。

(　　)161. 在用友 T3 环境下，每个会计账套都可以指定多种货币为记账本位币。

(　　)162. 在用友 T3 环境下，操作员权限设置又称为财务分工，即设置允许操作本账套的操作人员的操作权限。

(　　)163. 在用友 T3 总账管理系统中，凭证类别设置是系统应有的基本功能，用户可以根据实际需要设置凭证类型。

(　　)164. 在用友 T3 环境下，从记账过程和原理来看，不会存在数据转抄错误，因此不需要进行账证、账账核对。

(　　)165. 在用友 T3 环境下，若在年中建账，软件界面有四列，即年初余额、累计借方发生额、累计贷方发生额、期初余额。每列都需要填写相应数据。

(　　)166. 在用友 T3 总账管理系统中，在多栏账里，分析栏目前置就是把借方和贷方的分析栏目放在余额栏的前面，此时借方和贷方能同时设置多栏进行分析。

(　　)167. 在用友 T3 环境下，只要能够进入总账管理系统的操作员都有权进行账簿查询和对账操作。

(　　)168. 在用友 T3 环境下，如果没有指定会计科目，那么就到总账—账簿查询里查询日记账。如果指定了会计科目，那么到现金管理里查看现金和银行日记账。

(　　)169. 用友 T3 报表系统提供了丰富的格式设计功能，如组合单元、画表格线、调整行高和列宽、设置显示比例、做图形等，可以制作各种要求的报表。

(　　)170. 在用友 T3 报表管理系统中，单元公式“C5 = PAVG(B3：B8)”的含义是将本表本页 B3 至 B8 单元的数值求和，填在 C5 单元。

(　　)171. 在用友 T3 报表管理系统中，报表舍位操作是指根据报表文件中定义的舍位平衡公式，进行舍位平衡操作，生成一个舍位文件，原文件被覆盖。

(　　)172. 在用友 T3 工资管理系统中，月末必须将工资类别汇总，否则不能查看企业所有人员的工资数据。

(　　)173. 在用友 T3 工资管理系统中，工资项目初始设置是针对所有工资类别的全部工作项目进行设置的。

(　　)174. 在用友 T3 环境下，在固定资产账套初始化过程中，即使确定不计提折旧，仍可以操作账套内与折旧有关的功能。

(　　)175. 在用友 T3 固定资产管理系统中，固定资产折旧分配表是填制记账凭证、把折旧分配到成本和费用的依据。

四、不定项选择题(本题包括 17 个小题，每小题 2 分，共 34 分。在每小题给出的四个选项中，有一个或一个以上答案符合题目要求，请在答题卡相应位置用 2B 铅笔填涂相应答案代码。)

(一)

2023 年 1 月，甲公司档案管理机构发现一批会计档案已保管期满(其中有尚未结清的债权债务原始凭证)。经会计机构负责人张某及相关人员在会计档案销毁清册上签署意见，将该批会计档案全部销毁。

（四）

甲公司是一家美国某公司在中国境内设立的子公司，主要的业务范围是在国外。2022年1月，该公司准备开展会计信息化工作时，在对国内外市场上的几种通用会计软件进行调查之后，最终与国外一家软件开发公司（乙公司）联合开发会计软件，由乙公司提供远端服务器，甲公司通过互联网的形式使用会计软件。

要求：根据上述资料以及《企业会计信息化工作规范》的相关规定，分析回答下列188~192题。

188. 乙公司根据甲公司的业务特点提供了下列功能，这些功能中符合相关规定的有（　　）。

A. 会计软件提供中英文对照操作界面和会计资料只以英文的形式输出功能

B. 提供符合国际会计准则的会计科目分类和编码

C. 提供 XBRL 功能

D. 提供软件的培训以及升级服务，但是不提供在线服务

189. 甲公司在软件开发过程中向乙公司提出了下列要求，其中不合法的有（　　）。

A. 要求乙公司提供的软件可以在记账后仍能够更改记账凭证的日期

B. 要求提供对已记账凭证进行删除的功能

C. 要求软件的数据导出接口符合国际统一标准

D. 要求在远程访问时不得泄露本公司的会计资料

190. 甲公司在开展会计信息化工作时，不合法的做法有（　　）。

A. 不完全按照我国会计制度规定以及会计行业约定俗成的内容和格式输出会计资料

B. 全部的会计资料都采用电子档案的形式管理和保管

C. 在境内保存会计资料备份，每月备份一次

D. 会计资料全部存储于境外服务器中，在境内没有备份

191. 关于会计资料安全和完整的说法，正确的有（　　）。

A. 甲公司没有支付相关费用，所以乙公司可以不提供保证会计资料安全和完整的技术

B. 由于甲公司某个工作人员的疏忽导致本企业会计资料泄露，乙公司不承担责任

C. 乙公司就保障企业电子会计资料安全以及企业会计工作持续进行的预案，在相关服务合同中与甲公司做出约定

D. 甲公司如果从一种云服务切换到本地会计软件，乙公司则必须提供符合国家标准的数据接口，供客户导出会计资料，不得以任何理由拒绝

192. 如果甲公司使用会计软件不符合《企业会计信息化工作规范》要求，财政部门可以采取的措施有（　　）。

A. 责令限期改正

B. 罚款

C. 限期不改的，予以公示

D. 限期不改的，予以公示，并将有关情况通报同级相关部门或其派出机构

中等职业学校对口升学财经专业理论测试

全真模拟试卷(二)

一、单项选择题(本题包括84个小题，每小题1分，共84分。在每小题给出的四个选项中，只有一个符合题目要求，请在答题卡相应位置用2B铅笔填涂相应答案代码。)

1. 在会计核算过程中，会计处理方法前后各期(　　)。

A. 应当一致，不得随意变更　　B. 可以变动，但须经过批准

C. 可以任意变动　　D. 应当一致，不得变动

2. 在会计职能中，属于控制职能的是(　　)。

A. 进行会计核算　　B. 实施会计监督　　C. 参与经济决策　　D. 评价经营业绩

3. 经济业务发生仅涉及负债这一会计要素时，只引起该要素中某些项目发生(　　)变动。

A. 同增　　B. 同减　　C. 一增一减　　D. 不增不减

4. (　　)既反映了会计对象要素间的基本数量关系，同时也是复式记账法的理论依据。

A. 会计科目　　B. 会计平衡公式　　C. 记账符号　　D. 账户

5. 会引起一项负债减少，而另一项负债增加的经济业务是(　　)。

A. 用银行存款购买材料　　B. 以银行存款偿还银行贷款

C. 以银行借款偿还应付账款　　D. 将资金存入银行

6. 甲企业将应收乙企业的50000元货款，改为对乙企业的股权投资，则该经济业务引起甲企业(　　)。

A. 资产与债权此增彼减

B. 资产和所有者权益此增彼减

C. 资产内部此增彼减，总额不变

D. 负债、所有者权益内部此增彼减，总额不变

7. 在复合会计分录“借：固定资产50000；贷：银行存款30000，贷：应付账款20000”中，“银行存款”账户的对应账户是(　　)。

A. 应付账款　　B. 银行存款

C. 固定资产　　D. 固定资产和银行存款

8. 在编制试算平衡表时，若期初余额、本期发生额和期末余额的借方与贷方均平衡，则(　　)。

A. 全部总账账户记录一定正确　　B. 全部明细账户记录一定正确

C. 全部总账账户记录也不能肯定无错　　D. 全部明细账户记录也不能肯定无错

9. 借贷记账法下，采用发生额试算平衡法时，试算平衡公式是(　　)。

A. 全部账户借方发生额合计等于全部账户贷方发生额合计

B. 每个账户借方发生额合计等于该账户贷方发生额合计

C. 全部资产类账户借方发生额合计等于全部负债类账户贷方发生额合计

D. 全部资产类账户借方发生额合计等于全部所有者权益账户贷方发生额合计

C. 中国现代会计学之父潘序伦先生倡导："信以立志，信以守身，信以处事，信以待人，毋忘'立信'，当必有成。"

D. 会计人员高某认为会计工作无非就是记账算账，公司的经营管理与自己无关

38. 关于会计人员的任职资格下列表述中错误的是(　　)。

A. 从事会计工作应当具备所需要的专业能力，遵守职业道德

B. 担任会计主管人员，应当具备会计师以上专业技术职务资格或者从事会计工作 3 年以上经历

C. 2017 年因私设会计账簿行为受到行政处罚的会计赵某，2023 年可以担任甲公司会计

D. 2015 年因提供虚假财务会计报告被判处有期徒刑的钱某，2017 年刑满释放，2023 年可以担任乙公司会计人员

39. 根据支付结算法律制度的规定，某支票的出票日期为 2023 年 10 月 20 日，下列选项中，填写正确的是(　　)。

A. 贰零贰叁年拾月贰拾日　　B. 贰零贰叁年零壹拾月零贰拾日

C. 贰零贰叁年壹拾月零贰拾日　　D. 贰零贰叁年壹拾月贰拾日

40. 甲公司成立后在某银行申请开立了一个用于办理日常转账结算和现金收付的账户，该账户性质属于(　　)。

A. 基本存款账户　　B. 一般存款账户　　C. 专用存款账户　　D. 临时存款账户

41. 根据填写票据和结算凭证的基本要求，以下月份在填写时无须在其前面加零的是(　　)月。

A. 壹　　B. 贰　　C. 叁　　D. 壹拾

42. 根据票据法律制度的相关规定，下列票据行为中，其签章不符合规定可导致票据无效的是(　　)。

A. 出票人　　B. 背书人　　C. 承兑人　　D. 保证人

43. 关于支票，以下说法错误的是(　　)。

A. 普通支票既可以转账，又可以支取现金

B. 支票的提示付款期限为自出票日起 10 日

C. 支票的授权补记事项可以由出票人授权补记

D. 持票人对支票出票人的追索权为自出票日起 2 年

44. 关于银行卡的分类，根据是否具有透支功能分为(　　)。

A. 借记卡和贷记卡　　B. 借记卡和信用卡

C. 单位卡和个人卡　　D. 磁条卡和芯片卡

45. 根据增值税法律制度的规定，固定业户纳税人申报缴纳增值税的地点是(　　)。

A. 机构所在地　　B. 经营业务所在地　　C. 其住所地　　D. 合同签订地

46. 根据增值税法律制度的规定，下列各项不属于价外费用的是(　　)。

A. 合同违约金　　B. 提前完工奖励　　C. 包装物租金

D. 受托加工应征消费税的消费品所代收代缴的消费税

47. 啤酒、黄酒、成品油的消费税所适用税率的形式是(　　)。

A. 比例税率　　B. 定额税率　　C. 超额累进税率　　D. 超率累进税率

48. 根据消费税法律制度的规定，以下情形应征收消费税的是(　　)。

A. 4S 店销售小汽车　　B. 商场销售高档服装

C. 珠宝店销售金银首饰　　D. 商店销售卷烟

49. 根据企业所得税法律制度的规定，下列各项不属于企业所得税纳税人的是(　　)。

A. 股份有限公司　　B. 外商投资企业　　C. 个人独资企业　　D. 国有企业

50. 根据企业所得税法律制度的规定，下列各项属于免税收入的是(　　)。

A. 财政拨款　　B. 销售货物收入　　C. 接受捐赠收入　　D. 国债利息收入

51. 根据个人所得税法律制度的规定，居民纳税人是指在中国境内有住所，或者无住所而在一个纳税年度内在中国境内居住满(　　)的个人。

A. 90 天　　B. 180 天　　C. 183 天　　D. 1 年

52. 莫某是国内知名作家，2022 年他共向某出版社投稿 12 次，他的作品全部被出版，出版社共支付给他 12 万元。则莫某的该项收入属于(　　)。

A. 工资薪金所得　　B. 劳务报酬所得

C. 稿酬所得　　D. 特许权使用费所得

53. 根据个人所得税法律制度的规定，专项附加扣除只能由本人享受，不能选择配偶享受的是(　　)。

A. 子女教育　　B. 大病医疗　　C. 赡养老人　　D. 住房贷款利息

54. 2023 年 5 月，作家裘某出版小说取得稿酬 80000 元。为创作该作品，裘某发生资料费等各种费用 3000 元。则裘某该笔稿酬应预扣预缴个人所得税额计算正确的是(　　)。

A. 80000×(1-20%)×20%　　B. 80000×(1-20%)×70%×20%

C. (80000-3000)×(1-20%)×20%　　D. (80000-3000)×(1-20%)×70%×20%

55. 根据税收征收管理法律制度的规定，税务登记的主管机关是(　　)。

A. 县级以上财政部门　　B. 县级以上税务局

C. 市级以上税务局　　D. 国家税务总局

56. 根据税收征收管理法律制度的规定，以下情形不属于变更税务登记的是(　　)。

A. 甲公司改变公司名称

B. 甲公司改变其住所(但不改变主管税务机关)

C. 甲公司从 A 市迁至 B 市

D. 甲公司改变其生产经营范围

57. (　　)征收方式符合税收法定的基本原则，适用于财务会计制度健全，并能正确计算应纳税款并如实履行纳税义务的纳税人。

A. 查账征收　　B. 查定征收　　C. 查验征收　　D. 定期定额征收

58. 在会计软件各模块中，账务处理模块与其他模块之间的数据传递关系表现为(　　)。

A. 单向接收型　　B. 单向发送型　　C. 双向传递型　　D. 集中传递型

59. XBRL 是基于互联网和跨平台操作，专门用于(　　)的计算机语言。

A. 会计凭证的填制和审核　　B. 账簿等登记与使用

C. 财务报告的编制、披露和使用　　D. 资金的管理与使用

60. 下列属于通用会计软件的优点的是(　　)。

A. 企业投入少，见效快

B. 针对性强

C. 用户使用简便

A. 个人负担的住房公积金　　B. 工会经费

C. 职业教育经费　　D. 职工福利费

86. 借贷记账法的基本内容通常包括(　　)。

A. “借”“贷”记账符号　　B. 记账规则

C. 账户结构　　D. 试算平衡

87. 适宜采用“三栏式”账簿的明细分类账是(　　)。

A. 应收账款明细分类账　　B. 应付账款明细分类账

C. 其他应收款明细分类账　　D. 原材料明细分类账

88. 各种常用核算程序的主要相同点是(　　)。

A. 填制记账凭证的依据相同　　B. 登记明细账的依据和方法相同

C. 登记总账的依据和方法相同　　D. 编制会计报表的依据和方法相同

89. 未达账项通常有(　　)。

A. 企业已记存款增加而银行尚未记账　　B. 银行已记存款增加而企业尚未记账

C. 企业已记存款减少而银行尚未记账　　D. 银行已记存款减少而企业尚未记账

90. 下列各项中，属于资产要素特点的有(　　)。

A. 企业过去的交易或事项形成　　B. 具有实物形态

C. 预期能给企业带来经济利益　　D. 是企业拥有或控制的资源

91. (1)本期销售产品一批价值8000元，款项尚未收到；(2)本期收到上月销售产品的货款5000元，存入银行，这两项经济业务采用权责发生制或收付实现制的收入分别是(　　)。

A. (1)在权责发生制和收付实现制下的收入都是8000元

B. (1)在权责发生制下的收入是8000元，在收付实现制下不确认收入

C. (2)在权责发生制下不确认收入，在收付实现制下收入是5000元

D. (2)在权责发生制和收付实现制下的收入都是5000元

92. 根据谨慎性原则的要求，对企业可能发生的损失和费用，做出合理预计，通常的做法有(　　)。

A. 对应收账款计提坏账准备

B. 固定资产加速折旧

C. 对售出商品可能发生的保修义务等确认预计负债

D. 对无形资产计提减值准备

93. 企业的资金运动表现为(　　)过程。

A. 资金投入　　B. 资金运用　　C. 资金退出　　D. 资金分配

94. 下列以企业的持续经营为前提的是(　　)。

A. 历史成本计量　　B. 权责发生制　　C. 会计期间假设　　D. 会计主体假定

95. 下列各项中，属于国家统一的会计制度的内容有(　　)。

A. 国家统一会计核算制度　　B. 会计监督制度

C. 会计机构和会计人员管理制度　　D. 会计工作管理制度

96. 根据会计法律制度的规定，下列人员中，应当在财务会计报告上签名并盖章的有(　　)。

A. 企业会计机构负责人　　B. 企业负责人

C. 企业总会计师　　D. 企业主管会计工作负责人

97. 下列关于会计档案的表述中，不符合《会计档案管理办法》规定的有(　　)。

A. 会计档案保管期限分为 10 年、30 年

B. 银行存款余额调节表的保管期限为 30 年

C. 单位会计档案销毁后单位负责人应在会计档案销毁清册上签署意见

D. 电子会计档案销毁，应当由档案机构、会计机构和电子信息管理机构共同派员监销

98. 下列属于会计职业道德教育内容的有(　　)。

A. 会计职业道德观念教育　　B. 会计职业道德规范教育

C. 会计职业道德警示教育　　D. 会计法律制度教育

99. 以下情形属于诚实守信的基本要求的有(　　)。

A. 公私分明，不贪不占　　B. 做老实人，说老实话，办老实事

C. 保密守信，不为利益所诱惑　　D. 实事求是，不偏不倚

100. 根据票据法律制度的规定，下列各项中，属于汇票上必须记载事项的有(　　)。

A. 汇票金额　　B. 收款人名称　　C. 付款日期　　D. 出票日期

101. 根据票据法律制度的规定，以下汇票持票人可以取得到期前追索权的情形有(　　)。

A. 承兑人被宣告破产　　B. 付款人被责令终止业务活动

C. 承兑附条件　　D. 出票人被宣告破产

102. 根据支付结算法律制度的规定，一般存款账户的存款人可以办理的事项有(　　)。

A. 借款转存　　B. 借款归还　　C. 现金缴存　　D. 现金支取

103. 根据税收法律制度的规定，以下属于消费税纳税人的有(　　)。

A. 生产销售卷烟的卷烟厂　　B. 受托加工啤酒的啤酒加工厂

C. 生产销售手表的手表厂　　D. 进口小汽车的 4S 店

104. 根据税收法律制度的规定，以下属于个人所得税的专项附加扣除项目的有(　　)。

A. 子女教育　　B. 大病医疗　　C. 住房贷款利息　　D. 住房公积金

105. 根据《发票管理办法》的规定，增值税一般纳税人可以利用增值税发票管理新系统开具的发票有(　　)。

A. 增值税专用发票　　B. 增值税普通发票

C. 机动车销售统一发票　　D. 增值税电子普通发票

106. 根据税收征收管理法律制度的规定，以下属于税务代理特征的有(　　)。

A. 公正性　　B. 独立性　　C. 无偿性　　D. 自愿性

107. 下列属于广义会计电算化范畴的有(　　)。

A. 开发会计软件　　B. 会计电算化制度建设

C. 使用会计软件编制报表　　D. 使用会计软件进行账务处理

108. 下列关于会计软件要求的说法正确的有(　　)。

A. 软件供应商应当努力提高会计软件相关服务质量，按照合同约定及时解决用户使用中的故障问题

B. 企业配备会计软件，应当根据自身技术力量以及业务需求，考虑软件功能、安全性、稳定性、响应速度、可扩展性等要求，合理选择购买、定制开发、购买与开发相结合等方式

C. 企业会计资料中对经济业务事项的描述应当使用中文，可以同时使用外国或者

(　　)148. 企业开立单位银行结算账户，自正式开立之日起3个工作日后，方可使用该账户办理付款业务。

(　　)149. 信用卡的发行机构向持卡人收取的年费不得计收利息。

(　　)150. 中国境内的单位和个人提供国际运输服务的，免征增值税。

(　　)151. 纳税人自产自用的应税消费品，用于本单位在建工程不缴纳消费税。

(　　)152. 非居民企业仅就其来源于中国境内的所得缴纳企业所得税。

(　　)153. 企业在一个纳税年度中间开业，使该纳税年度的实际经营期不足12个月的，应当以实际经营期为1个纳税年度。

(　　)154. 退休人员再任职取得的收入，应按规定计征个人所得税。

(　　)155. 甲企业是新创办的符合享受“三免三减半”优惠政策的企业，则其在享受优惠期间无须进行纳税申报。

(　　)156. 税务机关采取税收保全措施的期限一般不得超过6个月。

(　　)157. 从事生产经营的纳税人，应当自领取营业执照或者发生纳税义务之日起10日内，按规定设置账簿。

(　　)158. ERP系统可以对资源进行一体化管理，功能强大，属于会计软件。

(　　)159. 实施企业会计准则通用分类标准的企业，应当按照要求向财政部报送XBRL财务报告。

(　　)160. 根据《企业会计信息化工作规范》相关规定，对于会计软件和服务，软件供应商和相关咨询服务机构责任义务同等。

(　　)161. 用友T3软件提供了自行定义会计期间功能，比如每个会计年度从2月份开始，而结账日为每月25日。

(　　)162. 在用友T3软件中，每一账套设置一名账套主管，账套主管可以新建和删除账套。

(　　)163. 在用友T3总账管理系统项目目录设置功能中，已经定义下级项目目录的项目分类不能直接删除，但可以再定义下级分类。

(　　)164. 在用友T3总账管理系统中，经过凭证记账操作后，科目期初余额仍然可以直接进行修改。

(　　)165. 在用友T3环境下，结账只能由具有结账权限的人进行，在结账前，最好进行数据备份，一旦结账后发现业务处理有误，可以利用备份数据恢复到结账前的状态。

(　　)166. 财务处理软件的年度期初数据录入后，软件必须提供平衡校验功能，保证借方年初额与贷方年初额相等、本年累计借方发生额与本年累计贷方发生额相等、借方余额合计与贷方余额合计相等。

(　　)167. 在用友T3总账管理系统中，系统一般不允许在总账查询窗口下联查当前会计科目当前月份的明细账。

(　　)168. 在用友T3总账管理系统中，领用支票时一定要做好相关登记，如银行账号、领用部门、领用人信息等。

(　　)169. 在用友T3报表管理系统中，关键字在格式状态下设置，关键字的值在数据状态下录入。

(　　)170. 在用友T3报表管理系统中，对于取自本表其他表页的数据，可以利用某个

关键字作为表页定位的依据，或者直接以页标号作为定位依据，指定取某个表页的数据。

(　　)171. 在用友 T3 报表管理系统中，报表编制完成后(即生成报表数据后)，进行报表审核才有意义，否则报表没有数据，审核时必然会提示错误。

(　　)172. 在用友 T3 工资管理系统中，如果单位中所有人员的工资统一管理，工资项目、工资计算公式全部相同，则只需要建立单个工资类别，以提高系统的运行效率。

(　　)173. 在用友 T3 工资管理系统设置工资项目时，“病假天数”适宜选择数值型，增减项类型选择为减项。

(　　)174. 在用友 T3 固定资产管理系统中，不同使用状况的固定资产折旧计提处理方法仍然相同。

(　　)175. 在用友 T3 环境下，固定资产模块启用日期可以修改。

四、不定项选择题(本题包括 17 个小题，每小题 2 分，共 34 分。在每小题给出的四个选项中，有一个或一个以上答案符合题目要求，请在答题卡相应位置用 2B 铅笔填涂相应答案代码。)

(一)

甲公司是一家刚刚成立不久的公司，由于先前业务量不大，并没有设置专门的会计机构。进入 2023 年，随着疫情的放开，加上国家的大力支持，会计业务量骤增，于是甲公司计划设立单独的会计机构。公司的董事长李某指定自己的得力助手刘某担任会计机构负责人。刘某虽大学所学的是会计专业，但只有初级专业技术职务资格，自毕业后一直从事文秘工作已满 4 年。

刘某任职后，对会计机构内部人员的任职工作进行了询问，发现出纳王某同时还负责会计档案的保管，以及固定资产明细账的登记工作。

原来负责账簿登记工作的黄某要离职，刘某安排孙某接替她的工作并办理了交接手续。由于交接匆忙，孙某当时并未发现账簿中存在问题。事后孙某发现原材料明细账里存在漏洞，遂联系黄某说明情况，黄某以已经办理完交接手续为由拒绝承担任何责任。

要求：根据以上资料，回答以下问题。

176. 单位是否设置会计机构，受哪些因素影响(　　)。

A. 单位规模大小

B. 经济业务、财务收支的繁简

C. 经营管理的要求

D. 单位负责人的意愿

177. 关于刘某是否有资格担任本单位的会计机构负责人，以下说法正确的有(　　)。

A. 刘某具备担任会计机构负责人的资格

B. 刘某不具备担任会计机构负责人的资格

C. 从事会计工作 3 年以上且取得会计师以上的专业技术职务资格才可以担任会计机构负责人

D. 从事会计工作 3 年以上或取得会计师以上的专业技术职务资格才可以担任会计机构负责人

A. 由系统管理员删除666账套，重新建立账套，设置客户分类管理

B. 由马利删除666账套，重新建立账套，设置客户分类管理

C. 由系统管理员登录系统管理，进行账套修改

D. 由马利登录系统管理，进行账套修改

190. 为有效强化内部控制，明确责任，下列财务分工操作正确的有(　　)。

A. 马利作为账套主管，自动拥有666账套的所有操作权限

B. 马利可以将张云设置为账套主管，享有本账套所有操作权限

C. 马利赋予王丽审核权限，王丽可以审核任何操作员包括自己填制的凭证

D. 没有选择“允许查看他人填制的凭证”，那么马利也不可以查看张云填制的凭证

191. 马利在进行会计科目体系建立操作时，下列表述正确的有(　　)。

A. 不需要建立一级会计科目，只需要对一级会计科目进行修改

B. 至少要设置外币核算和客户往来辅助核算

C. 可以使用成批复制会计科目功能快速增加会计科目

D. 在会计科目增加界面对不需用的会计科目进行封存设置

192. 赵华在对收款凭证与付款凭证签字时，发现不能操作出纳签字，可能的原因有(　　)。

A. 没有赋予赵华出纳签字权限

B. 没有选择“出纳凭证必须经由出纳签字”参数

C. 没有把“库存现金”设置为“现金总账科目”

D. 没有把“银行存款”设置为“银行总账科目”

中等职业学校对口升学财经专业理论测试

全真模拟试卷(三)

一、单项选择题(本题包括84个小题，每小题1分，共84分。在每小题给出的四个选项中，只有一个符合题目要求，请在答题卡相应位置用2B铅笔填涂相应答案代码。)

1. 关于会计的说法错误的是(　　)。
   A. 会计是一项经济管理活动
   B. 会计的主要工作是核算和监督
   C. 会计的对象针对的是某一主体平时所发生的经济活动
   D. 货币是会计唯一计量单位

2. 下列各项中属于谨慎性原则要求的是(　　)。
   A. 资产计价时从低　　B. 利润估计时从高
   C. 不预计任何可能发生的收益　　D. 负债估计时从高

3. 属于非流动负债的项目是(　　)。
   A. 应付账款　　B. 预付账款　　C. 应付债券　　D. 应付股利

4. 属于所有者权益的项目是(　　)。
   A. 长期股权投资　　B. 长期应付款　　C. 盈余公积　　D. 固定资产

5. 属于企业主营业务收入的是(　　)。
   A. 销售商品收入　　B. 材料销售收入
   C. 转让无形资产使用权收入　　D. 包装物出租收入

6. 负债是指企业由于过去交易或事项形成的(　　)。
   A. 过去义务　　B. 现时义务　　C. 将来义务　　D. 永久义务

7. 在交易或事项处理过程中，会形成账户的对应关系，这种关系是指(　　)。
   A. 总分类账户与总分类科目之间的关系　　B. 总分类账户与明细分类账户之间的关系
   C. 总分类科目与总分类科目之间的关系　　D. 有关账户之间的应借应贷关系

8. 复式记账法对每笔经济业务都以相等的金额，在(　　)中进行登记。
   A. 两个账户　　B. 一个账户
   C. 所有账户　　D. 两个或两个以上相互联系的账户

9. 会计科目是对(　　)的具体内容进行分类核算的项目。
   A. 经济业务　　B. 会计主体　　C. 会计对象　　D. 会计要素

10. 企业采用预付料款方式购入材料，当材料到达时，应贷记(　　)账户。
    A. 原材料　　B. 应交税费　　C. 应付账款　　D. 预付账款

11. “财务费用”账户贷方核算(　　)。
    A. 支付的当月短期借款利息　　B. 期末转入“本年利润”账户的金额
    C. 支付给银行的手续费　　D. 支付的财务科的办公费

12. 借：盈余公积；贷：实收资本。这一会计分录反映的经济业务是(　　)。
    A. 提取盈余公积　　B. 将盈余公积转增注册资本

账户管理这笔款项。

A. 基本存款账户　　B. 一般存款账户　　C. 专用存款账户　　D. 临时存款账户

42. 赵某在银行申领了一张信用卡，其不能使用该信用卡办理的业务是(　　)。

A. 通过银行柜面在限额内提取现金

B. 将该卡预借现金额度内的资金划转到赵某本人的借记卡

C. 通过 ATM 机在限额内提取现金

D. 将该卡预借现金额度内的资金划转到妻子的银行结算账户

43. 根据支付结算法律制度的规定，下列票据当事人的签章中，不符合规定的是(　　)。

A. 出票人甲公司的签章为甲公司盖章加其法定代表人签名

B. 承兑人乙银行的签章为乙银行盖章

C. 背书人张某的签章为张某的签名

D. 保证人王某的签章为王某的私章

44. 甲公司签发汇票给乙公司，承兑人为 A 公司，乙公司将该票据背书转让给丙公司。根据支付结算法律制度的规定，下列情形中，持票人丙公司有权行使追索权的是(　　)。

A. A 公司拒绝承兑　　B. 甲公司被依法宣告破产

C. 乙公司因违法被责令终止营业活动　　D. A 公司的法定代表人死亡

45. 下列关于银行汇票的说法，正确的是(　　)。

A. 银行汇票属于见票即付的票据

B. 银行汇票的提示付款期限为自出票日起 10 日

C. 银行汇票只能用于转账，不得支取现金

D. 银行汇票仅限单位使用，个人不得使用

46. 税法的构成要素中，区分不同税种的主要标志是(　　)。

A. 纳税主体　　B. 征税对象　　C. 税目　　D. 税率

47. 根据税收法律制度的规定，以下情形应视同销售的是(　　)。

A. 将购进的月饼给职工发放福利　　B. 将购进的空调用于职工宿舍

C. 将购进的玩具赠送给幼儿园　　D. 将购进的防疫物资发放给职工

48. 根据税收法律制度的规定，一般纳税人销售以下项目，执行 13%增值税税率的是(　　)。

A. 提供交通运输服务　　B. 提供金融服务

C. 提供不动产租赁服务　　D. 提供有形动产租赁服务

49. 根据税收法律制度的规定，以下情形不征收消费税的是(　　)。

A. 将自产的高档化妆品用于馈赠　　B. 将自产的白酒用于样品

C. 将委托加工的烟丝用于连续加工卷烟　　D. 将自产的啤酒用于职工福利

50. 根据税收法律制度的规定，以下关于消费税纳税义务发生时间，说法错误的是(　　)。

A. 采取预收款销售方式的，为发出应税消费品的当天

B. 自产自用应税消费品的，为移送使用的当天

C. 委托加工应税消费品的，为支付加工费的当天

D. 进口应税消费品的，为报关进口的当天

51. 美乐迪公司是美国在中国设立的一个分公司，主要从事服装生产与销售。其产品由于性价比高，畅销到世界各地。其以下收入无须缴纳企业所得税的是(　　)。

A. 美乐迪公司的产品在中国境内的销售收入

B. 美乐迪公司的产品在美国的销售收入

C. 美国总部的产品通过美乐迪公司销售到中国境内的收入

D. 美国总部的产品销售到法国的收入

52. 根据税收法律制度的规定，以下执行15%企业所得税优惠税率的是(　　)。

A. 小型微利企业　　B. 国家重点扶持的高新技术企业

C. 非居民企业　　D. 从事农、林、牧、渔业的企业

53. 居民个人李某的下列各项收入中，不予征收个人所得税的是(　　)。

A. 奖金　　B. 劳动分红　　C. 差旅费津贴　　D. 年终加薪

54. 在北京工作的公司白领小王在工作地无房产，租住一套小公寓，则小王能享受的住房租金专项附加扣除的金额为(　　)。

A. 1500元/月　　B. 1100元/月　　C. 1000元/月　　D. 800元/月

55. 2023年5月，侯老师将其一套2019年购入的住房以120万元的价格出售，该房产购入时价格为90万元，交易过程中支付相关税费及其他合理费用共计8万元，则侯老师出售该住房应缴纳的个人所得税计算过程正确的是(　　)。

A. 暂免征收个人所得税　　B. (120-90)×20%

C. (120-90-8)×20%　　D. (120-90-8)×(1-20%)×20%

56. 根据税收征收管理法律制度的规定，以下可以申请停业、复业登记的纳税人是(　　)。

A. 实行查账征收方式的纳税人　　B. 实行查定征收方式的纳税人

C. 实行查验征收方式的纳税人　　D. 实行定期定额征收方式的纳税人

57. 甲公司依法最晚于4月15日缴纳的一笔应纳税款50000元，因资金紧张问题没有按期缴纳，其主管税务机关责令其于5月1日前缴纳，甲公司直到6月10日才缴纳该税款。计算甲公司应缴纳滞纳金的下列算式中，正确的是(　　)。

A. 50000×(30+10)×0.5‰　　B. 50000×(15+31+9)×0.5‰

C. 50000×(15+31+10)×0.5‰　　D. 50000×(16+31+9)×0.5‰

58. 根据税收征收管理法律制度的规定，下列各项中，属于税收保全措施的是(　　)。

A. 扣押纳税人价值相当于应纳税款的货物　　B. 从纳税人账户直接划拨应纳税款的金额

C. 加收滞纳金　　D. 责令纳税人提供纳税担保

59. 我国首次提出会计电算化是在(　　)年。

A. 1970　　B. 1971　　C. 1981　　D. 1990

60. 下列属于选择通用会计软件时进行的软件技术指标分析的是(　　)。

A. 企业会计核算与管理的特殊需求分析　　B. 软件操作是否方便

C. 版本是否能够升级　　D. 企业会计工作发展需要

61. 下列业务中不能对其会计资料进行无纸化归档管理的是(　　)。

A. 货币资金收付　　B. 成本计算业务

C. 计提固定资产折旧　　D. 利润分配

62. 下列关于会计软件供应商的服务的说法，不正确的是(　　)。

A. 如果会计软件升级是对影响客户按照会计准则制度核算的问题的修正，则不应收取费用

B. 必须提供实时技术支持

业，该业务在系统中通过(　　)操作来完成。

A. 原值减少　　B. 累计折旧调整　　C. 资产减少　　D. 使用状况调整

二、多项选择题(本题包括 31 个小题，每小题 2 分，共 62 分。在每小题给出的四个选项中，有两个或两个以上答案符合题目要求，请在答题卡相应位置用 2B 铅笔填涂相应答案代码。)

85. 下列各项中，在月末结账前发现错误，可以采用红字冲销法进行更正的是(　　)。

A. 记账凭证正确，账簿中误将金额 7000 元写为 700 元

B. 记账凭证中误将金额 700 元写为 7000 元，并已登记入账

C. 记账凭证中用错了科目，并已登记入账

D. 记账凭证中误将金额 7000 元写为 700 元，并已登记入账

86. 在利润表中，根据相关项目计算填列的有(　　)。

A. 营业利润　　B. 净利润　　C. 营业收入　　D. 利润总额

87. 下面关于"应付账款"和"预付账款"叙述正确的是(　　)。

A. 应付账款借方余额反映企业因购货而预付的款项

B. 应付账款贷方余额反映企业因购货而应付的款项

C. 预付账款借方余额反映企业因购货而预付的款项

D. 预付账款贷方余额反映企业因购货而应付的款项

88. 下列账簿中，不可以采用数量金额式账簿的有(　　)。

A. 银行存款日记账　B. 库存商品总账　C. 原材料明细账　D. 原材料总账

89. 企业销售产品一批，不含税售价 10000 元，增值税 1300 元，另用转账支票代购货方垫付运费 1000 元，购货方开出商业承兑汇票支付货款，下列账务处理正确的是(　　)。

A. 借：应收账款 12300　　B. 借：应收票据 12300

C. 贷：主营业务收入 10000　　D. 贷：银行存款 1000

90. 下列关于会计科目与账户的关系说法中，正确的有(　　)。

A. 会计科目是账户的名称，也是设置账户的依据

B. 会计科目仅仅是账户的名称，不存在格式和结构，而账户具有一定的格式和结构

C. 账户是会计科目的具体运用，具有一定的结构和格式

D. 没有会计科目，账户便失去了设置的依据，没有账户，就无法发挥会计科目的作用

91. 会计平衡公式的形式可以表达为(　　)。

A. 资产=权益　　B. 资产=负债+所有者权益

C. 资产=负债+所有者权益+收入-费用　　D. 资产=负债+所有者权益+利润

92. 经济业务发生后，所编制的会计分录要指明应记入账户的(　　)。

A. 经济业务性质　　B. 记账方向

C. 相互对应的账户名称　　D. 应记金额

93. 属于汇总记账凭证核算程序的特点的有(　　)。

A. 汇总收款凭证根据"库存现金""银行存款"的借方进行编制。是在对各账户对应的贷方科目加以归类、汇总进行编制

B. 汇总付款凭证根据"库存现金""银行存款"的贷方进行编制，是在对各账户对应的借方科目加以归类、汇总进行编制

C. 汇总转账凭证通常根据所设置的账户的贷方进行编制

D. 汇总付款凭证根据"库存现金""银行存款"的贷方进行编制，是在对各账户对应的

贷方科目加以归类、汇总进行编制

94. 总分类账户余额试算平衡表中的平衡关系有(　　)。

A. 全部账户的本期借方发生额合计=全部账户的本期贷方发生额合计

B. 全部账户的期初借方余额合计=全部账户的期末贷方余额合计

C. 全部账户的期初借方余额合计=全部账户的期初贷方余额合计

D. 全部账户的期末借方余额合计=全部账户的期末贷方余额合计

95. 下列各项中，属于会计法律制度的有(　　)。

A.《总会计师条例》　　B.《企业所得税法》

C.《税收征收管理法》　　D.《企业会计准则》

96. 下列关于记账凭证填制的基本要求，不正确的有(　　)。

A. 记账凭证各项内容必须完整，并且应当连续编号

B. 填制记账凭证时若发生错误，应当重新填制

C. 一张发票所列支出需要两个单位共同负担的，应当向其他应负担单位提供发票复印件

D. 所有的记账凭证都必须附有原始凭证

97. 根据税收法律制度的规定，以下实行比例税率的税种有(　　)。

A. 增值税　　B. 企业所得税

C. 啤酒、黄酒的消费税　　D. 土地增值税

98. 会计职业道德有以下作用(　　)。

A. 是规范会计行为的基础　　B. 是对会计法律制度的重要补充

C. 是会计法律制度的重要组成部分　　D. 是实现会计目标的重要保证

99. 会计职业道德中会计人员的“参与管理”主要体现在(　　)。

A. 熟悉财经法规，为单位管理者提供专业支持

B. 树立服务意识

C. 努力钻研业务，为参与管理打下基础

D. 全面熟悉服务对象的经营活动和业务流程

100. 下列金额较小的支付业务中，支付机构可以代替银行进行交易验证的有(　　)。

A. 单笔金额为30元的餐饮外卖订单支付业务

B. 单笔金额为100元的京东到家订单支付业务

C. 单笔金额为200元的快递服务订单支付业务

D. 单笔金额为300元的家具电商订单支付业务

101. 根据票据法律制度的规定，下列票据事项中，属于汇票任意记载事项的有(　　)。

A. 出票人在汇票上记载“禁止背书”字样　　B. 承兑人在汇票上记载“承兑”字样

C. 保证人在汇票上记载“保证”字样　　D. 背书人在汇票上记载“不得转让”字样

102. 根据票据法律制度的规定，下列情形中，可以申请挂失止付的有(　　)。

A. 未承兑的商业汇票　　B. 转账支票

C. 现金支票　　D. 填明“现金”字样的银行本票

103. 根据消费税法律制度的规定，下列应税消费品，在零售环节征收消费税的有(　　)。

A. 卷烟　　B. 白酒　　C. 超豪华小汽车　　D. 金银首饰

104. 根据个人所得法律制度的规定，下列各项中，免予缴纳个人所得税的是(　　)。

A. 抚恤金　　B. 军人的转业费　　C. 保险赔款　　D. 年终加薪

恒等式。

(　　)136. 利润包括：营业利润、利润总额、净利润。

(　　)137. 企业月初资产总额为 105 万元，本月收回应收账款 10 万元存入银行，用银行存款购入一批材料 5 万元，用银行存款偿还银行借款 10 万元，预付购货款 10 万元，则月末资产总额为 95 万元。

(　　)138. 美洁公司系 2023 年成立的新公司，由于经济业务较少，该公司决定不设置会计机构也不在有关机构中设置会计人员，而将本公司的会计业务委托给退休会计赵某，该行为属于委托代理记账行为。

(　　)139. 原始凭证的各项内容均不得更改。

(　　)140. 会计档案的保管期限从年度终了后的第一天算起。

(　　)141. 瑞得公司是一家美资公司，其业务收支主要以美元为主，该公司的会计机构负责人贝克认为可以选择美元作为本公司的记账本位币。贝克的观点是正确的。

(　　)142. 小李毕业后在一家单位里管理人事档案，边工作边学习，去年取得了初级会计职务资格证书，该单位最近计划设置会计机构，小李具备担任会计机构负责人的资格。

(　　)143. 违反会计法律制度的会计人员，不构成犯罪的，应承担行政责任，包括行政处分和行政处罚。

(　　)144. 小刘是刚刚毕业参加工作的会计人员，他认为在学校已经学了太多的专业知识了，而且自己也已经考取了初级会计师的证书，只要认真工作就行，没必要再进修学习了。小刘的观点是正确的。

(　　)145. 票据丧失后，都需要经过挂失止付、公示催告、普通诉讼这三个程序来实现自己的票据权利。

(　　)146. 某银行汇票的出票金额为 10 万元，实际结算金额为 9.5 万元，多余金额为 0.5 万元。则若背书转让该银行汇票，转让金额以 9.5 万元为准。

(　　)147. 现金支票、现金银行汇票都不得背书转让。

(　　)148. 信用卡持卡人通过 ATM 机办理现金提取业务，每卡每日累计不得超过人民币 1 万元。

(　　)149. 只有单位的各种款项结算，才可以使用汇兑这种支付结算方式。

(　　)150. 小王想开通网上银行，他必须携带自己的身份证件到银行柜台办理。

(　　)151. 甲公司经济效益较好，由于员工居住地点离单位都较远，甲公司购买了一辆客车，并派司机每天定时接送员工上下班。这种行为属于非营业活动，无须缴纳增值税。

(　　)152. 包装物押金与包装物租金的性质一样，税法处理方式也是一样的。

(　　)153. 享受免税优惠的企业可以选择放弃免税，一经选定，36 个月内不得再申请免税。

(　　)154. 自产自用应税消费品，都要按规定计算缴纳消费税。

(　　)155. M 公司委托 N 企业加工一批烟丝，则 N 企业应向 M 公司代收代缴委托加工烟丝的消费税。

(　　)156. 财政拨款、行政事业性收费、国债利息这些都属于不征税收入。

(　　)157. 刘某是河北保定人，并在保定市贷款购买了第一套住房。其工作地在北京，

租住一间小公寓。则刘某可享受住房贷款利息和住房租金两项专项附加扣除。

(　　)158. 单位从外部接收的电子会计资料附有符合《中华人民共和国电子签名法》规定的电子签名的，可仅以电子形式归档保存，形成电子会计档案。

(　　)159. 在《企业会计信息化工作规范》中体现的一项重要原则是市场能够解决的问题不再强制规定。

(　　)160. 电子签名应当是对会计资料进行认可的外部个人或者机构的，也可以是企业自身的。

(　　)161. 在用友 T3 环境下，账套是由年度账组成，一个账套可以拥有多个年度的年度账。

(　　)162. 在用友 T3 环境下，在往来客户或供应商管理中对客户或供应商进行编码时，如果给定了编码原则，那么对客户或供应商的分类编码一定要使用到最末级次。

(　　)163. 在用友 T3 环境下，系统管理员负责整个系统的总体控制和维护工作，可以管理该系统中的所有账套。

(　　)164. 在用友 T3 环境下，总账管理系统是以货币作为主要计量单位，可以综合、全面、系统地反映企业供产销的所有方面。

(　　)165. 在用友 T3 总账管理系统中，期初余额录入完毕后，如果试算不平衡，则不能进行日常处理。

(　　)166. 在用友 T3 总账管理系统中，银行对账是指在每月月末，企业的出纳人员将企业的银行存款日记账与开户银行发来的当月银行存款对账单进行逐笔核对，勾对已达账项，找出未达账项，并编制每月银行存款余额调节表的过程。

(　　)167. 在用友 T3 总账管理系统中，期末处理具有较为固定的业务处理流程，需要输入的数据量大，业务可以由计算机自动完成。

(　　)168. 在用友 T3 总账管理系统中，如果某会计科目设置了“供应商往来”辅助核算，则录入该会计科目期初余额时应先录入供应商辅助核算的余额，然后再录入该会计科目的余额。

(　　)169. 在用友 T3 报表管理系统中，报表按结构的复杂性分为简单表和复合表两类，复合表是由多张简单表组合成的二维表。

(　　)170. 在用友 T3 报表管理系统中，数值单元和字符单元都是报表的数据，在数据状态下输入。数值单元必须是数字，可以直接输入也可以由单元公式生成；而字符单元的内容是除了数字之外的其他各种键盘可以输入的符号，只可以直接输入，不可以由单元公式生成。

(　　)171. 在用友 T3 报表管理系统中，报表的可变区只能设置为行可变区或列可变区。

(　　)172. 在用友 T3 工资管理系统中，可以进一步丰富人员档案的信息，可以把性别、联系电话等作为人员附加信息，便于人力资源管理。

(　　)173. 在用友 T3 工资管理系统中，所有工资类别可以设置不同的代发银行，也可以只设一个代发银行。

(　　)174. 在用友 T3 固定资产管理系统中，企业可以在系统提供的折旧方法的基础上，根据自身需要，修改成适用于本企业的折旧方法。

(　　)175. 在用友 T3 固定资产管理系统中，固定资产原始卡片的数据可以和账务处理模块中有关固定资产的初始数据不一致。

(1) 5日，收到乙公司投资资金10000美元，汇率1∶6.8　　(浮动汇率)

借：银行存款——工行存款(100202)　　68000

　　贷：实收资本(4001)　　68000

(2) 10日，采购A材料100件，每件100元，增值税1600元，材料直接入库，货款由银行存款支付。

借：原材料——A材料(140301)　　10000

　　应交税费——应交增值税(进项税额)(22210101)　　1600

　　贷：银行存款——中行存款(100201)　　11600

(3) 15日，财务部从中行提取现金2000元，作为备用金，支票号101。

借：库存现金(1001)　　2000

　　贷：银行存款——中行存款(100201)　　2000

(4) 20日，计提短期借款利息(年利率6%)

借：财务费用——利息支出(660301)　　500

　　贷：应付利息——借款利息(223101)　　500

要求：根据上述资料分析回答下列188~192题。

188. 以上经济业务处理正确的是(　　)。

A. 第1笔经济业务，银行存款科目金额应先输入本币金额68000，再输入外币金额10000

B. 第2笔经济业务，原材料科目金额可通过输入“数量100×单价100”系统自动计算出10000，并将金额先放在贷方，如果方向不符，可按空格键调整金额方向

C. 第3笔经济业务，应填制付款凭证

D. 第4笔经济业务，可通过转账定义的方式自动生成

189. 下列有关填制凭证的说法，正确的是(　　)。

A. 可以根据审核无误的原始凭证直接在计算机上填制记账凭证

B. 系统会自动检查输入的会计科目是否正确，不正确则凭证不能保存

C. 系统会自动检查借、贷方金额合计是否平衡，不平衡则凭证不能保存

D. 凭证日期应小于等于系统启用日期，大于等于业务日期

190. 下列关于记账凭证处理说法正确的是(　　)。

A. 对凭证进行审核时，要对已标错凭证和新填制凭证一并审核

B. 已审核未记账的错误凭证，先取消审核再修改

C. 作废凭证同样先审核后记账，否则期末无法结账

D. 作废凭证不能被标错

191. 下列关于记账的说法正确的有(　　)。

A. 记账范围既可以选择所有未记账凭证，也可以选择部分未记账凭证

B. 如果是第一次记账，系统会自动检查输入的期初余额是否平衡，如果期初余额不平衡，不允许记账

C. 在上月未结账的情况下，本月可以记账，即所谓的“跨月记账”

D. 记账过程由计算机自动完成，无须人工干预

192. 下列(　　)不属于出纳管理的功能。

A. 查询现金日记账　B. 银行对账　C. 管理支票登记簿　D. 转账凭证输入

中等职业学校对口升学财经专业理论测试

全真模拟试卷(四)

一、单项选择题(本题包括84个小题，每小题1分，共84分。在每小题给出的四个选项中，只有一个符合题目要求，请在答题卡相应位置用2B铅笔填涂相应答案代码。)

1. 资金的循环与周转过程不包括(　　)。

A. 供应过程　　B. 生产过程　　C. 销售过程　　D. 分配过程

2. 下列计价方法中符合实质重于形式原则的是(　　)。

A. 以融资租赁方式租入资产　　B. 计提资产减值准备

C. 企业提供清晰明了的会计信息　　D. 先进先出法

3. 引起资产和负债同时减少的经济活动是(　　)。

A. 以银行存款偿付前欠货款　　B. 以现金支付办公费用

C. 购买材料货款尚未支付　　D. 收回应收账款

4. 属于资产的项目是(　　)。

A. 预付账款　　B. 预收账款　　C. 资本公积　　D. 管理费用

5. 某企业3月末权益合计为150万元，假设4月发生下列业务：偿还借款20万元；接受投资者投入原材料30万元；取得营业外收入10万元，则该企业资产合计为(　　)万元。

A. 200　　B. 180　　C. 160　　D. 170

6. 企业生产经营过程中的在产品属于(　　)。

A. 存货　　B. 固定资产　　C. 无形资产　　D. 实收资本

7. 总分类科目和明细分类科目，是按照反映经济信息的(　　)程度进行的分类。

A. 内容　　B. 用途　　C. 结构　　D. 详细

8. 会计科目与会计账户的根本区别是(　　)。

A. 名称不同　　B. 反映经济内容不同

C. 有无结构　　D. 有无格式

9. 某企业2008年3月“库存现金”账户月初余额为2000元，本月贷方发生额为80000元，月末余额为5000元，则本月借方发生额应为(　　)元。

A. 73000　　B. 77000　　C. 87000　　D. 83000

10. 年末结转后一定无余额的账户是(　　)。

A. 利润分配　　B. 生产成本　　C. 本年利润　　D. 盈余公积

11. 支付本月短期借款利息应计入(　　)。

A. “应付利息”账户　　B. “财务费用”账户

C. “长期待摊费用”账户　　D. “预付账款”账户

12. “所得税费用”账户的借方登记(　　)。

A. 实际缴纳的所得税　　B. 实际缴纳的增值税

C. 应由本企业负担的税费　　D. 转入“本年利润”账户的所得税

13. 下列凭证中，属于外来原始凭证的是(　　)。

39. M 公司持一张到期的纸质商业承兑汇票到 Q 银行办理委托收款，该汇票由 N 公司承兑，则 M 公司在委托收款凭证上可以不记载的事项是(　　)。

A. 收款人 M 公司　　B. 付款人 N 公司　　C. 委托日期　　D. M 公司地址

40. 根据支付结算法律制度的规定，以下票据，出票人是银行的是(　　)。

A. 支票　　B. 商业承兑汇票　　C. 银行承兑汇票　　D. 银行汇票

41. 根据支付结算法律制度的规定，下列关于票据权利时效的表述中，正确的是(　　)。

A. 持票人对支票出票人的权利自出票日起 2 年

B. 持票人对前手的追索权自被拒绝承兑或拒绝付款之日起 6 个月

C. 持票人对银行汇票出票人的权利自出票日起 1 年

D. 持票人对商业汇票承兑人的追索权自出票日起 6 个月

42. 2023 年 6 月 15 日，某公司持一张出票日期为 2023 年 5 月 1 日、票面金额为 20 万元的银行承兑汇票到 Q 银行办理贴现，该汇票到期日为同年 8 月 1 日。一年按 360 日计算，同期银行年贴现率为 3.6%，贴现银行与承兑银行不在同一个城市。根据票据法律制度的规定，该公司应支付的贴现利息金额计算正确的是(　　)。

A. 200000×(16+31)÷360×3.6%　　B. 200000×(16+31+1)÷360×3.6%

C. 200000×(16+31+1+3)÷360×3.6%　　D. 200000×(16+31+3)÷360×3.6%

43. 某公司为增值税一般纳税人，2023 年 9 月以分期收款的方式销售一批货物，不含税价款共计 400 万元，合同约定本月收取 80%，下月收取剩余的 20%。本月末实际收到 300 万元。则该公司该笔业务本月产生的增值税销项税额计算正确的是(　　)。

A. 400×13%　　B. 400×80%×13%　　C. 300×13%　　D. 400×20%×13%

44. 某公司为增值税一般纳税人，2023 年 5 月销售一批啤酒，开具的增值税专用发票上注明的价款为 15000 元，另收取包装物押金 1000 元，约定三个月内退还。同时没收到期未退包装物押金 500 元。则当月产生的销项税额计算正确的是(　　)。

A. (15000+1000)×13%　　B. [15000+1000÷(1+13%)]×13%

C. (15000+1000+500)×13%　　D. [15000+500÷(1+13%)]×13%

45. 根据税收法律制度的规定，居民个人综合所得的汇算清缴期为次年的(　　)。

A. 1 月 1 日至 3 月 31 日　　B. 3 月 1 日至 6 月 30 日

C. 3 月 1 日至 6 月 1 日　　D. 1 月 1 日至 6 月 30 日

46. 2023 年 6 月，甲啤酒厂生产 200 吨啤酒，销售 160 吨，取得不含增值税销售额 50 万元，增值税税额 6.5 万元，则甲啤酒厂当月销售啤酒消费税的计税依据为(　　)。

A. 200 吨　　B. 160 吨　　C. 50 万元　　D. 56.5 万元

47. 2023 年 7 月，甲卷烟厂委托乙烟丝加工厂加工一批烟丝，发出原料的成本为 5 万元，双方约定加工费 1.5 万元(不含增值税)，乙厂没有同类烟丝的价格。则该业务所产生的消费税纳税人及消费税金额正确的是(　　)。

A. 甲卷烟厂，(5+1.5)×30%

B. 甲卷烟厂，(5+1.5)÷(1−30%)×30%

C. 乙烟丝加工厂，(5+1.5)×30%

D. 乙烟丝加工厂，(5+1.5)÷(1−30%)×30%

48. 2022 年，某公司企业所得税收入总额为 4000 万元，其中财政拨款 100 万元，国债利息收入为 10 万元，符合条件的非营利组织收入 80 万元，发生的各项允许扣除的支出共计

1400万元，则该公司2022年的应纳税所得额计算正确的是(　　)。

A. 4000-100-10-80-1400　　B. 4000-100-10-1400

C. 4000-100-1400　　D. 4000-1400

49. 根据企业所得税法律制度的规定，下列各项中，在计算企业所得税应纳税所得额时，不得扣除的是(　　)。

A. 企业发生的会议费　　B. 企业对外直接捐赠支出

C. 企业发生的财产保险费　　D. 企业转让固定资产发生的费用

50. 根据企业所得税法律制度的规定，下列固定资产中，在计算企业所得税应纳税所得额时不得计提折旧扣除的是(　　)。

A. 未投入使用的厂房　　B. 融资租赁方式租入的设备

C. 未投入使用的机器设备　　D. 经营租赁方式租出的固定资产

51. 根据个人所得税法律制度的规定，居民个人取得的下列所得中，属于综合所得的是(　　)。

A. 偶然所得　　B. 利息、股息、红利所得

C. 财产转让所得　　D. 稿酬所得

52. 根据个人所得税法律制度的规定，退休职工刘某2023年4月取得的下列收入中，免予缴纳个人所得税的是(　)。

A. 退休工资6000元　　B. 退休后再任职收入3000元

C. 稿酬收入4000元　　D. 原任职单位发放教师节福利500元

53. 胡某取得专利权赔偿20000元，则胡某该项所得是否需缴纳个人所得税，如缴纳，适用的应税项目是(　　)。

A. 免税，无须缴纳　　B. 应缴纳，偶然所得

C. 应缴纳，特许权使用费所得　　D. 应缴纳，劳务报酬所得

54. 根据税收征收管理法律制度的规定，扣缴义务人应当在法定扣缴义务发生之日起(　　)内，按所代扣、代收的税种，分别设置代扣代缴、代收代缴税款账簿。

A. 10日　　B. 15日　　C. 30日　　D. 60日

55. 甲企业财务制度不健全，生产经营不固定，零星分散、流动性大。根据税收征收管理法律制度的规定，甲企业适用的税款征收方式应为(　　)。

A. 查账征收　　B. 查定征收　　C. 查验征收　　D. 定期定额征收

56. 根据税收征收管理法律制度的规定，纳税人下列财产中，不在税收强制执行措施范围内的是(　　)。

A. 价值4800元的生活用品　　B. 第二套住宅

C. 价值50000元的手表　　D. 纳税人持有的股票

57. (　　)是指会计人员在处理业务过程，要严格按照会计法律制度办事，不为主观或他人意识左右。

A. 客观公正　　B. 廉洁自律　　C. 坚持准则　　D. 诚实守信

58. 会计职业道德修养的最高境界在于做到(　　)。

A. 慎独　　B. 慎欲　　C. 慎微　　D. 慎省

59. 颁布XBRL技术规范系列国家标准和企业会计准则通用分类标准的时间是(　　)。

A. 2008年11月　　B. 2009年4月　　C. 2010年10月　　D. 2010年12月

B. 已制单的月份不能进行反结账处理

C. 已进行工资类别汇总的月份不能进行反结账

D. 总账管理系统已结账，工资系统不能进行反结账

79. 在用友 T3 工资管理系统中，增加工资项目时，如果“增减项”选择“其他”，则该工资项目的数据(　　)。

A. 自动计入应发合计　　B. 自动计入扣款合计

C. 既不计入应发合计也不计入扣款合计　　D. 既计入应发合计也计入扣款合计

80. 在用友 T3 工资管理系统中，每次只能选择一个工资项目和一个部门进行统计查询的报表是(　　)。

A. 部门工资汇总表　　B. 员工工资项目统计表

C. 员工工资汇总表　　D. 工资项目分析表

81. 在用友 T3 固定资产管理系统中，对固定资产管理采用严格的序时管理，序时到(　　)。

A. 日　　B. 月　　C. 季　　D. 年

82. 在用友 T3 固定资产管理系统中，关于资产减少功能的说法正确的是(　　)。

A. 账套计提折旧前，要减少某项资产，可以通过“资产减少”功能实现

B. 账套计提折旧后，要减少某项资产，可以通过“删除卡片”功能实现

C. 当月通过资产减少方式减少的固定资产，可以在当月撤销减少

D. 上月通过资产减少方式减少的固定资产，可以在本月撤销减少

83. 在用友 T3 环境下，关于固定资产管理系统中“反结账”，下列说法不正确的是(　　)。

A. 在总账管理系统未进行月末结账前才可以使用本功能

B. 任何时期都可以进行反结账

C. 固定资产管理系统年末结转后，不能利用本功能恢复年末结转

D. 一旦成本系统从固定资产管理系统中提取了某数据，则该期不能反结账

84. 在用友 T3 环境下，固定资产管理系统中固定资产类别编码最长可以是 4 级(　　)位。

A. 4　　B. 6　　C. 8　　D. 10

二、多项选择题(本题包括 31 个小题，每小题 2 分，共 62 分。在每小题给出的四个选项中，有两个或两个以上答案符合题目要求，请在答题卡相应位置用 2B 铅笔填涂相应答案代码。)

85. 企业产品生产过程核算账户设置包括(　　)。

A. 生产成本　　B. 应付职工薪酬　　C. 制造费用　　D. 累计折旧

86. “税金及附加”账户核算的有(　　)。

A. 消费税　　B. 印花税

C. 城市维护建设税　　D. 教育费附加

87. 下列关于财产清查说法中，正确的有(　　)。

A. 库存现金盘点报告表、账存实存对比表、银行存款余额调节表都是调节账面余额的原始凭证

B. 通过“银行余额调节表”调节后相等的余额，表明的是企业实际能够动用的银行存款实有数

C. 按照清查的范围分为全面清查、局部清查；按照清查的时间分为定期清查、不定期清查

D. 企业在财产清查过程中对于各种财产物资的盘盈、盘亏、毁损及其处理情况，均应通过“待处理财产损溢”账户核算

88. 在会计账簿的登记中，下列各项可以使用红色墨水的情况有(　　)。

A. 结账划线

B. 在结账前发现账簿记录有文字或数字错误，但记账凭证正确

C. 结计“过次页”的本页合计数

D. 在未印明余额方向的余额栏内登记负数余额

89. 下列原始凭证中属于一次凭证的有(　　)。

A. 发票　　B. 支票　　C. 汇款凭证　　D. 发料凭证汇总表

90. 一项经济业务发生后，引起应付账款减少7000元，则相应地有可能引起(　　)。

A. 银行存款减少7000元　　B. 短期借款增加7000元

C. 原材料增加7000元　　D. 库存商品增加7000元

91. 下列资产负债表项目中，需要根据几个总账账户期末余额计算填列的有(　　)。

A. 货币资金　　B. 未分配利润　　C. 存货　　D. 应收账款

92. 下列(　　)属于利润分配的内容。

A. 计算应缴纳的所得税费用　　B. 弥补以前年度亏损

C. 提取盈余公积　　D. 向投资者分配利润

93. 以银行存款缴纳所得税不会引起(　　)。

A. 一项负债减少，一项所有者权益增加　　B. 一项费用增加，一项资产减少

C. 一项负债减少，一项资产减少　　D. 一项负债减少，一项资产增加

94. 企业在财产清查中，可以作为调整账簿记录的原始凭证的有(　　)。

A. 库存现金盘点报告表　　B. 银行对账单

C. 银行存款余额调节表　　D. 实存账存对比表

95. 根据会计法律制度的规定，下列关于代理记账机构及其从业人员义务表述中，正确的有(　　)。

A. 对执行代理记账业务中知悉的商业秘密予以保密

B. 拒绝委托人提供不实会计资料的要求

C. 对委托人提出的有关会计处理相关问题予以解释

D. 拒绝委托人做出不当会计处理的要求

96. 关于会计人员的继续教育，以下说法正确的有(　　)。

A. 从事会计工作的人员应参加继续教育

B. 没有取得会计专业技术资格的会计人员，不必参加继续教育

C. 用人单位应当保障本单位会计人员参加继续教育的权利

D. 每年参加继续教育的学分不得少于90学分

97. 根据票据法律制度的规定，下列关于商业汇票提示承兑期限的表述中，符合规定的有(　　)。

A. 商业汇票的提示承兑期限，为自汇票到期日前10日内

B. 定日付款的商业汇票，持票人应该在汇票到期日前提示承兑

C. 出票后定期付款的商业汇票，应在该汇票到期日前10日内提示承兑

D. 见票后定期付款的商业汇票，持票人应该自出票日起1个月内提示承兑

账凭证无误，应用划线更正法予以更正。

(　　)126. 可供分配利润=净利润(或亏损)+年初未分配利润(-年初未弥补亏损)+其他转入(盈余公积补亏转入)。

(　　)127. 库存现金日记账是由会计人员根据现金收付有关的记账凭证，按时间顺序逐日逐笔进行登记，并逐日结出现金余额。

(　　)128. 账户使原始数据转换为初始会计信息，通过账户可以对经济业务进行分类核算，提供不同性质和内容的会计信息。

(　　)129. 权责发生制以收到或支付现金作为确认收入和费用的标准。

(　　)130. 会计中期指短于一个完整的会计年度的报告期间，包括月度、季度、半年度。

(　　)131. 在售后约定回购约定时，销售方不能确认该相关商品的销售收入，这一做法体现的是谨慎性原则。

(　　)132. 反映企业经营成果的会计要素有收入、费用和所有者权益。

(　　)133. 按其流动性或变现能力，企业资产通常可分为流动资产和固定资产。

(　　)134. 因预收货款而形成企业的预收账款，属于企业的债权。

(　　)135. "累计折旧"账户是"固定资产"账户的备抵账户，用以核算企业固定资产的损耗价值，该账户一般不设置明细账。

(　　)136. 在借贷记账法下，资产的增加、负债的减少、成本、费用的增加均需要在账户的借方反映。

(　　)137. "生产成本"账户的期末借方余额应计入资产负债表的存货项目。

(　　)138. 会计工作岗位可以一人一岗、一人多岗、一岗多人、多人多岗。

(　　)139. 会计人员进行会计工作交接时，移交清册一式三份，双方各执一份，存档一份。

(　　)140. 除结账的记账凭证可以不附原始凭证外，其他记账凭证必须附有原始凭证。

(　　)141. 我国的会计年度是公历的 1 月 1 日起至 12 月 31 日止。

(　　)142. 银行存款日记账与银行对账单核对属于账账核对。

(　　)143. 客观公正是会计职业道德所追求的理想目标。

(　　)144. 提高技能不仅要有提高会计专业技能的意识和愿望，还要有勤学苦练的精神和科学的学习方法。

(　　)145. 借记卡持卡人在 ATM 机上每卡每日累计提取现金不得超过 1 万元人民币。

(　　)146. 个人可以通过开立的Ⅰ类银行账户存取现金。

(　　)147. 银行承兑汇票的持票人持到期的票据向承兑行提示付款，承兑行应于当日足额支付票据款项。

(　　)148. A 公司签发一张商业汇票给 B 公司，B 公司将该汇票转让给 C 公司，B 公司在转让时记载了"不得转让"字样，此行为会导致背书无效。

(　　)149. 申请人或收款人一方是个人的，可以申请签发现金银行汇票。

(　　)150. 汇票的持票人在对票据背书转让时未签章，会导致票据无效。

(　　)151. 个人转让著作权免征增值税。

(　　)152. 增值税专用发票的发票联是销售方核算销售收入和增值税销项税额的原始凭证。

(　　)153. 委托加工收回的应税消费品收回后以不高于受托方价格出售的，不再征收消费税。

(　　)154. 纳税人通过自设非独立核算门市部销售的自产应税消费品，应当按照门市部对外销售额或销售数量征收消费税。

(　　)155. 小型微利企业适用的企业所得税税率为15%。

(　　)156. 合伙企业的个人合伙人，为个人所得税的纳税人。

(　　)157. 个人所得税的专项附加扣除，一个纳税年度扣除不完，可结转以后年度扣除。

(　　)158. 用于会计核算、财务管理的计算机软件称为会计软件。

(　　)159. 软件供应商应当就如何通过会计软件开展会计监督工作提供专门教程和相关资料。

(　　)160. 会计档案的范围比会计资料更广，所有会计资料都是会计档案。

(　　)161. 在用友 T3 环境下，科目编码的级次和级长可根据单位是实际情况来确定。

(　　)162. 用友 T3 软件“项目目录”功能中，标识已结算的项目不能再继续发生费用。

(　　)163. 在用友 T3 软件中，各个子系统的启用时间必须大于等于账套的启用时间。

(　　)164. 在用友 T3 总账管理系统中，选择“明细账查询权限控制到科目”时，操作员只能拥有授权的会计科目明细账查询权限。

(　　)165. 在用友 T3 总账管理系统中，用户可以在系统中查询余额调节表，也可以对其进行修改。

(　　)166. 在用友 T3 总账管理系统中，账套主管可以修改、作废他人填制的凭证。

(　　)167. 在用友 T3 环境下，在总账管理系统录入会计科目期初余额时，“年初余额”不需要手工录入，而是由系统根据“年初余额=期初余额+累计贷方-累计借方”等式自动计算产生。

(　　)168. 在用友 T3 环境下，当应交税费的三级明细科目进项税额科目与应交税费科目的余额方向不一致时，可以单独调整进项税额科目的余额方向。

(　　)169. 在用友 T3 报表管理系统中，表页重算是指将该报表文件中所有表页的数据进行重新计算。

(　　)170. 在用友 T3 报表管理系统中，把几个单元作为一个单元来使用即为组合单元。有些针对单元的操作对组合单元不能有效地进行。

(　　)171. 在用友 T3 报表管理系统中，报表中关键字的主要作用是标识表页。

(　　)172. 在用友 T3 工资管理系统中，银行名称设置对话框中设置“录入时需要自动带出的账号长度”为 9 位，在增加人员档案时录入完上一个人员档案时，下一个人员默认为上一个人员的银行名称，自动带出上一个人员的账号前 9 位。

(　　)173. 在用友 T3 工资管理系统设置人员档案时，若不选择“计税”复选框，则该人员就不出现在“个人所得税扣缴申报表”中，不论“选项”中是否选择“从工资中代扣个人所得税”。

(　　)174. 在用友 T3 固定资产管理系统中，折旧对应科目是指折旧费用的入账科目。

(　　)175. 在用友 T3 固定资产管理系统中，可以先进行固定资产减少操作，再计提本月折旧。

189. 在定义以上“货币资金表”时，下列说法正确的是(　　)。

A. 格式状态下设置报表的尺寸、行高、列宽

B. 格式设置必须在格式状态下进行

C. 上述“货币资金表”中的文字部分均应设置为字符单元

D. “单位名称”“年”“月”“日”“单位：元”应设置为关键字

190. 将 A1：F1 设置成组合单元，应选择(　　)组合方式。

A. 按行组合　　B. 按列组合　　C. 按项组合　　D. 整体组合

191. “F8”单元需要在数据状态下录入制表人的姓名，则需要将该单元的类型设置为(　　)。

A. 字符型　　B. 数值型　　C. 表样型　　D. 文本型

192. 欲将“单位名称”关键字位置向左偏移 200 个像素，则需输入(　　)。

A. +200　　B. +20　　C. -200　　D. -20

中等职业学校对口升学财经专业理论测试
全真模拟试卷(五)

一、单项选择题(本题包括 84 个小题，每小题 1 分，共 84 分。在每小题给出的四个选项中，只有一个符合题目要求，请在答题卡相应位置用 2B 铅笔填涂相应答案代码。)

1. 某企业的固定资产折旧方法，前年采用直线法，去年采用双倍余额递减法，今年改用年数总和法，这种做法违背了(　　)。

A. 重要性原则　　B. 谨慎性原则　　C. 可比性原则　　D. 可靠性原则

2. 下列会计处理方法中，符合权责发生制基础的是(　　)。

A. 销售产品的收入只有在收到款项时才予以确认

B. 产品已销售，货款未收到也应确认收入

C. 厂房租金只有在支付时计入当期费用

D. 职工薪酬只能在支付给职工时计入当期费用

3. 下面各项经济业务，能够引起企业所有者权益总额增加的是(　　)。

A. 增发新股　　B. 结转利润分配

C. 提取盈余公积　　D. 向投资者分配利润

4. 资产溢价使企业所有者权益中的(　　)项目增加。

A. 实收资本　　B. 资本公积　　C. 盈余公积　　D. 未分配利润

5. 营业外收入应计入企业的(　　)。

A. 资产　　B. 所有者权益　　C. 收入　　D. 利润

6. 影响会计等式总额发生变化的经济业务是(　　)。

A. 以银行存款 50000 元购买材料　　B. 结转完工产品成本 40000 元

C. 购买机器设备 20000 元，货款未付　　D. 收回客户所欠的货款 30000 元

7. 属于复合会计分录的是(　　)。

A. 借：生产成本——A 产品　　30000
　　贷：原材料——甲材料　　10000
　　　　　　——乙材料　　20000

B. 借：制造费用——办公费　　300
　　　　　　——邮电费　　600
　　贷：库存现金　　900

C. 借：制造费用——折旧费　　2000
　　管理费用——折旧费　　1000
　　贷：累计折旧　　3000

D. 借：银行存款　　100000
　　贷：应收账款——A 公司　　40000
　　　　　　——B 公司　　60000

8. 在借贷记账法下，“借”“贷”的含义是(　　)。

A. 国家统一的会计制度　　B. 企业会计准则

C. 会计基本工作规范　　D. 企业财务会计报告条例

35. 下列各项中，关于对原始凭证错误更正的说法，正确的是(　　)。

A. 原始凭证金额错误，由原开具单位重开

B. 原始凭证内容有错误，应由取得单位重开

C. 原始凭证金额错误，只能由原开具单位重新开具或更正

D. 原始凭证所记载的内容，除金额之外的其他内容发生错误可以涂改

36. 会计档案保管期限分为永久和定期两类。定期保管会计档案的最长期限是(　　)。

A. 5 年　　B. 10 年　　C. 永久　　D. 30 年

37. 下列各项中，不符合票据和结算凭证填写要求的是(　　)。

A. 人民币 349. 50 元，在角之后可以不写“整”字

B. 某支票的出票日期写成了 2023 年 9 月 1 日

C. 阿拉伯小写数字前填写人民币符号

D. “2 月 12 日”出票的票据，票据的出票日期填写为“零贰月壹拾贰日”

38. 下列不能申请开立基本存款账户的当事人是(　　)。

A. 甲公司　　B. 某居民委员会　　C. 民办非企业组织　　D. 刘某个人

39. 下列项目中，不属于票据行为的是(　　)。

A. 甲公司填写完整票据后交付乙公司

B. 乙公司持票据到甲公司的开户行提示付款

C. 某汇票的承兑人在汇票承兑栏记载事项并签章

D. 张某作为某票据的保证人在粘单上记载事项并签章

40. 下列项目中，不影响背书本身效力的是(　　)。

A. 未记载背书人的签章的背书　　B. 背书时附有条件的背书

C. 将汇票金额的一部分的背书　　D. 汇票金额分别转让给两人以上的背书

41. 甲出票给乙，乙将票据背书给丙，乙记载了“不得转让”字样，丙又将票据背书给丁。丁向甲的开户行提示付款时被拒绝。关于“不得转让”的记载，下列说法正确的是(　　)。

A. 该记载会导致票据无效　　B. 该记载导致丁不能获得票据权利

C. 该记载属于相对记载事项　　D. 该记载导致丁不得向乙追索

42. 某单位签发一张票面金额为 10 万元的空头支票，该支票被银行退票并处以罚款。根据规定，持票人有权要求出票人赔偿(　　)元的赔偿金。

A. 1000　　B. 2000　　C. 500　　D. 5000

43. 我国税法构成要素中，(　　)是税法中具体规定应当征税的项目，是征税对象的具体化。

A. 税率　　B. 税目　　C. 纳税人　　D. 征税对象

44. 根据增值税法律制度的规定，下列各项中，增值税率为 6%的是(　　)。

A. 有形动产租赁　　B. 不动产租赁　　C. 转让土地使用权　　D. 金融服务

45. 2023 年 5 月，甲公司销售产品取得含增值税价款 11300 元，另收取包装物租金 2000 元。甲公司当月该笔业务增值税销项税额的下列计算公式中，正确的是(　　)。

A. 11300÷(1+13%)×13%　　B. (11300+2000)÷(1+13%)×13%

C. 11300×13%　　D. (11300+2000)×13%

46. 根据增值税法律制度的规定，下列各项不属于金融服务的是(　　)。

A. 融资性售后回租　　B. 动产融资租赁

C. 保险服务　　D. 邮政储蓄服务

47. 我国消费税对不同应税消费品采用了不同的税率形式。下列应税消费品中，适用复合计税方法计征消费税的是(　　)。

A. 粮食白酒　　B. 酒精　　C. 成品油　　D. 摩托车

48. 甲公司欠乙公司货款20万元，经协商，乙公司同意甲公司以其生产的10箱甲卷烟抵偿债务，已知：双方协商约定该批卷烟总价20万元，同类卷烟市场最低售价为18万元，市场均价21万元，市场最高售价23万元，甲类卷烟的税率为56%加150元/箱，则下列关于甲公司该笔业务缴纳消费税的算式中正确的是(　　)。

A. 180000×56%+10×150　　B. 200000×56%+10×150

C. 210000×56%+10×150　　D. 230000×56%+10×150

49. 甲化妆品企业为增值税一般纳税人，委托加工一批高档护肤类化妆品，提供的原材料成本为150万元，受托方收取不含增值税加工费20万元。甲企业收回该批委托加工的护肤类化妆品后，当期全部连续生产加工为高档修饰类化妆品，后该批高档化妆品全部销售完毕，销售额为255万元(不含税)。已知：高档化妆品消费税税率为15%。计算甲企业因此项业务应缴纳的消费税为(　　)。

A. 255×15%＝38.25(万元)

B. 255÷(1−15%)×15%＝45(万元)

C. 255×15%−(150+20)÷(1−15%)×15%＝15(万元)

D. 255×15%−(150+20)×15%＝12.75(万元)

50. 下列各项中，关于企业所得税所得来源的确定不正确的是(　　)。

A. 销售货物所得按照交易活动发生地确定

B. 提供劳务所得按照报酬支付地确定

C. 权益性投资资产转让所得按照被投资企业所在地确定

D. 特许权使用费所得按负担、支付所得的企业所在地确定

51. 根据《企业所得税暂行条例》及其实施细则的规定，纳税人的下列支出中，在计算企业所得税应纳税所得额时准予扣除的是(　　)。

A. 财政部门的罚款　　B. 因未按期纳税而产生的税收滞纳金

C. 因未按合同约定而被银行加银行罚息　　D. 违法经营的罚款

52. 2023年3月，李某出租住房取得不含增值税租金收入3000元，房屋租赁过程中缴纳的相关税费100元，支付修缮费500元。李某当月出租住房应缴纳的个人所得税计算正确的是(　　)。

A. (3000−100−500)×(1−20%)×20%　　B. (3000−100−500−800)×20%

C. (3000−100−500)×(1−20%)×10%　　D. (3000−100−500−800)×10%

53. 李某因餐饮消费500元取得发票，中奖10000元，将其中的1000元直接捐赠给某小学，李某应缴纳的个人所得税为(　　)。

A. 10000×20%＝2000(元)　　B. (10000−1000)×20%＝1800(元)

C. (10000−500−1000)×20%＝1700(元)　　D. (10000−500)×20%＝1900(元)

54. 个人所得税的下列各项中，适用超额累进税率计征个人所得税的有(　　)。

A. 人员编号必须输入，不允许修改

B. 人员姓名输入后不允许修改

C. 离开日期在增加状态下不能操作，选择“调出”选项激活“离开日期”

D. 点击“数据档案”按钮，可进入工资数据录入页签直接输入职工的工资

79. 在用友 T3 环境下，如果工资管理系统建账时选择了扣零处理，且扣零至角，则(　　)以下不发放。

A. 壹佰元　　B. 拾元　　C. 壹元　　D. 壹角

80. 在用友 T3 工资管理系统中，以下对工资分摊描述错误的是(　　)。

A. 分摊设置时，部门、人员类别之间有严格的对应关系，如果选择错误，则不能生成工资费用的分配凭证

B. 分摊设置时，部门名称可以参照输入，也可以手工输入

C. 同一单元格内，部门名称可以设置多个，人员类别只能设置一个

D. 在“计提分配方式”中，可以选择分配到部门或分配到个人

81. 在用友 T3 固定资产管理系统中，(　　)任务不能通过“处理”|“凭证查询”功能完成。

A. 制作凭证　　B. 查询凭证　　C. 修改凭证　　D. 删除凭证

82. 在用友 T3 固定资产管理系统中，本月购进材料一批，会计误作为固定资产，已制作相关凭证。下列(　　)方式能删除该固定资产。

A. 直接使用固定资产减少功能

B. 直接删除固定资产卡片

C. 删除相关凭证后，再删除固定资产卡片

D. 删除相关凭证后，再使用固定资产减少功能

83. 在用友 T3 固定资产管理系统中编制记账凭证时，将折旧额分配到有关成本或费用项目的依据是(　　)。

A. 固定资产卡片　　B. 折旧原始凭证　　C. 折旧清单　　D. 折旧分配表

84. 在用友 T3 环境下，关于固定资产管理系统的月末结账功能的说法错误的是(　　)。

A. 结账操作既可由账套主管进行，也可由其他具有操作权限的操作员进行

B. 本月不结账，下月将不能进行任何对本账套的修改操作

C. 结账后，将不能再以本月日期登录系统

D. 本月未进行过折旧计提时，本月固定资产管理系统不能结账

二、多项选择题(本题包括 31 个小题，每小题 2 分，共 62 分。在每小题给出的四个选项中，有两个或两个以上答案符合题目要求，请在答题卡相应位置用 2B 铅笔填涂相应答案代码。)

85. 下列(　　)费用中，应记入“应付职工薪酬”账户贷方。

A. 分配生产工人的工资　　B. 支付职工生活困难补助

C. 支付职工教育经费　　D. 分配车间管理人员工资

86. 记账后发现下列错账，应该采用红字冲账法更正的有(　　)。

A. 记账凭证中应借应贷会计科目错误或记账方向错误导致账簿错误

B. 记账凭证没有错误，登记账簿时发生错误

C. 记账凭证中应借应贷会计科目或记账方向均正确，所记金额大于应记金额

D. 记账凭证中应借应贷会计科目或记账方向均正确，所记金额小于应记金额

87. 会计核算过程中的计量尺度通常有(　　)。

A. 实物量度　　B. 劳动量度　　C. 货币量度　　D. 空间量度

88. 下列属于账实核对的有(　　)。

A. 库存现金日记账账面余额与库存现金实存数逐日核对

B. 银行存款日记账账面余额与银行对账单定期核对

C. 各项财产物资明细账账面余额与财产物资实有数额定期核对

D. 有关债权、债务明细账账面余额与对方单位账面记录核对

89. 下列选项中，以“资产=负债+所有者权益”会计等式为理论依据的是(　　)。

A. 借贷记账法　　B. 编制资产负债表　　C. 账户试算平衡　　D. 登记账簿

90. 不会影响借贷平衡关系的情况是(　　)。

A. 漏记某项经济业务　　B. 重记某项经济业

C. 颠倒记账方向　　D. 某项经济业务记错账户

91. 下列经济业务，应填制付款凭证的是(　　)。

A. 将库存现金存入银行

B. 购入一批材料，货款以银行存款支出

C. 采购部门外出预借差旅费，出纳开出现金支票

D. 从开户银行提取现金

92. 财产清查中查明的各种财产物资的盘亏，根据不同的原因，报经审批后可能列入的账户有(　　)。

A. 营业外收入　　B. 营业外支出　　C. 其他应收款　　D. 管理费用

93. 关于总分类账户与明细分类账户，下列说法中正确的有(　　)。

A. 总分类账户提供交易或事项综合性的价值指标

B. 明细分类账户不仅提供价值指标，还可以提供数量指标

C. 总分类账户具有统驭控制作用

D. 明细分类账户具有补充说明作用

94. 天洋公司注册资本总额为1000万元，收到A公司投入的资金350万元，在原注册资本中占天洋公司30%的份额，某公司进行账务处理可能涉及的账户有(　　)。

A. 实收资本(股本)　B. 银行存款　　C. 资本公积　　D. 盈余公积

95. 会计资料的(　　)是会计资料最基本的要求，是会计工作的生命。

A. 真实性　　B. 合法性　　C. 准确性　　D. 完整性

96. 电子会计档案销毁，应当由(　　)共同派员监销。

A. 会计机构　　B. 档案机构

C. 审计机构　　D. 电子信息管理机构

97. 财务会计报告由(　　)组成。

A. 会计报表　　B. 会计报表附注　　C. 财务情况说明书　　D. 审计报告

98. 与其他职业道德相比较，下列属于会计职业道德特征的有(　　)。

A. 较强的实践性　　B. 完全靠会计人员自律

C. 具有一定的强制性　　D. 较多关注公众利益

99. 会计职业道德与会计法律制度的区别重要体现在(　　)。

A. 性质不同　　B. 作用范围不同

C. 表现形式不同　　D. 实施保障机制不同

给企业带来经济利益的资源。

(　　)129. 某企业本年度发生应收账款 100 万元，其中应收乙公司的账款 15 万元，因乙公司发生重大亏损，预计此笔应收账款全部无法收回。企业编制年度财务报表时，资产负债表应收账款项目应列报的金额为 85 万元。

(　　)130. “信用减值损失”科目按其所归属的会计要素不同，属于损益类科目。

(　　)131. “期末余额=期初余额+本期增加发生额-本期减少发生额”这一公式适用于任何性质账户的结账。

(　　)132. 余额试算平衡是根据资产与权益的恒等关系，检验本期发生额记录是否正确的方法。

(　　)133. 登记账簿时，每一账页登记完毕转入下一页时都要办理转次页手续，主要目的是保持记录的连续性。

(　　)134. 对大量、成堆、不便于逐一清点的存货，一般采用技术推算方法进行清查。

(　　)135. 采购人员的差旅费、采购材料的运杂费均计入材料的采购成本。

(　　)136. 对于银行已登记入账，企业尚未登记入账的未达账项，可根据“银行存款余额调节表”登记企业的银行存款日记账。

(　　)137. 某会计人员在审核记账凭证时，发现误将 9000 元写成 900 元，尚未入账，一般应重新编制记账凭证改正。

(　　)138. 会计机构负责人负责单位内部会计监督制度的组织实施，对本单位内部会计监督制度的建立及有效实施承担最终责任。

(　　)139. 会计机构和会计人员发现会计账簿记录与实物、款项及有关资料不相符的，应当立即向本单位负责人报告，请求查明原因，做出处理。

(　　)140. 国有企业、国有控股的或者占主导地位的企业，应当至少每年一次向本企业的职工代表大会公布财务会计报告。

(　　)141. 单位也可以用具备了记账凭证应有的项目的自制的原始凭证或者原始凭证汇总表代替记账凭证的。

(　　)142. 原始凭证有错误的，应当由出具单位重开或者更正，更正处应加盖接收单位印章。

(　　)143. 在任何情况下，银行不得为任何单位或者个人查询、冻结、划拨当事人在银行开立存款账户的存款，不得停止当事人银行存款的正常支付。

(　　)144. 某票据的出票日期为 1 月 30 日，应写成零壹月零叁拾日。

(　　)145. 票据出票日期书写不规范的，银行可予以受理，但由此造成损失的，由出票人自行承担。

(　　)146. 自然人可根据需要申请开立个人银行结算账户，也可以在已开立的储蓄账户中选择并向开户银行申请确认为个人银行结算账户。

(　　)147. 汇出银行向汇款人签发汇款回单。汇款回单可以作为该笔汇款已转入收款人账户的证明。

(　　)148. 持票人超过提示付款期限的，付款人可以不予付款，持票人丧失对出票人的追索权。出票人对持票人不承担支付票款的责任。

(　　)149. 委托加工的应税消费品，除受托方为个人外，应由受托方在向委托方交货时代收代缴消费税。

(　　)150. 设有两个以上机构并实行统一核算的纳税人，将货物从一个机构移送其他机

构用于销售，均应视同销售处理。

(　　)151. 烟草批发企业将卷烟销售给其他烟草批发企业的，照章缴纳消费税。

(　　)152. 根据增值税法律制度的规定，纳税人提供租赁服务采取预收款方式的，其增值税纳税义务发生时间为收到预收款的当天。

(　　)153. 依照中国法律、行政法规成立的个人独资企业属于企业所得税纳税义务人。

(　　)154. 根据企业所得税法律制度的规定，企业以买一赠一的方式组合销售本企业商品的，不属于捐赠，应按各项商品的公允价值来确认各项商品的销售收入。

(　　)155. 在中国境内无住所的外籍人员约翰 2022 年 3 月 1 日来中国工作，2022 年 12 月 31 日离境，约翰为 2022 年度中国个人所得税的居民个人。

(　　)156. 税务机关在对纳税人采取税收保全措施时，可冻结纳税人全部存款。

(　　)157. 会计职业道德不允许通过损害国家和社会公众利益而获取违法利益，但允许个人和各经济主体获取合法的自身利益。

(　　)158. 在会计电算化环境下，各项工作都由计算机自动完成。

(　　)159. 实行会计工作集中的企业以及企业分支机构，应当为外部会计监督机构及时查询和调阅异地储存的会计资料提供必要条件。

(　　)160. 处于会计核算信息化阶段的企业，应当结合自身情况，逐步实现资金管理、资产管理、预算控制、成本管理等财务管理信息化。

(　　)161. 在用友 T3 环境下，科目一般以代码或助记忆码输入，其中科目代码可以直接输入，也可以通过参照选择输入。

(　　)162. 在用友 T3 环境下，建立账套时，如果选择“按行业性质预置科目”，则系统会自动建立企业所需的所有会计科目。

(　　)163. 在用友 T3 环境下，只有建立客户分类，才能建立客户档案。

(　　)164. 在用友 T3 总账管理系统中，对已经输入但未登记会计账簿的机内记账凭证应提供修改和审核的功能，审核通过后还可以对机内记账凭证进行直接修改。

(　　)165. 在用友 T3 总账管理系统参数设置选项中，会计日历界面可以修改账套启用日期。

(　　)166. 在用友 T3 总账管理系统中，标错凭证不允许作废，取消标错才可以作废。

(　　)167. 在用友 T3 总账管理系统中，填制记账凭证时，软件系统会自动检查凭证数据的完整性，凭证号、日期、附单据数、会计科目、摘要、金额等强制数据项不允许为空。

(　　)168. 在用友 T3 总账管理系统中，被指定为现金总账科目、银行总账的科目，明细账按科目范围查询时查不到这些科目的明细账。

(　　)169. 在用友 T3 报表管理系统中，在数据状态下管理报表的数据，如追加或删除表页等，能够看到报表的格式和数据，所做的操作对本表所有的表页都发生作用。

(　　)170. 在用友 T3 报表管理系统中，表页查找功能能够实现在众多的表页中快速查找某张表页，查找时，可以以关键字或任意单元为查找依据。

(　　)171. 在用友 T3 报表管理系统中，必须定义审核公式，用于审核报表内或报表间的数据勾稽关系是否正确。

(　　)172. 在用友 T3 工资管理系统中生成的凭证，已经在总账系统进行了记账处理，发现错误，则该凭证不能修改、删除，只能在总账系统中进行冲销操作。

(　　)173. 在用友 T3 工资管理系统中，进行月末处理后，会将本月工资明细表置为不可修改状态。

C. （3000-800）×70%×20%×2　　　　　　D. （3000-800）×20%×2

187. 关于资料(3)，下列说法中，正确的有(　　)。

A. 转让上市公司股票收入征收个人所得税

B. 转让上市公司股票收入暂免征收个人所得税

C. 杨某取得的股息收入暂免征税

D. 杨某取得的股息收入征税

(四)

甲公司于2022年1月开始实施会计信息化，同时启用了工资管理系统。该公司职员有正式员工和临时员工两类，人员工资项目、工资计算公式不相同。正式员工工资项目有基本工资、岗位工资、奖励工资、交补等。正式员工企业管理人员岗位工资1500元/月，生产人员1000元/月，其他岗位500元/月。扣款项目有事假50元/天，病假25元/天。所有人员工资由中国工商银行滏阳路支行代发，公司代扣代缴个人所得税。

要求：根据上述资料分析回答下列188-192题。

188. 下列关于工资类别个数说法正确的是(　　)。

A. 该公司职员有正式员工和临时员工两类，人员工资项目、工资计算公式不相同，适用多工资类别

B. 为了统一进行工资核算管理，该公司应选择单工资类别

C. 如是单工资类别，系统默认工资类别处于打开状态，不能对工资类别进行操作

D. 如是多工资类别，新建、删除工资类别必须在关闭工资类别的状态下操作

189. 下列关于工资项目说法正确的是(　　)。

A. 系统预置了一些必备的工资项目，如应发合计、扣款合计、实发合计、代扣税等

B. 开始设置工资项目时，应在关闭工资类别状态下设置

C. 工资项目类型包括数字与字符两种，默认为数字型

D. 已经使用的工资项目不可删除，不允许修改

190. 下列关于该公司工资项目公式设置，正确的有(　　)。

A. 病假扣款公式设置为：病假扣款=请假天数×25

B. 岗位工资可设置为：IFF(人员类别="企业管理人员"，1500，IFF(人员类别="生产人员"，1000，500))

C. 公式输入完毕后，必须单击“公式确认”按钮进行语法检查，确保公式正确

D. 只有设置人员档案后才能设置计算公式

191. 下列关于设置银行名称时的说法不正确的是(　　)。

A. 该公司需要设置银行名称及账号长度

B. 在新增银行名称时，银行名称不允许为空，账号长度等其他项目可以不设置

C. 选择了“账号定长”，在“账号长度”处输入的数字为账号定长数字

D. 未选择“账号定长”，则在“账号长度”处输入的数字为账号最长数字

192. 对工资变动数据修改，以下说法正确的是(　　)。

A. 如果只需对某些工资项目进行修改，比如请假天数等，可使用项目过滤功能

B. 如果需按某个条件统一调整数据，可通过“替换”功能快速更换数据

C. 如果需修改某个人员的数据，可通过“筛选”功能找到该职工，然后进行修改

D. 修改了工资数据后，必须执行工资保存和汇总功能，重新计算与汇总个人工资数据，以保证工资数据准确

中等职业学校对口升学财经专业理论测试

全真模拟试卷(六)

一、单项选择题(本题包括 84 个小题，每小题 1 分，共 84 分。在每小题给出的四个选项中，只有一个符合题目要求，请在答题卡相应位置用 2B 铅笔填涂相应答案代码。)

1. 确认办公用楼租金 70 万元，用银行存款支付 20 万元，50 万元未付。按照权责发生制和收付实现制分别确认费用(　　)。

A. 20 万元，70 万元　　B. 70 万元，0 万元

C. 70 万元，50 万元　　D. 70 万元，20 万元

2. 我国会计设有专门核算的官职——司会，是在(　　)时期。

A. 夏朝　　B. 周朝　　C. 唐朝　　D. 汉朝

3. 下列项目中，引起资产有增有减的经济业务是(　　)。

A. 从银行借款 10 万元，存入银行备用　　B. 以现金 10 万元支付职工工资

C. 从银行提取现金 5000 元　　D. 收到投资者投入的货币资金 20000 元

4. 不影响会计等式两边总额发生变化的经济业务是(　　)。

A. 收到应收账款存入银行　　B. 从银行取得借款存入银行

C. 收到投资者的设备投资　　D. 以银行存款偿还应付账款

5. 可以保持会计等式金额不变的经济业务是(　　)。

A. 资产增加、负债增加同样金额　　B. 资产增加、所有者权益增加同样金额

C. 负债增加、所有者权益减少同样金额　　D. 负债减少、资产减少同样金额

6. 引起资产内部两个项目此增彼减而资产总额不变的经济业务是(　　)。

A. 用银行存款偿还借款　　B. 收到投资者货币投资

C. 收到外单位前欠货款　　D. 用银行存款支付投资者利润

7. 对账户记录进行试算平衡的依据是(　　)。

A. 会计要素划分的类别　　B. 所发生经济业务的内容

C. 账户结构　　D. 会计等式

8. 在总分类账户及其所属明细分类账户之间必须采用的登账方法是(　　)。

A. 复式记账　　B. 平行登记　　C. 补充登记　　D. 试算平衡

9. 某账户期初余额为 5000 元，本期增加发生额为 8000 元，期末余额为 6000 元。该账户本期减少发生额应为(　　)元。

A. 2000　　B. 7000　　C. 8000　　D. 13000

10. 下列(　　)不属于利润分配业务核算涉及的账户。

A. 本年利润　　B. 利润分配　　C. 盈余公积　　D. 应付股利

11. 2020 年 11 月末，“利润分配”借方余额 20000 元，“本年利润”账户贷方余额 80000 元，则 11 月利润总额为(　　)。

A. 80000 元　　B. 100000 元　　C. 60000 元　　D. −60000 元

12. 结转本月完工入库产品成本的会计分录的贷方科目是(　　)。

A. 主营业务成本　　B. 库存商品　　C. 生产成本　　D. 制造费用

D. 张某把自已欺诈竞争对手取得的票据无偿赠与不知情的王某

38. 下列关于会计职业道德的表述中，正确的是(　　)。

A. 相对于会计法律制度而言，会计职业道德是对会计从业人员行为最低限度的要求

B. 会计职业道德对会计人员大多是非强制执行的，具有很强的自律性

C. 会计职业道德具有强制性，有很强的他律性

D. 会计职业道德均为不成文规定，会计法律制度均为成文规定

39. “严肃认真，一丝不苟”是会计职业道德中(　　)的要求。

A. 服务群众　　B. 爱岗敬业　　C. 提高技能　　D. 参与管理

40. 依据我国《票据法》的规定，下列票据中，提示付款期限为出票日起10日的是(　　)。

A. 转账支票　　B. 银行本票

C. 定日付款的商业汇票　　D. 银行汇票

41. 李某是新入职的工作人员，刚刚申请一张借记卡，则李某在自动柜员机取款的交易上限每卡每日累计不得超过(　　)。

A. 5000 元　　B. 2 万元　　C. 1 万元　　D. 10 万元

42. 下列关于委托收款的特征的表述中，不符合法律规定的是(　　)。

A. 委托收款在同城、异地均可以使用

B. 办理委托收款应向银行提交委托收款凭证和有关的债务证明

C. 以单位为付款人的，银行应当在当日将款项主动支付给收款人

D. 付款人审查有关债务证明后，需要拒绝付款的，可以办理拒绝付款

43. 某企业因贷款，向建设银行申请开立一般存款账户。则建设银行为该账户办理付款业务的起始时间是(　　)。

A. 正式开立该账户之日起

B. 向中国人民银行当地分支行备案之日起

C. 正式开立该账户之日起 3 个工作日后

D. 向中国人民银行当地分支行备案之日起 5 个工作日后

44. 下列银行结算账户中，不得支取现金的是(　　)。

A. 个人银行结算账户(Ⅰ类户)　　B. 一般存款账户

C. 基本存款账户　　D. 党、团、工会经费专用存款账户

45. 甲公司为增值税一般纳税人。2023 年 1 月购进下列货物取得的增值税专用发票上注明的税额，准予从销项税额中抵扣的是(　　)。

A. 用于交际应酬而购进的酒类产品　　B. 用于应税项目生产而购进的动力燃料

C. 为本公司职工健身使用而购进的健身器材　　D. 为本单位职工食堂而购进的空调

46. 根据增值税法律制度的规定，年应税销售额在一定标准以下的纳税人为小规模纳税人。该标准是(　　)。

A. 50 万元　　B. 80 万元　　C. 500 万元　　D. 1000 万元

47. 根据消费税法律制度的规定，下列各项中，不征收消费税的是(　　)。

A. 酒厂用于博览会展览的自产白酒

B. 卷烟厂用于连续生产卷烟的自产烟丝

C. 日化厂用于奖励优秀职工的自产高档化妆品

D. 地板厂用于本厂办公室装修的自产实木地板

48. 2023 年 8 月，甲公司进口一批小汽车，海关审定的关税完税价格为 100 万元，缴纳

关税20万元，已知：小汽车消费税税率为25%，甲公司当月进口小汽车应缴纳消费税税额的下列计算中，正确的是(　　)。

A. (100+20)×25%=30(万元)　　B. (100+20)÷(1-25%)×25%=40(万元)

C. 100×25%=25(万元)　　D. 100÷(1-25%)×25%=33.33(万元)

49. 根据企业所得税法律制度的规定，下列各项中，不属于企业所得税纳税人的是(　　)。

A. 在外国成立但实际管理机构在中国境内的股份制企业

B. 在中国境内成立的外商独资企业

C. 在中国境内成立的个人独资企业

D. 在中国境内未设立机构、场所，但有来源于中国境内所得的外国企业

50. 按照企业所得税法和实施条例规定，下列企业从事下列项目的所得减半征收企业所得税的是(　　)。

A. 牲畜、家禽的饲养

B. 灌溉、农产品初加工、兽医等农、林、牧、渔服务业项目

C. 农作物新品种的选育

D. 花卉、茶以及其他饮料作物和香料作物的种植

51. 某企业于2023年5月1日开业，该企业的第一个纳税年度时间为(　　)。

A. 2023年1月1日至2023年12月31日　　B. 2023年5月1日至2024年5月1日

C. 2023年5月1日至2023年12月31日　　D. 以上三种由纳税人选择

52. 2023年3月，吴某购买体育彩票一次中奖收入20000元，将其中5000元通过国家机关向本地的农村义务教育捐赠。计算吴某中奖收入应缴纳个人所得税税额的下列算式中，正确的是(　　)。

A. 20000×20%=4000(元)　　B. (20000-5000)×20%=3000(元)

C. 20000×(1-20%)×20%=3200(元)　　D. (20000-5000)×(1-20%)×20%=2400(元)

53. 根据个人所得税法律制度的规定，个体工商户发生的下列支出中，在计算个人所得税应纳税所得额时不得扣除的是(　　)。

A. 非广告性的赞助支出　　B. 合理的劳动保护支出

C. 实际支付给从业人员的合理的工资薪金支出

D. 按规定缴纳的财产保险费

54. 根据个人所得税法律制度的规定，下列各项中，应缴纳个人所得税的是(　　)。

A. 公务员王某取得的国债利息

B. 退役士兵张某取得的退役金

C. 退休职工林某取得的按国家统一规定发放的基本养老金

D. 教师李某获得的县人民政府为其颁发的优秀教师奖金

55. 根据税收征收管理法律制度的规定，下列关于纳税申报方式的表述中，不正确的是(　　)。

A. 邮寄申报以税务机关收到的日期为实际申报日期

B. 数据电文方式的申报日期以税务机关计算机网络系统收到该数据电文的时间为准

C. 实行定期定额缴纳税款的纳税人，可以实行简易申报、简并征期等方式申报纳税

D. 自行申报是指纳税人、扣缴义务人按照规定的期限自行直接到主管税务机关指定的办税服务场所办理纳税申报手续

56. 税务机关采取税收保全和税收强制执行措施都需要经(　　)批准。

A. 资产类别编码方式一经设定就不能修改编码长度

B. 资产类别编码方式必须设定为四级，不能减少级次

C. 资产类别编码方式既可以采用手工输入方式，也可以采用自动编码方式

D. 设置资产类别编码方式，是后续对固定资产管理的前提条件

82. 在用友 T3 固定资产管理系统中，关于资产增加方式说法错误的是(　　)。

A. 已使用的方式不能删除　　B. 盘盈不能删除

C. 非明细级方式不能删除　　D. 接受捐赠不能删除

83. 在用友 T3 固定资产管理系统固定资产卡片中，系统根据输入的内容不能自动计算输入的项目是(　　)。

A. 可抵扣税额　　B. 月折旧率　　C. 月折旧额　　D. 净值

84. 在用友 T3 固定资产管理系统中，使用批量制单方式，记账凭证的摘要(　　)。

A. 系统自动给出，不能修改　　B. 系统自动给出，能修改

C. 只能手工输入　　D. 视具体情况而定

二、多项选择题(本题包括 31 个小题，每小题 2 分，共 62 分。在每小题给出的四个选项中，有两个或两个以上答案符合题目要求，请在答题卡相应位置用 2B 铅笔填涂相应答案代码。)

85. 记账凭证核算程序的优点是(　　)。

A. 手续简便，易于理解掌握

B. 总分类账可以比较详细地反映经济业务的发生情况

C. 能简化总账的登记工作量

D. 适用于规模小，经济业务量较少的单位

86. 属于账账核对的是(　　)。

A. 会计部门财产物资明细账与财产物资保管部门或使用部门的明细账定期核对

B. 总分类账簿与所属明细分类账簿之间的核对

C. 总分类账簿与序时分类账簿之间的核对

D. 银行存款日记账账面余额和银行对账单定期核对

87. 筹资过程的主要经济业务有(　　)。

A. 接受投资　　B. 向债权人借入资金

C. 资本公积转增资本　　D. 归集材料采购费用

88. 关于会计科目与账户，下列说法正确的是(　　)。

A. 两者都是对会计对象具体内容的分类，核算内容一致，性质相同

B. 账户是设置会计科目的依据

C. 会计科目是账户的名称，账户是会计科目的具体运用

D. 在实际工作中，对会计科目和账户不加严格的区分，而是相互通用

89. 根据会计恒等式可知，下列哪些经济业务不会发生(　　)。

A. 资产增加，负债减少，所有者权益不变　　B. 资产不变，负债增加，所有者权益增加

C. 资产有增有减，权益不变　　D. 资产不变，权益内部有增有减

90. 企业的非流动资产包括(　　)。

A. 持有至到期投资　　B. 无形资产

C. 存货　　D. 长期股权投资

91. 下列各账户中，在借贷记账法下，贷方登记增加的是(　　)。

A. 预收账款账户　　B. 应付账款账户　　C. 管理费用账　　D. 盈余公积账户

92. 下列账簿中，应当采用订本式的有(　　)。

A. 银行存款日记账　B. 现金日记账　C. 总账　D. 固定资产明细账

93. 关于会计凭证的保管，以下说法正确的是(　　)。

A. 对一些性质相同、数量较多或各种随时查阅的原始凭证，可以单独装订保管

B. 会计凭证的销毁手续，应严格按《会计档案管理办法》进行管理，期满前不得销毁

C. 会计凭证的保管期限，应严格按照《会计档案管理办法》进行管理，一般是 30 年

D. 会计凭证归档后，应按年月顺序排列，以便查阅

94. 下列属于营业成本的有(　　)。

A. 销售商品的成本　B. 销售材料的成本

C. 提供劳务的成本　D. 支付借款利息费用

95. 有法定行为之一的，由县级以上人民政府财政部门责令限期改正，并可对单位并处 3000 元以上 50000 元以下的罚款，这类违法行为包括(　　)。

A. 不依法设置会计账簿的行为

B. 随意变更会计处理方法的行为

C. 任用会计人员不符合《会计法》规定的行为

D. 未按照规定使用会计记录文字或者记账本位币的行为

96. 下列关于会计工作岗位设置的表述中，正确的有(　　)。

A. 各单位应当根据会计业务需要设置会计工作岗位

B. 会计人员的工作岗位应当有计划地进行轮换

C. 会计工作岗位，可以一人一岗、一人多岗或者一岗多人

D. 出纳不属于会计工作岗位

97. 国家统一的会计制度，是指国务院财政部门根据《会计法》制定的关于(　　)以及会计工作管理的制度。

A. 会计核算　B. 会计监督　C. 会计机构　D. 会计人员

98. “廉洁自律”的基本要求包括(　　)。

A. 做老实人，说老实话，办老实事，不弄虚作假

B. 树立正确的人生观和价值观

C. 公私分明，不贪不占

D. 保守秘密，不为利益所诱惑

99. 根据支付结算法律制度的规定，关于票据保证的下列表述中，正确的有(　　)。

A. 票据上未记载保证日期的，被保证人的背书日期为保证日期

B. 保证人未在票据或粘单上记载被保证人名称的已承兑票据，承兑人为被保证人

C. 保证人为两人以上的，保证人之间承担连带责任

D. 保证人清偿票据债务后，可以对被保证人及其前手行使追索权

100. 关于汇兑的下列表述中，符合法律制度规定的有(　　)。

A. 单位和个人均可使用汇兑

B. 汇款人对汇出银行尚未汇出的款项可以申请撤销

C. 汇兑以收账通知为汇出银行受理汇款的依据

D. 汇兑以汇款回单为银行将款项确已收入收款人账户的凭据

101. 根据增值税法律制度的规定，纳税人提供的下列应税服务，适用增值税零税率的有(　　)。

(　　)126. 记账凭证是会计处理的直接依据，记账凭证的填制要做到"真实可靠、内容完整、填写及时、书写清楚"。

(　　)127. 出差人员报销差旅费时，应贷记管理费用账户。

(　　)128. 中华人民共和国境内的企业必须采用人民币作为记账本位币。

(　　)129. 某企业会计人员记账时将"收回 A 公司货款 5700 元"误记为"收回 A 公司货款 5100 元"。更正上述错误的正确方法是：将金额"1"划红线，并在旁边加盖会计人员印章，在划红线的数字上面写上正确的数字"7"。

(　　)130. 会计人员交接后，接替人员应另立新账，不得使用原来的账簿。

(　　)131. 日记账是按照经济业务发生或完成时间的先后顺序，逐日、逐笔进行登记的账簿。

(　　)132. 借：盈余公积，贷：实收资本。这一会计分录反映的经济业务是将盈余公积转增注册资本。

(　　)133. 为了便于总账与所属明细账之间的核对，确保核算资料的正确完整，可以根据明细账的记录登记总账。

(　　)134. 企业为销售商品和材料而发生的运输费、装卸费等是"销售费用"科目核算内容。

(　　)135."生产成本"账户借方登记当期实际发生的各项生产费用。

(　　)136."期末余额=期初余额+本期借方发生额-本期贷方发生额"这一公式适合任何一个资产类账户。

(　　)137."预收账款"账户按经济内容分类属于负债类账户。如果企业预收款业务不多，可以不单独设"预收账款"账户，将发生的预收款业务记入"应收账款"账户。

(　　)138. 企业应向有关各方提供财务会计报告，其编制基础、编制依据、编制原则和方法应当一致，不得提供编制基础、编制依据、编制原则和方法不同的财务会计报告。

(　　)139. 会计人员未按照规定保管会计资料，致使会计资料毁损、灭失，情节严重的，3 年内不得从事会计工作。

(　　)140. 对于特殊格式的电子会计档案，需要打印出纸质资料进行移交。

(　　)141. 会计工作社会监督的主体主要是注册会计师及其所在的会计师事务所。

(　　)142. 持票人未按规定期限提示付款的，做出说明后，承兑人仍应当继续对持票据人承担付款责任。

(　　)143. 存款人为单位的，其预留签章为该单位的公章或财务专用章加其法定代表人(单位负责人)或其授权代理人的签名或盖章。

(　　)144. 电子承兑汇票期限自出票日起至到期日不超过 1 年。

(　　)145. 商业汇票的提示承兑期限是到期日前。

(　　)146. 公示催告期间不得少于 60 日。涉外票据可根据情况适当延长，但最长不得超过 90 日。

(　　)147. 单位设立的附属机构都可以开立基本存款账户。

(　　)148. 根据自主选择开户行的原则，单位可以选择任何一家银行开立一般存款账户。

(　　)149. 总公司向本县非独立核算的分公司移送货物，应视同销售缴纳增值税。

(　　)150. 纳税人将不同税率的应税消费品组成成套消费品销售的，应分别核算适用各自的税率缴纳消费税。

(　　)151. 纳税人采取预收款结算方式销售应税消费品的，其消费税纳税义务发生时间为收到预收款的当天。

(　　)152. 非居民企业在中国境内未设立机构、场所的，应当就其来源于中国境内的所得缴纳企业所得税。

(　　)153. 小型微利企业适用的企业所得税税率为 20%。

(　　)154. 中国居民李某，在境外工作，应仅就其来源于境外的所得征收个人所得税。

(　　)155. 企业转让国债的收入属于免税收入。

(　　)156. 纳税人因有特殊困难，不能按期缴纳税款的，经批准可以延期缴纳税款，但是最长不得超过 6 个月。

(　　)157. 国家税务总局统一负责全国发票管理工作。

(　　)158. 会计核算软件属于应用软件。

(　　)159. 禁止软件供应商采用呼叫中心、在线客服等方式为用户提供实时技术支持。

(　　)160. 企业使用 ERP 系统开展经营管理活动，如果其会计核算功能依附于单独模块完成，则应当将该模块而不是整个 ERP 系统认定为会计软件。

(　　)161. 在用友 T3 环境下，被指定为现金、银行科目的会计科目不能删除，如果想删除此类科目必须先取消指定。

(　　)162. 在用友 T3 环境下，账套主管可以审核任何人填制的凭证。

(　　)163. 在用友 T3 软件中，会计期间设置完成后，可以根据需要进行一定范围的修改。

(　　)164. 在用友 T3 总账管理系统中，凭证编号方式在总账选项中设置完成后，一经使用不能修改。

(　　)165. 在用友 T3 总账管理系统中，用户新增凭证时，自动带入的日期默认是当前登录 T3 软件平台的日期。

(　　)166. 在用友 T3 总账管理系统中，明细账(日记账、多栏账)打印方式采用按月排序情况下，打印时，从所选月份范围的起始月份将明细账顺序排页，再从第一页开始将其打印输出。

(　　)167. 在用友 T3 总账管理系统中，通过“总账”|“凭证”|“查询凭证”菜单，进入“查询凭证”界面，可以对未记账凭证进行查询或修改。

(　　)168. 在用友 T3 总账管理系统中，资金日报表是反映现金、银行存款每日发生额及余额情况的报表，在企业货币资金管理中占重要位置。

(　　)169. 在用友 T3 报表管理系统中，表体是表头之下的报表部分，是财务报表的核心，决定报表的纵向组成，它是报表数据区域，是报表的主体。

(　　)170. 在用友 T3 报表管理系统中，一个报表文件可以设置多个关键字，一个关键字在一个报表文件中只能设置一次。

(　　)171. 在用友 T3 报表管理系统中，增加表页的工作只能通过“编辑”菜单下的“追加”功能完成。

(　　)172. 在用友 T3 工资管理系统中，工资分摊设置是按照工资项目设置的，因此在生成工资分摊凭证时，应选择“明细到工资项目”复选框，否则生成凭证时会计科目不能显示到明细科目。

(　　)173. 在用友 T3 工资管理系统中，公式设置要注意先后顺序，先得到的数据应先设置公式。

(　　)174. 在用友 T3 固定资产管理系统中，设置上级部门对应折旧科目后，下级部门自动继承，且不能修改。

(　　)175. 在用友 T3 固定资产管理系统中，为避免重复累计，固定资产管理系统在一

C. 508.5×10%=50.85(万元)　　D. 508.5×12%=61.02(万元)

187. 关于甲汽车贸易公司进口越野车的税务处理，下列各项正确的是(　　)。

A. 进口关税=214×40%=85.6(万元)

B. 进口增值税=214×(1+40%)÷(1−12%)×13%=44.26(万元)

C. 进口消费税=214×(1+40%)÷(1−12%)×12%=40.85(万元)

D. 进口消费税=214×(1+40%)÷(1−12%)×10%=34.05(万元)

(四)

甲公司在2022年3月开始实施会计信息化，于3月1日建立账套，并同时启用了总账、工资、固定资产等系统。本月录入了公司的几项资产，开始使用日期分别是：

计算机：开始使用日期2021年7月25日

打印机：开始使用日期2021年8月5日

小货车：开始使用日期2022年2月8日

小轿车：开始使用日期2022年3月15日

2022年3月25日，小货车从采购部转到售后服务部，增加了变动单。

在操作过程中，操作员老赵对T3系统并不熟悉，请你阅读下列188~192题，帮助他选择正确的答案。

要求：根据上述资料分析回答下列188−192题。

188. 在建立固定资产子账套时，启用月份应该选择什么时候(　　)。

A. 2022年1月　　B. 2022年3月　　C. 2022年4月　　D. 所有日期均可

189. 应该通过“录入原始卡片”功能来录入的固定资产有(　　)。

A. 计算机　　B. 打印机　　C. 小货车　　D. 小轿车

190. 固定资产账套建立完成后，老赵发现个别参数设置错误，下列关于修改方法说法正确的有(　　)。

A. 可以执行“固定资产”|“设置”|“选项”命令修改账套设置中的某些参数

B.“本账套是否计提折旧”参数无法修改

C.“账套启用月份”参数无法修改

D. 存在不允许修改的参数，只能通过“固定资产”|“维护”|“重新初始化账套”命令来清空该账套的所有操作

191. 3月底，老赵发现自己太粗心了，把4项资产的固定资产卡片全部录入错误，下列说法可行的有(　　)。

A. 在“卡片管理”功能中，找到这4项卡片，4张卡片全部可以直接修改

B. 计算机、打印机、小轿车卡片可以直接修改，小货车卡片不能修改

C. 小货车卡片直接删除，重新填制一张正确的卡片

D. 小货车卡片不能删除，需删除变动单再修改或删除

192. 老赵为了将一批需要制单的业务连续制作凭证并传输到总账管理系统，避免多次制单的烦琐，可以如何设置(　　)。

A. 在系统设置的“选项”中，选取“业务发生后立即制单”

B. 在业务发生后单击【制单】按钮

C. 在系统菜单中执行“处理”|“批量制单”

D. 在系统菜单中执行“处理”|“月末结账”，系统自动制单

中等职业学校对口升学财经专业理论测试
全真模拟试卷(七)

一、单项选择题(本题包括84个小题，每小题1分，共84分。在每小题给出的四个选项中，只有一个符合题目要求，请在答题卡相应位置用2B铅笔填涂相应答案代码。)

1. 近代会计形成的标志是(　　)。

A. 货币计量　　B. 电子计算机在会计上的应用
C. 复式记账原理　　D. 管理会计的产生

2. 某企业期末A库存商品账面价值15万元，同时市场售价12万元，估计销售该库存商品发生的销售费用1万元，相关税费0.5万元，该企业A商品的可变现净值(　　)万元。

A. 10.5　　B. 11.5　　C. 13.5　　D. 12.5

3. 资产、负债和所有者权益是表示企业(　　)的会计要素。

A. 财务状况　　B. 经营状况　　C. 经营成果　　D. 财务成果

4. 能引起资产类项目之间此增彼减变动的会计事项是(　　)。

A. 发放福利费　　B. 接受捐赠　　C. 预付货款　　D. 预收货款

5. 会引起资产和负债同时增加的项目是(　　)。

A. 将现金存入银行　　B. 赊购原材料
C. 以银行存款归还银行借款　　D. 向银行借款偿还应付账款

6. 资产、负债及所有者权益之间的数量关系称为(　　)。

A. 借贷关系　　B. 会计平衡公式　　C. 记账规则　　D. 试算平衡

7. 复式记账法与单式记账法相比较，正确的说法是(　　)。

A. 两者都有利于检查账户记录的正确性
B. 复式记账法能清晰地反映经济业务的过程和结果
C. 两者都有一套完整的账户体系
D. 两者的账户都有相互对应关系

8. 对会计科目分类和编号，形成(　　)。

A. 会计要素　　B. 会计账户　　C. 会计科目表　　D. 会计对象

9. 在借贷记账法下，账户的借方表示(　　)。

A. 费用的增加和收入的减少　　B. 收入的增加和资产的减少
C. 利润的增加和负债的减少　　D. 利润的增加和费用的减少

10. 计入生产成本的费用是(　　)。

A. 办公室人员工资　　B. 车间水电费　　C. 管理部门折旧费　　D. 销售人员工资

11. 下列各项中影响营业利润的项目是(　　)。

A. 财务费用　　B. 营业外收入　　C. 营业外支出　　D. 所得税费用

12. 盈余公积年初余额为50万元，本年利润总额为600万元，所得税费用为150万元，按当年利润的10%提取法定盈余公积，当年净利润的5%提取任意盈余公积，企业盈余公积的年末余额为(　　)万元。

38. 根据支付结算法律制度的规定，下列关于银行汇票的表述中，不正确的是(　　)。

A. 银行汇票的提示付款期限为自出票日起 1 个月

B. 银行汇票持票人逾期提示付款的，将丧失对出票人以外其他前手的追索权

C. 出票银行对于转账银行汇票的退款，只能转入原申请人账户

D. 申请人缺少解讫通知要求退款的，出票银行应于银行汇票出票日起 1 个月内办理

39. 甲公司 2023 年 7 月 10 日签发一张电子商业承兑汇票，到期日最迟为(　　)。

A. 2024 年 1 月 10 日　　B. 2023 年 12 月 10 日

C. 2024 年 7 月 10 日　　D. 2024 年 2 月 10 日

40. M 公司向 N 公司签发了一张见票后 6 个月付款的商业承兑汇票。则该汇票提示承兑的期限是(　)。

A. 自出票日起 1 个月内　　B. 自出票日起 2 个月内

C. 自到期日起 10 日内　　D. 自出票日起 6 个月内

41. 根据支付结算法律制度的规定，下列情形中，存款人应申请撤销银行结算账户的是(　　)。

A. 因迁址需要变更开户银行的　　B. 存款人遗失预留银行公章的

C. 存款人账户名称变更的　　D. 法定代表人身份证信息发生变更的

42. 持卡人在还清全部银行费用后，可申请办理销户。发卡行受理注销申请之日起(　　)后，被注销信用卡账户方能销户。

A. 15 日　　B. 30 日　　C. 45 日　　D. 60 日

43. 根据增值税法律制度的规定，下列各项中，应按照“销售货物”缴纳增值税的是(　　)。

A. 电力公司销售电力　　B. 邮局销售集邮册

C. 房地产公司转让土地使用权　　D. 某玩家转让网络游戏虚拟道具

44. 根据增值税法律制度的规定，公司的下列业务中，不属于增值税视同销售货物行为的是(　　)。

A. 将自产的空调委托某电器商场代销

B. 将自产白酒用于招待客户

C. 将购进的电视机用于职工宿舍

D. 将委托加工收回的健身器材无偿赠送给某养老院

45. 根据消费税法律制度的规定，下列各项中，属于消费税纳税人的是(　　)。

A. 卷烟生产商　　B. 玉石首饰零售商　　C. 金银首饰进口商　　D. 鞭炮批发商

46. 某外贸公司于 2023 年 6 月进口一批小汽车，关税完税价格为 600 万元，关税税率为 25%，消费税税率为 9%，该外贸公司进口小汽车应纳消费税的下列算式中，正确的是(　　)。

A. 600×(1+25%)×9%=67.5(万元)

B. 600×(1+25%)÷(1-9%)×9%=74.18(万元)

C. 600÷(1-9%)×9%=59.34(万元)

D. 600×(1+25%)÷(1+9%)×9%=61.93(万元)

47. 根据企业所得税法律制度的规定，下列纳税人中，属于企业所得税纳税人的是(　　)。

A. 个人独资企业　　B. 合伙企业　　C. 个体工商户　　D. 股份有限公司

48. 根据企业所得税法律制度的规定，企业从事下列项目取得的所得中，减半征收企业所得税的是(　　)。

A. 远洋捕捞　　B. 香料作物的种植　　C. 牲畜的饲养　　D. 林木的培育

49. 根据个人所得税法律制度的规定，下列情形中，纳税人不需要自行办理纳税申报的是(　　)。

A. 居民刘某从中国境外取得的劳务报酬所得

B. 居民胡某取得储蓄存款利息所得

C. 居民张某取得应税所得但没有扣缴义务人

D. 居民赵某因移居境外注销中国户籍

50. 中国公民高某 2023 年 5 月提供会计咨询服务，取得劳务报酬 10000 元，支付交通费等费用共计 500 元。则高某当月该笔所得应预扣预缴个人所得税税额计算正确的是(　　)。

A. (10000-500)×20%　　B. 10000×20%

C. 10000×(1-20%)×20%　　D. (10000-500)×(1-20%)×20%

51. 根据个人所得税法律制度的规定，下列各项中，在计算个体工商户经营所得应纳税所得额时，可以从其收入总额中减除的是(　　)。

A. 税收滞纳金　　B. 非广告性赞助支出

C. 用于个人和家庭的支出　　D. 允许弥补的以前年度的亏损

52. 根据个人所得税法律制度的规定，下列各项中，属于专项附加扣除的是(　　)。

A. 住房贷款利息　　B. 基本医疗保险　　C. 工伤保险　　D. 基本养老保险

53. 会计人员热爱会计工作，安心本职岗位，忠于职守，尽职尽责，这是会计职业道德规范中(　　)的具体体现。

A. 爱岗敬业　　B. 诚实守信　　C. 提高技能　　D. 强化服务

54. 下列关于会计职业道德的表述中，正确的是(　　)。

A. 会计职业道德是统治阶级国家意志的体现

B. 会计职业道德依靠国家强制力保证其贯彻执行

C. 会计职业道德不要求调整会计人员的外在行为

D. 会计职业道德的表现形式既有成文的规范，也有不成文的规范

55. 中国现代会计学之父潘序伦先生倡导："信以立志，信以守身，信以处事，信以待人，毋忘'立信'，当必有成。"这句话体现的会计职业道德内容是(　　)。

A. 坚持准则　　B. 客观公正　　C. 诚实守信　　D. 廉洁自律

56. (　　)是纳税人按照税法规定的期限和内容向税务机关提交有关纳税事项书面报告的法律行为，确定纳税人是否履行纳税义务，界定法律责任的主要依据。

A. 发票管理　　B. 纳税申报　　C. 税款征收　　D. 税务检查

57. 实行定期定额缴纳税款的纳税人，可以采取的申报方式是(　　)。

A. 直接申报　　B. 邮寄申报

C. 数据电文申报　　D. 简易申报和简并征期

58. 根据个人所得税法律制度的规定，个人购买符合规定的商业健康保险产品的支出，允许在当年计算应纳税所得额时在一定限额内予以扣除，该限额为(　　)。

A. 2400 元/年　　B. 2800 元/年　　C. 3200 元/年　　D. 3600 元/年

59. 企业与外单位联合开发的会计软件，外单位负责(　　)。

A. 系统分析　　B. 系统设计和程序开发

C. 系统的重大修改　　D. 日常维护工作

81. 在用友 T3 固定资产管理系统中，某操作员当月要撤销已减少固定资产，他打开卡片管理界面，选择查询“已减少资产”，在已减少资产列表中，选中要恢复的资产，下列说法正确的是(　　)。

A. 执行“卡片”|“撤销减少”命令　　B. 单击【增加】按钮，将该资产增加

C. 单击【删除】按钮，将该减少资产删除　　D. 不能撤销

82. 在用友 T3 固定资产管理系统中，下列(　　)事项不需要填制相应的记账凭证。

A. 固定资产增加　　B. 部门转移

C. 固定资产原值变动　　D. 累计折旧调整

83. 在用友 T3 固定资产管理系统中，关于固定资产计提折旧的处理，说法错误的是(　　)。

A. 在一个期间内可以多次计提折旧，每次计提折旧后，只将计提的折旧累加到月初的累计折旧上，不会重复累计

B. 如果上次计提折旧已制单并传递到总账系统，则必须删除该凭证才能重新计提折旧

C. 计提折旧后又对账套进行了影响折旧计算或分配的操作，必须重新计提折旧，否则系统不允许结账

D. 系统每个月必须计提折旧并且生成折旧分配凭证

84. 在用友 T3 固定资产管理系统进行业务处理时，下列流程中不正确的是(　　)。

A. 录入原始卡片→本月资产增加→本月资产减少→计提本月折旧

B. 设置资产类别→录入原始卡片→本月资产增加→计提本月折旧

C. 设置资产类别→录入原始卡片→计提本月折旧→本月资产减少

D. 录入原始卡片→计提本月折旧→本月资产减少→月末结账

二、多项选择题(本题包括 31 个小题，每小题 2 分，共 62 分。在每小题给出的四个选项中，有两个或两个以上答案符合题目要求，请在答题卡相应位置用 2B 铅笔填涂相应答案代码。)

85. 某公司 2023 年 7 月发生如下经济业务：(1)用银行存款购入全新机器一台，价值 50000 元；(2)投资人投入原材料，价值 20000 元；(3)收到供应单位所欠账款 8000 元，收存银行；(4)将一笔应付账款 30000 元转为对企业的投资。则下列表述正确的有(　　)。

A. (1)资产内部此增彼减　　B. (2)资产与所有者权益同增

C. (3)资产与负债同减　　D. (4)负债减少所有者权益增加

86. 关于资产负债表中的未分配利润项目的说法，正确的有(　　)。

A. 属于所有者权益项目　　B. 属于资产项目

C. 正数金额表示累积的未分配利润　　D. 负数金额表示累积的未弥补亏损

87. 材料的采购费用包括(　　)。

A. 买价　　B. 运杂费

C. 运输途中的合理损耗　　D. 入库前挑选整理费

88. 属于原始凭证的有(　　)。

A. 购销合同　　B. 领料单　　C. 增值税专用发票　　D. 生产计划

89. 关于固定资产的清查，正确的表述有(　　)。

A. 企业对固定资产清查应当采用实地盘点法

B. 企业对固定资产清查过程中发现盘盈应视为前期差错处理

C. 企业对固定资产清查过程中发现盘亏扣除赔偿的净损失应计入营业外支出
D. 固定资产盘盈应按重置成本入账

90. 银行存款日记账应该根据( )来进行登记。
A. 现金收款凭证　　B. 涉及存现业务的现金付款凭证
C. 银行存款收款凭证　　D. 银行存款付款凭证

91. 会计监督包括( )。
A. 事前监督　B. 事中监督　C. 事后监督　D. 决策监督

92. 在产品销售业务的核算中，期末结转后，下列账户应无余额的有( )。
A. 主营业务收入　B. 主营业务成本　C. 销售费用　D. 应交税费

93. 活页账的主要优点有( )。
A. 平时根据实际需要可随时添加或取出多余账页
B. 便于分工记账
C. 有利于保证账页的严肃性和完整性
D. 可以防止账页散失或抽换账页

94. 账簿记录发生错误时，应根据错账的具体情况，按规定的方法进行更正，不得( )。
A. 涂改　　B. 挖补
C. 刮擦或用药消除字迹　　D. 重新抄写

95. 某医院的下列人员中，属于会计人员的有( )。
A. 收银员小赵　　B. 档案管理机构管理会计档案的人员小李
C. 会计机构负责人刘某　　D. 出纳小黄

96. 根据会计法律制度的规定，有关我国会计核算的下列表述，正确的有( )。
A. 各单位会计记录文字必须使用中文，可同时使用少数民族文字或外国文字
B. 各单位记账本位币必须使用人民币，可同时使用一种外币
C. 各单位的会计处理方法前后应一致，不得变更
D. 各单位必须根据实际发生的经济业务事项进行会计核算

97. 根据会计法律制度的规定，下列各项中，属于财政部门对各单位实施监督的内容有( )。
A. 会计凭证、会计账簿、财务会计报告和其他会计资料是否真实、完整
B. 会计核算是否符合《会计法》和国家统一的会计制度的规定
C. 从事会计工作的人员是否具备专业能力、遵守会计职业道德
D. 是否依法诚信纳税

98. 根据支付结算法律制度的规定，下列存款人中，可以申请开立基本存款账户的有( )。
A. 个体工商户　　B. 某居民委员会
C. 某独立核算的附属机构　　D. 异地临时机构

99. 王某委托其开户银行M银行收取转账支票款项，则王某应当办理的手续有( )。
A. 在支票被背书人栏记载M银行名称
B. 在支票背书人签章栏记载“委托收款”字样
C. 填制进账单
D. 将支票交付M银行

( )124. 总分类账和明细分类账平行登记的要点是：依据相同、方向相同、期间一致、金额相等。
( )125. 资金的退出包括：偿还各种债务、上缴各项税费、向投资者分配利润等。
( )126. 历史成本是指按照当前市场条件，重新取得同样一项资产所需支付的现金或现金等价物金额。
( )127. 期末对账时，也包括账证核对，即会计账簿记录与原始凭证，记账凭证的时间、凭证字号、内容、金额是否一致，记账方向是否相符。
( )128. 主营业务收入明细账通常采用多栏式账簿。
( )129. 记账凭证核算程序适用于规模较小，业务较多的单位。
( )130. 填制原始凭证时，有角无分的，分位写"0"或符号"-"。
( )131. 处置无形资产属于非日常活动，所形成的净支出，不应当确认为费用。
( )132. 各种应收账款明细账账面余额与有关债务单位的核对属于账账核对。
( )133. 在企业发生撤销、合并、清产核资或改变隶属关系前，要进行一次全面清查，以明确经济责任。
( )134. 盘盈的固定资产，按会计准则规定，视为前期差错处理。首先应按同类或类似固定资产的重置成本借记"固定资产"，贷记"以前年度损益调整"。
( )135. 企业无法查明原因的现金溢余，应计入营业外收入。
( )136. 涉及有连续编号的原始凭证，应按编号连续使用，如有填写错误，不允许在凭证上进行更改，就予以作废重填，以免错收错付。
( )137. 汇总付款凭证根据"库存现金"和"银行存款"账户的贷方进行编制。
( )138. 记账凭证要依据审核无误的原始凭证进行填制。
( )139. 国务院财政部门负责管理全国各地区的会计工作。
( )140. 原始凭证的各项内容均不得涂改，可以依照规定进行更正。
( )141. 会计人员违反会计法律制度，五年内不得再从事会计工作。
( )142. 会计人员办理会计工作交接手续，由会计机构负责人负责监督交接。
( )143. 基本存款账户是单位的主办账户，一个单位只能开立一个基本存款账户。
( )144. 汇款人对汇出银行尚未汇出的款项可以申请退汇。
( )145. 在我国，银行汇票、支票和本票均为见票即付的票据。
( )146. 票据背书、保证、承兑行为中若附条件，则条件无效，票据行为有效。
( )147. 增值税纳税人销售货物向购买方收取的款项全部作为价外费用并入销售额计征增值税。
( )148. 商业企业一般纳税人零售的劳保用品可以开具增值税专用发票。
( )149. 现行消费税的征税范围中，只有烟和酒采用复合计税方法计征消费税。
( )150. 为了提升服务质量，会计人员应无条件地满足服务主体的各种需要。
( )151. 委托加工应税消费品的，由受托方向委托方代收代缴委托加工环节的消费税。
( )152. 销售商品采用预收款方式的，在发出商品时确认收入。
( )153. 居民企业应当就其来源于中国境内、境外的所得缴纳企业所得税。
( )154. 一人有限公司与个人独资企业都需要缴纳个人所得税。
( )155. 个人通过非营利性的社会团体和国家机关向红十字事业的捐赠，在计算缴纳

个人所得税时，准予在税前的所得额中全额扣除。

(　　)156. 纳税人在停业期间发生纳税义务的，应当按照规定申报缴纳税款。

(　　)157. 税务机关采取税收保全措施的期限最长不超过 6 个月。

(　　)158. 自行开发的会计软件由于企业内部员工对系统充分了解，因此企业能够快速反应、及时高效地纠错和调整出现的问题。

(　　)159. 企业外购的会计软件必须符合《企业会计信息化工作规范》的要求，但企业定制的会计软件则不必完全符合。

(　　)160. 对于信息系统自动生成，且具有明晰审核规则的会计凭证，可以将审核规则嵌入会计软件，由计算机自动审核。

(　　)161. 在用友 T3 环境下，在进行科目成批复制时，源科目与目标科目的级次必须相同，且同为非末级科目。

(　　)162. 在用友 T3 软件中，可根据需要随时更改已定义并使用的会计科目辅助账设置。

(　　)163. 在用友 T3 环境下，企业设置结算方式，目的是建立和管理企业在经营活动中所涉及的货币结算方式。

(　　)164. 用友 T3 总账管理系统强大的查询功能使整个系统实现总账、明细账、日记账、凭证联查，并可查询包含未记账凭证的最新数据。

(　　)165. 在用友 T3 总账管理系统中，科目汇总时对已记账凭证进行汇总，不可以对未记账凭证汇总。

(　　)166. 在用友 T3 总账管理系统中，查询序时账时，如勾选“对方科目”，则系统显示所有与该科目相关明细数据，不选则显示所有科目的数据。

(　　)167. 在用友 T3 总账管理系统中，企业第一次使用银行对账功能时，要录入企业银行存款日记账及银行对账单的调整前余额和未达账项，以后各月进行银行对账时，不用再录入银行对账期初数据。

(　　)168. 在用友 T3 总账管理系统中，销售成本结转时，库存商品、主营业务收入、主营业务成本三个科目的下级科目的结构必须相同，也可同时带有辅助核算。

(　　)169. 在用友 T3 报表管理系统中，某些数据只能取自某会计期间同一会计报表的数据，不能取自某会计期间其他会计报表的数据。

(　　)170. 在用友 T3 报表管理系统中，用户可以修改系统提供报表模板中的公式，但不可以生成、调用自行设计的报表模板。

(　　)171. 在用友 T3 报表管理系统中，为了满足查询打印的需要，在报表尺寸设置完毕、报表输出前，还需要在适当的位置上画表格线。

(　　)172. 在用友 T3 工资管理系统中，生成的凭证左上角出现已生成标志，该凭证自动传递到总账管理系统。

(　　)173. 在用友 T3 工资管理系统中，修改个人所得税税率表，应纳税所得额上限不允许变动。

(　　)174. 在用友 T3 固定资产管理系统中，变动单生成后发现错误，可以修改或者删除重做。

(　　)175. 在用友 T3 固定资产管理系统中，已记账的凭证，不能通过“处理”|“凭证查询”功能删除。

188. 建立会计科目时，输入的基本内容包括(　　)。

A. 科目编码　　B. 科目名称　　C. 科目类型　　D. 账页格式

189. 在总账系统中，需要录入的期初余额有(　　)。

A. 2022 年 1 月的期初余额

B. 2022 年 4 月的期初余额

C. 2022 年 1 月至 3 月的借贷方累计发生额

D. 2022 年 1 月的借贷方发生额、2 月的借贷方发生额、3 月的借贷方发生额

190. 凭证一旦保存，下列选项中，不能修改的有(　　)。

A. 摘要　　B. 凭证类别　　C. 凭证编号　　D. 辅助信息

191. 编制报表时，通过(　　)让计算机自动完成取数计算。

A. 输入单位名称　　B. 输入报表填制日期

C. 输入单位编号　　D. 录入关键字

192. 固定资产管理系统初始设置主要包括(　　)。

A. 设置部门对应折旧科目　　B. 摘要设置

C. 设置固定资产类别　　D. 录入固定资产原始卡片

中等职业学校对口升学财经专业理论测试

全真模拟试卷(八)

一、单项选择题(本题包括 84 个小题，每小题 1 分，共 84 分。在每小题给出的四个选项中，只有一个符合题目要求，请在答题卡相应位置用 2B 铅笔填涂相应答案代码。)

1. 以收入和费用是否应计入本期为标准确定本期收入和费用的原则，称为(　　)。

A. 可比性原则　　B. 重要性原则　　C. 权责发生制原则　　D. 一致性原则

2. 假设企业的经营活动将无限期的延续下去，在可以预见的将来不会因停业破产而进行清算的前提条件称为(　　)。

A. 会计主体　　B. 会计分期　　C. 持续经营　　D. 货币计量

3. 会引起一项负债减少，而另一项负债增加的经济业务是(　　)。

A. 用银行存款购买材料　　B. 以银行存款归还银行借款

C. 开具商业汇票抵付应付账款　　D. 将银行借款存入银行

4. 下列各项中不属于营业利润构成内容的是(　　)。

A. 财务费用　　B. 投资收益　　C. 营业外支出　　D. 主营业务成本

5. 资产总额减负债总额后的余额称为(　　)。

A. 收入　　B. 利润　　C. 费用　　D. 净资产

6. 表明资产与权益任一时点在数量上均保持平衡关系的等式是(　　)。

A. 期初余额+本期增加额-本期减少额=期末余额

B. 总分类账户余额=所属明细分类账户余额之和

C. 总分类账户发生额=所属明细分类账户发生额之和

D. 资产=负债+所有者权益

7. 简单会计分录是指(　　)的分录。

A. 有借有贷　　B. 一借一贷　　C. 一借多贷　　D. 多借一贷

8. 期初和期末余额均在借方的账户，一般属于(　　)。

A. 资产类账户　　B. 负债类账户

C. 所有者权益类账户　　D. 收入类账户

9. 不属于会计科目的是(　　)。

A. 在建工程　　B. 预收账款　　C. 固定资产　　D. 流动资产

10. 某企业从外地购进甲材料，买价 3200 元，外地运杂费 120 元，采购员差旅费 105 元，那么该材料实际成本是(　　)元。

A. 3425　　B. 3200　　C. 225　　D. 3320

11. 计提职工福利费的贷方账户为(　　)。

A. 应付税费　　B. 应付职工薪酬　　C. 其他应付款　　D. 管理费用

12. 预收账款不多的企业，可将预收账款并入(　　)核算。

A. “预收账款”账户的贷方　　B. “应付账款”账户的贷方

C. “应收账款”账户的贷方　　D. “应收账款”账户的借方

A. 甲公司销售货物取得银行承兑汇票

B. 刘某提供加工劳务取得转账支票

C. 张某以胁迫手段取得银行汇票

D. 某市税务局因征收税款收到某公司签发的支票

43. 根据支付结算法律制度的规定，下列付款人的债务证明中，不适用委托收款结算方式收取款项的是(　　)。

A. 现金支票　　B. 存单

C. 债券　　D. 已承兑的商业汇票

44. 甲公司为购买货物而将所持有的汇票背书转让给乙公司，但因担心以此方式付款后对方不交货，因此在背书栏中记载了“乙公司必须按期保持交货，否则不承担票据责任”字样。乙公司在收到票据后没有按期交货。根据票据法律制度的规定，下列表述中，正确的是(　　)。

A. 该背书无效

B. 该背书有效，但前提是乙公司按期按质交货

C. 该背书有效，甲公司该记载无效

D. 票据无效

45. 根据票据法律制度的规定，下列票据当事人中，其签章不符合票据法规定可导致票据无效的是(　　)。

A. 出票人　　B. 保证人　　C. 背书人　　D. 承兑人

46. 根据增值税法律制度的规定，下列业务中，应分别核算货物和服务销售额，分别适用不同税率或征收率的是(　　)。

A. 饭店提供餐饮服务的同时销售酒水

B. 美容院提供美容服务的同时销售美容产品

C. 钢结构生产企业销售自产钢结构件的同时提供安装服务

D. 商场销售家用电器的同时提供送货服务

47. 甲服装厂(以下简称甲厂)为增值税一般纳税人，2023 年 6 月销售 500 套服装，含税价格为 452 元/套。由于购买方购买数量较多，甲厂给予其 8 折优惠，并开具了增值税专用发票，折扣额在同一张发票的金额栏注明。则甲厂该业务销项税额计算正确的是(　　)。

A. $452 \times 500 \times 13\% = 29380$(元)

B. $452 \times 500 \times 80\% \times 13\% = 23504$(元)

C. $452 \times 500 \div (1+13\%) \times 13\% = 26000$(元)

D. $452 \times 500 \div (1+13\%) \times 80\% \times 13\% = 20800$(元)

48. 根据消费税法律制度的规定，下列各项中，不缴纳消费税的是(　　)。

A. 零售超豪华小汽车　　B. 进口铂金首饰

C. 生产销售高档化妆品　　D. 委托加工实木地板

49. 根据消费税法律制度的规定，下列消费品中，实行从价定率办法征收消费税的是(　　)。

A. 白酒　　B. 卷烟　　C. 啤酒　　D. 烟丝

50. 甲公司 2022 年度企业所得税应纳税所得额为 3000 万元，当年购置并实际使用一台符合《安全生产专用设备企业所得税优惠目录》规定的安全生产专用设备，该设备的投资额为

600 万元。甲公司适用的企业所得税税率为 25%。甲公司 2022 年度应缴纳企业所得税额为(　　)万元。

A. 750　　B. 735　　C. 690　　D. 600

51. 根据企业所得税法律制度的规定，下列各项中，属于非居民企业的是(　　)。

A. 依照外国法律成立，实际管理机构在上海的甲公司

B. 依照中国法律成立，有来源于境内所得的乙公司

C. 依照外国法律成立且实际管理机构在境外，但在厦门设立机构场所的丙公司

D. 依照中国法律成立，实际管理机构在北京的丁公司

52. 根据个人所得税法律制度的规定，下列不属于来源于中国境内的所得的是(　　)。

A. 中国境内的出租人将财产出租给承租人在美国使用而取得的所得

B. 借款人张某因购买企业债券而从中国境内甲公司取得的利息、股息

C. 刘某许可某知名品牌在中国境内使用而取得的所得

D. 美国人麦克在中国境内提供劳务而取得的所得

53. 根据个人所得税法律制度的规定，下列各项中，不免征个人所得税的是(　　)。

A. 个人转让著作权　　B. 国家发行的金融债券利息

C. 保险赔款　　D. 退休工资

54. (　　)是税收征管的中心环节，是全部税收征管工作的目的和归宿。

A. 税务登记　　B. 纳税申报　　C. 税款征收　　D. 税务检查

55. 根据税收征收管理法律制度的规定，下列关于纳税人享受减税、免税待遇的纳税申报处理方式的表述中，正确的是(　　)。

A. 无须办理纳税申报　　B. 应当按规定办理纳税申报

C. 并入下一纳税期办理纳税申报　　D. 由税务机关决定是否需要办理纳税申报

56. 某纳税人应在 3 月 15 日前缴纳税款，逾期未缴纳，税务机关责令其在 3 月 31 日前缴纳，但直到 4 月 24 日才缴纳。根据税收征收管理法律制度的规定，在计算税收滞纳金时，滞纳天数为(　　)天

A. 15　　B. 16　　C. 24　　D. 40

57. 根据税收征收管理法律制度的规定，下列各项中，属于税收保全措施的是(　　)。

A. 通知出入境管理机关阻止纳税人出境

B. 依法拍卖纳税人价值相当于应纳税款的货物，以拍卖所得抵缴税款

C. 责令纳税人提供纳税担保

D. 书面通知纳税人开户银行冻结纳税人的金额相当于应纳税款的存款

58. 根据税收征收管理法律制度的规定，纳税人发生的下列行为中，属于偷税(逃税)的是(　　)。

A. 以暴力、威胁方法，拒不缴纳税款的

B. 在账簿上多列支出、少列收入，少缴应纳税款的

C. 欠缴应纳税款，采取转移或者隐匿财产的手段，妨碍税务机关追缴欠缴税款的

D. 假报出口，骗取国家出口退税款的

59. 我国的 XBRL 发展始于(　　)。

A. 证券领域　　B. 国际贸易领域　　C. 金融领域　　D. 银行领域

60. 购买通用商品化会计软件是快速实现会计电算化的有效方式，主要适应的单位类型

A. 直接使用固定资产减少功能

B. 直接删除固定资产卡片

C. 删除相关凭证后，再删除固定资产卡片

D. 删除相关凭证后，再使用固定资产减少功能

83. 在用友 T3 固定资产管理系统编制记账凭证时，将折旧额分配到有关成本或费用项目的依据是(　　)。

A. 固定资产卡片　B. 折旧原始凭证　C. 折旧清单　D. 折旧分配表

84. 在用友 T3 环境下，关于固定资产管理系统的月末结账功能的说法，错误的是(　　)。

A. 结账操作既可由账套主管进行，也可由其他具有操作权限的操作员进行

B. 本月不结账，下月将不能进行任何对本账套的修改操作

C. 结账后，将不能再以本月日期登录系统

D. 本月未进行过折旧计提时，本月固定资产管理系统不能结账

二、多项选择题(本题包括 31 个小题，每小题 2 分，共 62 分。在每小题给出的四个选项中，有两个或两个以上答案符合题目要求，请在答题卡相应位置用 2B 铅笔填涂相应答案代码。)

85. 需要进行全面财产清查的情况有(　　)。

A. 年终决算之前　B. 清产核资

C. 单位撤销、合并　D. 资产重组或改变隶属关系

86. 以下符合谨慎性要求的是(　　)。

A. 历史成本计价

B. 固定资产采用加速折旧法

C. 对售出商品可能发生的保修义务等确认预计负债等

D. 资产负债表将一年内将要到期的非流动资产列入流动资产项目

87. 下列不符合会计要素费用定义的是(　　)。

A. 地震造成的损失　B. 转账的手续费

C. 向投资者分配利润　D. 广告支出

88. 下列关于会计科目的说法中，正确的有(　　)。

A. 会计科目是进行会计核算和提供会计信息的基础

B. 会计科目按其所属会计要素分类：资产类、负债类、共同类、所有者权益类、成本类、损益类六大类科目

C. 会计科目的设置应遵循的原则是：合法性、实用性、相关性原则

D. 会计科目和账户都是对会计对象具体内容的分类，且两者核算内容一致、性质相同，因此会计科目与账户是相同的两个概念

89. 按权责发生制原则要求，下列收入或费用应归属本期的是(　　)。

A. 对方暂欠的本期销售产品的收入　B. 尚未付款的本月借款利息

C. 本月收回的上月销售产品的货款　D. 预付明年的报刊费

90. 下列各项内容属于会计特点的有(　　)。

A. 以货币为主要计量单位　B. 具有连续性、系统性、综合性、全面性

C. 具有完整、科学的专门方法　D. 是经济管理的组成部分

91. 借贷记账法的试算平衡方法包括(　　)。

A. 发生额试算平衡法　　B. 减少额试算平衡法
C. 增加额试算平衡法　　D. 余额试算平衡法

92. 下列关于库存现金日记账的表述，正确的有(　　)。
A. 日期栏表示记账的日期，应与现金实际收、付日期一致
B. 凭证栏登记凭证的种类和编号
C. 收入、支出栏登记现金实际收、付的金额
D. 余额栏表示库存现金的限额

93. 下列报表项目中可能出现负数金额的有(　　)。
A. 货币资金　B. 利润总额　C. 应交税费　D. 应付账款

94. 在借贷记账法下，“借”和“贷”作为记账符号(　　)。
A. “借”和“贷”表示两个不同的方向
B. “借”和“贷”等于“增”和“减”
C. 在金额的增减变化上，可表示“增加”或“减少”
D. 表示借贷资本家的债权和债务变化

95. 根据会计法律制度的规定，下列人员中，应在会计档案销毁清册上签署意见的有(　　)。
A. 会计机构经办人　　B. 会计机构负责人
C. 单位负责人　　D. 档案管理机构负责人

96. 根据会计法律制度的规定，下列职务中，属于不相容职务的有(　　)。
A. 授权批准与业务经办　　B. 会计记录与财产保管
C. 业务经办与会计记录　　D. 业务经办与稽核检查

97. 根据会计法律制度的规定，下列关于会计工作交接的说法，正确的有(　　)。
A. 对于已经受理的经济业务尚未填制会计凭证的，移交人员应当填制完毕
B. 接替人员应该编制移交清册，并逐项核对点收
C. 会计凭证短缺的，必须查清原因，并在移交清册中注明，由移交人员负责
D. 移交时库存现金与账簿记录不一致，由接替人员限期查清

98. 与其他职业道德相比较，下列各项中属于会计职业道德特征的有(　　)。
A. 较强的实践性　　B. 维护会计人员利益性
C. 具有一定的强制性　　D. 较多关注公众利益

99. 关于个人申请开立Ⅰ类账户，不能采用的开户方式有(　　)。
A. 通过网上银行申请开户
B. 通过手机银行申请开户
C. 银行柜面开户
D. 自助机具开户，经银行工作人员现场核验身份信息

100. 侯某、赵某分别在P银行、Q银行开立存款账户，2023年8月10日，侯某通过银行向赵某汇款3000元劳务费，侯某在汇兑凭证上必须记载的事项有(　　)。
A. 侯某的签章　　B. 赵某的存款账户账号
C. Q银行的名称　　D. 侯某的身份证号码

101. 下列事项中，签发银行本票，必须记载的事项有(　　)。
A. 出票人签章　B. 付款人名称　C. 出票地　D. 收款人名称

( )127. 现金和银行存款日记账通常使用订本三栏式账簿，由出纳人员依据审核无误的收款凭证、付款凭证逐日逐笔登记。

( )128. 从数量上看，资产与权益始终保持平衡关系，任何经济业务的发生均不会改变企业资产的总数。

( )129. 转账凭证是用于不涉及库存现金、银行存款收付业务的记账凭证。

( )130. 总分类账采用货币量度计量，明细分类账采用实物量度计量。

( )131. 除结账和更正错误的记账凭证可以不附原始凭证外，其他记账凭证必须附有原始凭证。

( )132. 任何一项经济业务发生后，都会引起会计要素中动态要素的变动。

( )133. "累计折旧"账户的贷方登记折旧额的增加，借方登记折旧额的减少，因此，属于负债类账户。

( )134. 将出纳登记的银行存款日记账与会计人员登记的银行存款总账之间的核对属于账实核对。

( )135. 一般情况下，增值税一般纳税人购入一台不需要安装的生产用机器设备所支付的增值税税款应记入固定资产。

( )136. 收入、费用、利润是资金运动的动态表现。

( )137. 汇总记账凭证账务处理程序能减轻登记总分类账的工作量，且便于了解账户之间的对应关系。

( )138. 单位应定期对已到保管期限的会计档案进行鉴定，并形成会计档案鉴定意见书。

( )139. 总会计师是主管单位会计工作的行政领导，每个单位必须设置。

( )140. 只有取得初级会计职务资格证书的人员才可以从事会计工作。

( )141. 单位内部管理会计档案的岗位属于会计岗位。

( )142. 信用卡持卡人小王可以将信用卡预借现金额度内资金划转到其妻子的银行结算账户中。

( )143. 异地临时机构可以申请开立临时存款账户，此账户的有效期最长不得超过1年。

( )144. 持票人对商业汇票的出票人、承兑人的票据权利自票据到期日起2年。

( )145. 保证日期属于相对记载事项，如未记载，出票日期为保证日期。

( )146. 企业银行结算账户，自开立之日起即可以办理收付款业务。

( )147. 单位设立的附属机构可以开立基本存款账户。

( )148. 销售货物同时收取的包装费、包装物租金、包装物押金属于价外费用，应价税分离后并入销售额计征增值税。

( )149. 金融商品转让，按照卖出价扣除买入价后的余额为销售额。

( )150. 以旧换新销售金银首饰，均以扣除折价后的差额为基础计算增值税和消费税。

( )151. 啤酒、黄酒、成品油，从量定额计征消费税。

( )152. 不动产转让所得，按交易合同的签订地确定所得来源地。

( )153. 企业在汇总计算缴纳企业所得税时，其境外营业机构的亏损可抵减境内营业机构的盈利。

(　　)154. 企业和个人取得的国债利息均免征所得税。

(　　)155. 个人参加学历(学位)继续教育，可扣除的专项附加扣除同一学历(学位)继续教育的扣除期限不能超过48个月。

(　　)156. 税务机关在对纳税人采取税收保全措施时，可冻结纳税人全部存款。

(　　)157. 纳税人已开具的发票存根联保管期满时，报经税务机关查验后即可销毁。

(　　)158. 会计信息系统是ERP系统的一个子系统，它与ERP系统的其他子系统紧密融合在一起。

(　　)159. 云计算技术的出现，既是技术的创新，也是商业模式的创新，体现一种“不求所有，但求所用”的理念。

(　　)160. 鼓励软件供应商在会计软件中集成可扩展商业报告语言XBRL功能，便于企业生成符合国家统一标准的XBRL财务报告。

(　　)161. 在用友T3环境下，企业只能设置一种外币核算。

(　　)162. 在用友T3环境下，建立会计科目时，对有数量核算要求的，必须输入数量计量单位。

(　　)163. 在用友T3环境下，如果录入的记账凭证不符合用户设置的限制条件或限制科目，系统就会自动退出。

(　　)164. 在用友T3总账管理系统中，输入期初余额时，上级科目的余额和累计发生数据需要手工输入。

(　　)165. 在用友T3总账管理系统中，作废凭证一旦在凭证左上角显示“作废”字样，不可恢复为有效凭证。

(　　)166. 在用友T3总账管理系统中，对账的目的在于减少工作量，避免会计人员重复录入此类凭证，提高记账凭证录入的速度和准确度。

(　　)167. 在用友T3总账管理系统中，保存系统自动生成的转账凭证时，系统同样会对凭证进行校验，只有通过了系统校验的凭证才能进行保存。

(　　)168. 在用友T3总账管理系统中，凭证可以修改的内容一般包括摘要、科目、金额、凭证类别和凭证编号等。

(　　)169. 财务报表按使用对象划分，可分为对外报送财务报表和对内报送财务报表。对外报送财务报表主要包括资产负债表、利润表、成本分析表等。

(　　)170. 在用友T3报表管理系统中，单元是指由行和列交错而确定的空格，单元是组成报表的最小单位，例如，E12表示第12行第4列对应的单元。

(　　)171. 在用友T3报表管理系统中，进行格式设置时可以设置多个可变区。

(　　)172. 在用友T3工资管理系统多个工资类别下，需要分别打开每一个工资类别进行公式设置。

(　　)173. 在用友T3工资管理系统中，系统提供了主要的工资报表，报表格式由系统提供，如果对报表的固定格式不满意，可以通过“修改表”和“重建表”自行设计。

(　　)174. 在用友T3固定资产管理系统中，根据固定资产的使用状况，某一部门的固定资产折旧费用可以根据需要归入多个会计科目。

(　　)175. 在用友T3环境下，固定资产管理系统结账前必须与总账对账一致，否则不能结账。

利用所学知识对甲公司会计人员进行帮助。

要求：根据上述资料分析回答下列188~192题。

188. 在对操作员的权限进行设置时，同时需要在总账系统设置的权限是(　　)。

A. 凭证审核　　B. 记账

C. 结账　　D. 制单权限控制到科目

189. 该公司为了能够在现金管理模块进行银行存款日记账管理，并定期进行银行对账，则在设置银行存款这一会计科目时，根据相关资料应选择(　　)。

A. 外币核算　B. 数量核算　C. 日记账　D. 银行账

190. 发现凭证填制错误，下列关于凭证修改的说法中正确的有(　　)。

A. 未审核的记账凭证，可以直接修改

B. 已审核的凭证先取消审核再进行修改

C. 已记账的凭证先取消记账，取消审核后再进行修改

D. 已记账的凭证可采用红字冲销法进行更正

191. 关于凭证审核和记账的操作，下列说法中正确的有(　　)。

A. 凭证可以成批审核，也可逐张审核

B. 凭证审核需要重新注册更换操作员，由具有审核权限的操作员来进行

C. 上月未记账，本月同样可以记账

D. 记账操作每月可进行多次

192. 1月底，该公司会计人员在总账系统执行结账时，结账未通过，查看月度工作报告，查找可能存在的原因有(　　)。

A. 有未记账的凭证　　B. 损益类账户没有全部结转

C. 总账和辅助账核对结果不一致　　D. 工资和固定资产系统尚未结账

中等职业学校对口升学财经专业理论测试

全真模拟试卷(九)

一、单项选择题(本题包括84个小题，每小题1分，共84分。在每小题给出的四个选项中，只有一个符合题目要求，请在答题卡相应位置用2B铅笔填涂相应答案代码。)

1. (　　)原则要求企业应当以实际发生的交易或事项为依据进行确认、计量和报告。

A. 客观性　　B. 相关性　　C. 可靠性　　D. 一贯性

2. (　　)原则要求同类型企业对相同的经济业务采用相同的会计处理程序和方法，以提供口径相同的会计指标。

A. 客观性　　B. 相关性　　C. 可比性　　D. 一贯性

3. 某企业支付职工工资20万元。此项业务引起的资金增减变化是(　　)。

A. 资产与负债同增加　　B. 资产与负债同减少

C. 资产增加、权益减少　　D. 资产减少、权益增加

4. 在“资产=负债+所有者权益”这一会计恒等式的右端，两个因素的位置(　　)。

A. 不能颠倒　　B. 可以颠倒

C. 没有顺序要求　　D. 在一定条件下可以颠倒

5. 流动负债是指企业将在(　　)偿还的债务。

A. 1年内

B. 1年或超过1年的一个会计期间以上

C. 1年以上

D. 1年(含1年)或超过1年的一个会计期间内

6. 会引起所有者权益总额变动的经济业务是(　　)。

A. 提取盈余公积　　B. 宣告分配给投资者利润

C. 资本公积转增资本　　D. 用银行存款购入材料

7. 在借贷记账法下，负债类账户的结构特点是(　　)。

A. 借方记增加，贷方记减少，余额在借方　　B. 贷方记增加，借方记减少，余额在贷方

C. 借方记增加，贷方记减少，一般无余额　　D. 贷方记增加，借方记减少，一般无余额

8. 下列项目中，与“制造费用”属于同一类科目的是(　　)。

A. 固定资产　　B. 其他业务成本　　C. 生产成本　　D. 主营业务成本

9. 下列经济业务中，借记资产类账户，贷记负债类账户的是(　　)。

A. 赊购原材料(不考虑增值税)　　B. 收到其他企业的欠款

C. 从银行提取现金备用　　D. 以银行存款偿还债务

10. 某企业年初未分配利润100万元，当年实现净利润2000万元，按10%计提法定盈余公积，向投资者分配利润300万元，该企业年末未分配利润(　　)万元。

A. 1600　　B. 1800　　C. 1900　　D. 2100

11. 计入生产成本的人工费应包括(　　)。

A. 保卫科人员工资　　B. 财务科人员工资　　C. 车间人员工资　　D. 厂办人员工资

C. 贰零贰叁年壹拾月零叁拾日　　D. 贰零贰叁年零壹拾月叁拾日

40. 根据支付结算法律制度规定，企业申请开立单位银行结算账户，开户申请书上的签章不符合规定的是(　　)。

A. 财务专用章加授权代理人盖章　　B. 公章加法定代表人签名

C. 公章加法定代表人盖章　　D. 公章加授权代理人盖章

41. 下列款项结算中，可以使用填明“现金”字样的银行汇票的是(　　)。

A. 张某向蓝天公司支付服务费 30 万元　　B. 白云公司向王某支付劳务费 25 万元

C. 白某向赵某支付购车款 15 万元　　D. 方某向大地公司支付材料款 40 万元

42. 根据支付结算法律制度的规定，下列选项中，出票人为银行的是(　　)。

A. 商业承兑汇票　　B. 银行汇票　　C. 银行承兑汇票　　D. 支票

43. 根据支付结算法律制度的规定，发卡行应对借记卡持卡人在 ATM 机等自助机具取款设定交易上限，每卡每日累计提款不得超过一定限额，该限额为(　　)。

A. 5000 元　　B. 10000 元　　C. 20000 元　　D. 30000 元

44. A 公司向 B 公司签发金额为 500000 元的支票用于支付服务费，B 公司按期提示付款时被告知 A 公司在付款人处实有的存款金额仅为 300000 元，B 公司有权要求 A 公司支付的赔偿金是(　　)元。

A. 300000×5%　　B. 300000×2%　　C. 500000×5%　　D. 500000×2%

45. 存款人开立的下列银行结算账户中，需经中国人民银行当地分支机构核准的是(　　)。

A. 甲公司开立的一般存款账户

B. 乙公司开立的专用存款账户

C. 丙财政局开立的预算单位专用存款账户

D. 刘某开立的个人结算账户

46. 下列各税法要素中，(　　)是计算税额的尺度，其高低直接关系到国家财政收入和纳税人的负担程度。

A. 征税对象　　B. 税率　　C. 计税依据　　D. 纳税期限

47. 根据增值税法律制度的规定，下列各项中，应按照“金融服务”税目计缴增值税的是(　　)。

A. 物流辅助服务　　B. 融资租赁服务　　C. 保险服务　　D. 旅游娱乐服务

48. 甲企业为增值税一般纳税人，2023 年 5 月销售自产电视机 15 台，开具增值税专用发票注明金额 30000 元，另外取得购买方支付的违约金 2260 元。已知：增值税的税率为 13%，则计算该企业当月增值税销项税额的下列算式中，正确的是(　　)。

A. (30000+2260)×13%=4193.8(元)

B. 30000×13%=3900(元)

C. 30000×13%+2260÷(1+13%)×13%=4160(元)

D. (30000+2260)÷(1+13%)×13%=3711.33(元)

49. 根据消费税法律制度的规定，下列商品中，不属于消费税征税范围的是(　　)。

A. 钻石饰品　　B. 调味料酒　　C. 电子烟　　D. 薯类白酒

50. 根据企业所得税法律制度的规定，企业从事下列项目的所得，减半征收企业所得税的是(　　)。

A. 农作物新品种选育　　B. 中药材种植

C. 花卉种植　　D. 牲畜饲养

51. 根据个人所得税法律制度的规定，在中国境内有住所，或者无住所而一个纳税年度内在中国境内居住累计满(　　)天的个人，为居民个人。

A. 90　　B. 183　　C. 210　　D. 365

52. 2023年8月，刘某购买福利彩票取得一次中奖收入30000元，通过国家机关向农村义务教育捐赠5000元，直接捐赠给贫困学生4000元。刘某选择在偶然所得中扣除当月的公益捐赠支出。已知：偶然所得个人所得税税率为20%。计算刘某中奖收入应缴纳个人所得税税额的下列算式中，正确的是(　　)。

A. (30000−5000)×20%＝5000(元)　　B. 30000×20%＝6000(元)

C. 30000÷(1−20%)×20%＝7500(元)　　D. (30000−5000−4000)×20%＝4200(元)

53. 根据税收征收管理法律制度的规定，下列税种中，由税务机关负责征收的是(　　)。

A. 关税　　B. 车船税

C. 船舶吨税　　D. 进口环节的消费税

54. 根据税收征收管理法律制度的规定，下列情形中，纳税人应当注销税务登记的是(　　)。

A. 纳税人改变生产经营方式的

B. 纳税人改变生产经营范围的

C. 纳税人改变名称的

D. 纳税人改变住所和经营地点涉及改变税务登记机关的

55. 下列税款征收方式中，适用于生产经营规模小、产品零星、税源分散、会计账册不健全，但能控制原材料或进销货的小型厂矿和作坊的是(　　)。

A. 查账征收　　B. 查定征收　　C. 查验征收　　D. 定期定额征收

56. 根据税收征收管理法律制度的规定，税务机关采取税收保全措施和税收强制执行措施都需要经(　　)批准。

A. 省级人民政府省长　　B. 省级检察院检察长

C. 省级人民法院院长　　D. 县级以上税务局(分局)局长

57. 根据税收征收管理法律制度的规定，税务机关在税款征收中可以根据不同情况采取相应的税款征收保障措施，下列各项中，不属于税款征收保障措施的是(　　)。

A. 核定应纳税额　　B. 责令缴纳

C. 责令提供纳税担保　　D. 阻止出境

58. 根据税收征收管理法律制度的规定，下列说法正确的是(　　)。

A. 纳税人在账簿上多列支出，不缴或少缴应纳税款的行为，属于骗税

B. 纳税人经税务机关通知申报而拒不申报，不缴或者少缴应纳税款的行为，属于抗税

C. 纳税人以暴力、威胁办法拒不缴纳税款的行为，属于抗税

D. 纳税人以假报出口手段骗取国家出口退税款的行为，属于逃税

59. 以下不是会计电算化特征的是(　　)。

A. 人机结合　　B. 会计核算标准化　　C. 会计核算自动化　　D. 数据处理及时性

60. 下列属于购买通用会计软件的缺点的是(　　)。

A. 成本高　　B. 软件针对性不强　　C. 维护没有保障　　D. 见效慢

61. 用户操作日志中可以不记录的内容是(　　)。

86. 原始凭证的审核包括(　　)。

A. 真实性审核　　B. 合法性审核

C. 合理性审核　　D. 完整性、及时性审核

87. 下列项目中，属于会计账簿基本内容的是(　　)。

A. 封面　　B. 扉页　　C. 账页　　D. 账头

88. 下列属于财务报表的有(　　)。

A. 资产负债表　　B. 现金流量表

C. 所有者权益变动表　　D. 利润表

89. 企业的生产经营期间计提短期借款利息时，涉及的会计科目有(　　)。

A. 管理费用　　B. 短期借款　　C. 财务费用　　D. 应付利息

90. 下列项目中，属于会计核算方法的是(　　)。

A. 设置账户　　B. 复式记账　　C. 成本计算　　D. 编制会计报表

91. 发出材料业务的核算可能涉及的账户是(　　)。

A. 生产成本　　B. 制造费用　　C. 管理费用　　D. 其他业务成本

92. 当出现未达账项时，应通过编制银行存款余额调节表(　　)。

A. 检验企业与银行双方银行存款结余数是否一致

B. 作为企业调整账面记录的依据

C. 了解企业可以支用的银行存款实有数

D. 作为银行调整账面记录的依据

93. 下列项目中，属于反映企业经营成果的会计要素有(　　)。

A. 收入　　B. 费用　　C. 所有者权益　　D. 利润

94. 应收账款账户核算的内容有(　　)。

A. 应向购货单位收取的销售产品的收入　　B. 应向接受劳务方收取的劳务收入

C. 赊销时发生的增值税销项税　　D. 销售时支付的代垫运杂费

95. 国家实行统一的会计制度，是指国务院财政部门根据《会计法》制定的关于(　　)的制度。

A. 会计核算　　B. 会计监督　　C. 会计机构　　D. 会计工作管理

96. 根据会计法律制度的规定，下列各项中，不属于会计核算内容的有(　　)。

A. 年终结转本年利润　　B. 制订投资计划

C. 货物买卖合同的签订　　D. 资本公积的增减变动

97. 根据会计法律制度的规定，下列关于账务核对的表述中，正确的有(　　)。

A. 保证会计账簿记录与年度财务预算相符

B. 保证会计账簿记录与实物及款项的实有数额相符

C. 保证会计账簿之间相对应的记录相符

D. 保证会计账簿记录与会计凭证的有关内容相符

98. 下列国有企业拟对会计工作岗位的设置中，不符合会计法律制度规定的有(　　)。

A. 丁企业由董事长的女婿吴某担任会计机构负责人

B. 丙企业由会计机构负责人的女儿王某担任出纳工作

C. 甲企业出纳人员赵某临时兼任人事档案保管工作

D. 乙企业的财务成果核算岗位由会计人员章某、韩某和李某三人同时担任

99. 下列有关会计职业道德“廉洁自律”的表述中，正确的有(　　)。

A. 自律的核心就是自觉地抵制自己的不良欲望

B. 廉洁自律是会计职业道德的内在要求

C. 只有自身廉洁自律，才能抵制他人的不法行为

D. 不能做到廉洁自律，也就很难做到坚持准则和客观公正

100. 下列选项中，属于我国传统的人民币非现金支付工具的有(　　)。

A. 支票　　B. 本票　　C. 汇票　　D. 汇兑

101. 根据支付结算法律制度的规定，下列各项中，属于票据行为的有(　　)。

A. 保证　　B. 背书　　C. 出票　　D. 追索

102. 根据增值税法律制度的规定，下列各项中，不属于在境内销售的情形有(　　)。

A. 境外单位向境内单位销售完全在境外发生的服务

B. 境外单位向境内单位销售完全在境外使用的无形资产

C. 境外单位向境内单位出租完全在境外使用的有形动产

D. 境外个人向境内个人销售完全在境外使用的无形资产

103. 根据消费税法律制度的规定，下列关于从量计征消费税销售数量的表述中，正确的有(　　)。

A. 销售应税消费品的，为应税消费品的销售数量

B. 自产自用应税消费品的，为应税消费品的移送使用数量

C. 委托加工应税消费品的，为纳税人收回的应税消费品数量

D. 进口应税消费品的，为纳税人进口后销售的数量

104. 根据企业所得税法律制度的规定，企业取得的下列收入中，属于货币形式的有(　　)。

A. 存货　　B. 债务的豁免　　C. 应收票据　　D. 现金

105. 根据税收征收管理法律制度的规定，纳税人的下列情形中，税务机关有权核定其应纳税额的有(　　)。

A. 拒不提供纳税资料

B. 依照法律、行政法规的规定应当设置账簿但未设置账簿的

C. 发生纳税义务，未按照规定的期限办理纳税申报的

D. 纳税人申报的计税依据明显偏低，又无正当理由的

106. 根据税收征收管理法律制度的规定，纳税人发生的下列行为中，由税务机关责令限期改正，可以处2000元以下的罚款，情节严重的，处2000元以上1万元以下的罚款的有(　　)。

A. 纳税人未按照规定保管记账凭证的

B. 纳税人未按照规定使用税控装置的

C. 纳税人编造虚假计税依据的

D. 纳税人未按照规定将财务、会计制度报送税务机关备查的

107. 在会计电算化环境下，总账管理系统的结账由计算机自动完成，系统会进行自动检查，检查没有通过，则不能结账。检查工作包括(　　)。

A. 检查本月是否进行了银行对账，未进行银行对账时不能结账

B. 检查本月记账凭证是否已全部记账，有未记账凭证时不能结账

C. 检查上月是否已结账，上月未结账则本月不能结账

后 15 日内向税务机关报送纳税申报表，并预缴税款；在取得所得的次年 5 月 31 日前办理汇算清缴。

(　　)154. 国家机关、个人和无固定生产经营场所的流动性农村小商贩，不办理税务登记。

(　　)155. 纳税人因有特殊困难，不能按期缴纳税款的，经省、自治区、直辖市人民政府批准，可以延期缴纳税款，但是最长不得超过 3 个月。

(　　)156. 纳税人有骗税行为，由税务机关追缴其骗取的退税款，并处骗取税款 50%以上 3 倍以下的罚款，构成犯罪的，依法追究刑事责任。

(　　)157. 从事生产、经营的纳税人应当自领取税务登记证件之日起 15 日内，将其财务、会计制度或者财务、会计处理办法报送主管税务机关备案。

(　　)158. 会计软件的系统初始化在系统初次运行时一次性完成，但部分设置可以在系统使用后进行修改。

(　　)159. 信息化环境下移交会计档案时，应当将电子会计档案及其元数据一并移交；特殊情况下经会计部门与档案管理部门商定，也可以单独移交电子会计档案。

(　　)160. 会计信息系统数据服务器部署在境外的，应当在境内保存会计资料备份，备份频率不得低于每季度一次。

(　　)161. 会计软件的界面应当使用中文并提供对中文处理的支持，且同时提供外国或少数民族文字界面对照和处理支持。

(　　)162. 在用友 T3 环境下，“追加”命令在格式状态下追加行、列，在数据状态下追加表页。

(　　)163. 在用友 T3 环境下，单元公式“D10＝PTOTAL(D4：D9)”的含义是将本表本页 D4 至 D9 单元的数值求和，填在 D10 单元。

(　　)164. 在用友 T3 环境下，本表他页取数函数用于从同一报表文件的其他表页采集数据。

(　　)165. 在用友 T3 环境下进行期间损益结转设置时，若损益科目与本年利润科目都有辅助核算，则辅助账类必须相同。

(　　)166. 在用友 T3 环境下，在进行科目成批复制时，源科目与目标科目的级次必须相同，且同为非末级科目。

(　　)167. 在用友 T3 环境下，在项目目录设置功能中，一个项目大类只能指定一个核算科目，而一个项目核算科目可以指定多个项目大类。

(　　)168. 在用友 T3 环境下，企业一般选择在年初建账，因为年初建账期初余额录入工作量小，且便于年度数据的对比分析。

(　　)169. 在用友 T3 环境下，进行银行对账时，当银行对账单文件中多条业务记录和银行日记账未达账项文件中多条业务记录相同时，可通过“自动对账”功能进行核销。

(　　)170. 在会计信息化环境下，记账是数据的批处理过程，能够同时进行总账、明细账和日记账登记。

(　　)171. 凭证经过记账处理后，发现期初余额错误，仍然可以对余额进行修改。

(　　)172. 在会计信息化环境下，通过“冲销凭证”功能生成的红字凭证是未记账凭证，

应视同正常凭证进行保存和管理。

(   )173. 在用友 T3 报表系统中，可以在格式状态下插入直方图。

(   )174. 在用友 T3 报表系统中，关键字的主要作用是标识表页。

(   )175. 信息化环境下，企业内部生成的会计凭证、账簿和辅助性会计资料，如果记载的事项属于本企业重复发生的日常业务，则可以不输出纸面资料，直接保存电子形式档案。

四、不定项选择题(本题包括 17 个小题，每小题 2 分，共 34 分。在每小题给出的四个选项中，有一个或一个以上答案符合题目要求，请在答题卡相应位置用 2B 铅笔填涂相应答案代码。)

(一)

2022 年 5 月，飞跃公司出纳人员吴某提出离职，随后公司录用会计专业专科毕业生王某接替其工作。2022 年 6 月 1 日，王某与吴某办理交接手续，会计机构负责人郑某进行了监交；移交时，库存现金与会计账簿记录存在不一致的情况。移交结束后，为明晰责任，王某欲另开设新账进行会计记录。

2022 年 7 月 30 日，因会计人员紧缺，会计机构负责人郑某请示飞跃公司法定代表人陈某，决定由王某临时兼任其他会计工作。2022 年 8 月 5 日，有人实名向财政局检举郑某不具备担任会计机构负责人的专业技术资格。在财政局工作的赵某是郑某的好友，私下将上述检举材料转给了郑某。赵某因此被财政局记大过一次。

要求：根据上述资料，分析回答下列 176-179 题。

176. 关于吴某与王某办理会计工作交接的下列表述中，正确的是(   )。

A. 移交时库存现金与账簿记录不一致，由王某限期查清

B. 交接完毕后，监交人郑某无须在移交清册上签名

C. 吴某应对所移交的会计资料的合法性、真实性承担法律责任

D. 吴某必须将本人所经管的会计工作全部移交给王某

177. 下列关于王某欲开设新账进行会计记录的表述中，正确的是(   )。

A. 王某不得自行另立新账

B. 为分清责任，王某可以自行另立新账

C. 经郑某批准，王某可以另立新账

D. 经陈某批准，李某可以另立新账

178. 下列会计工作中，出纳人员王某可以兼任的是(   )。

A. 稽核工作　　B. 会计档案保管工作

C. 固定资产明细账目登记工作　　D. 应收账款账目登记工作

179. 赵某被财政局记大过的法律责任形式是(   )。

A. 民事责任　　B. 行政处分责任　　C. 刑事责任　　D. 行政处罚责任

(二)

2023 年 6 月 8 日，甲公司为支付购货款向乙公司签发并承兑一张见票后 3 个月付款、金额为 90 万元的商业汇票，丙公司在汇票上签章作了保证，但未记载保证日期。2023 年 8 月 10 日，乙公司将该商业汇票背书转让给丁公司，用于支付工程款。丁公司将该汇票背书转让给戊公司，并记载“不得转让”字样，戊公司将该汇票背书转让给己公司，己公司在提示付款期内向甲公司提示付款遭拒，遂向前手发起追索。

C. 账套启用月份　　D. 固定资产编码方式

189. 固定资产编码如果选用自动编码，系统提供的方式有(　　)。

A. 类别编号+序号　　B. 部门编号+序号

C. 类别编号+部门编号+序号　　D. 部门编号+类别编号+序号

190. 固定资产系统中每月可以进行计提本月折旧操作的次数是(　　)。

A. 只能做一次　　B. 只能做两次

C. 次数无限制　　D. 在选项中可以控制计提折旧的次数

191. 下列关于固定资产卡片的说法，不正确的是(　　)。

A. 删除非末张卡片，该卡片编号将保留空号

B. 使用年限可以是非整数年，但必须是整数月

C. 资产通过原始卡片录入还是通过“资产增加”录入，在于资产的开始使用日期

D. 上月录入的卡片如果发现错误，可以通过“卡片删除”功能进行删除

192. 固定资产管理系统提示不能月末结账的原因是(　　)。

A. 本月固定资产和总账对账不平

B. 本月还有固定资产凭证没有生成

C. 本月计提折旧后又填写了资产折旧方法变动单

D. 以账套主管李明的身份进行结账操作

中等职业学校对口升学财经专业理论测试

全真模拟试卷(十)

一、单项选择题(本题包括 84 个小题，每小题 1 分，共 84 分。在每小题给出的四个选项中，只有一个符合题目要求，请在答题卡相应位置用 2B 铅笔填涂相应答案代码。)

1. 对应收账款在会计期末提取坏账准备金，这一做法体现的原则是(　　)。

A. 可比性原则　B. 重要性原则　C. 谨慎性原则　D. 客观性原则

2. 持续经营为解决会计核算的(　　)提供了前提条件。

A. 财产计价和收入确认　B. 收入和费用的确认

C. 财产计价和费用分配　D. 会计要素的确认

3. 影响会计等式总额发生变化的经济业务是(　　)。

A. 以银行存款 150000 元购买材料　B. 结转完工产品成本 140000 元

C. 购买商标使用权 200000 元，货款未付　D. 收回客户所欠的货款 80000 元

4. 以现金形式收回职工出差借款 5000 元，这一业务引起的会计要素的变动是(　　)。

A. 资产总额不变　B. 资产增加，负债增加

C. 资产增加，负债减少　D. 资产减少，负债增加

5. 所有者权益是指企业所有者对企业(　　)的所有权。

A. 资产　B. 净资产　C. 总资产　D. 全部财产

6. 不会引起资产类项目和负债类项目同时减少的经济业务是(　　)。

A. 从银行提取现金　B. 用银行存款缴纳税费

C. 用银行存款归还短期借款　D. 用银行存款支付应付票据

7. 借贷记账法试算平衡的方法是(　　)。

A. 总账及所属明细账的余额平衡　B. 差额平衡

C. 所有资产类和负债类的余额平衡　D. 发生额平衡、余额平衡

8. 下列记账错误中，不能通过试算平衡检查发现的是(　　)。

A. 将某一账户的借方发生额 600 元，误写成 6000 元，贷方金额无误

B. 某项经济业务在记账过程颠倒了借贷科目，金额无误

C. 借方的金额误记到贷方

D. 漏记了借方的发生额

9. 下列属于负债类科目的是(　　)。

A. 预付账款　B. 预收账款　C. 交易性金融资产　D. 资本公积

10. 某企业为增值税一般纳税人，本月购入材料 1000 千克，单价 20 元，增值税专用发票上注明的价款 20000 元，增值税额 2600 元，销售方代垫运杂费 2000 元。材料到达企业，验收入库时发生挑选整理费用 400 元。该批材料的实际采购总成本为(　　)元。

A. 22400　B. 22600　C. 25000　D. 20400

11. 某企业本月发生下列经济业务：(1)用银行存款购买原材料 1000 元；(2)购买一台设备价款 2000 元，货款未付；(3)向银行借入期限为 3 个月，年利率为 6%的借款 5000 元，存

始凭证复印件提供给其他负担单位

37.“宁可清贫自乐，不可浊富多忧”体现在会计工作中的职业道德是(　　)。

A. 客观公正　　B. 廉洁自律　　C. 爱岗敬业　　D. 坚持准则

38. 爱岗敬业、诚实守信、廉洁自律、客观公正、坚持准则、提高技能、参与管理和强化服务等，这些均是(　　)的主要内容。

A. 会计职业道德观念教育　　B. 会计职业道德规范教育

C. 会计继续教育　　D. 会计职业道德警示教育

39. 下列存款人中，于2023年1月在银行开立基本存款账户，无须核发开户许可证的是(　　)。

A. 丁居民委员会　　B. 丙市人民医院

C. 乙公司　　D. 甲市场监督管理局

40. 下列单位中，可以作为电子银行承兑汇票承兑人的是(　　)。

A. 甲银行　　B. 乙设计公司　　C. 丙运输公司　　D. 丁建筑公司

41. 根据支付结算法律制度的规定，下列信用卡的相关款项中，发卡机构可向持卡人计收利息的是(　　)。

A. 货币兑换费　　B. 取现手续费　　C. 透支的款项　　D. 违约金

42. 下列选项中，属于个人网上银行的主要业务功能的是(　　)。

A. 支付指令　　B. 外汇买卖业务　　C. B2B 网上支付　　D. 批量支付

43. 根据支付结算法律制度的规定，下列关于支票的表述中，不正确的是(　　)。

A. 申请人开立支票存款账户必须使用本名

B. 出票人在付款人处的存款足以支付支票金额时，付款人应当在见票当日足额付款

C. 现金支票可以采用委托收款方式提示付款

D. 出票人可以在支票上记载自己为收款人

44. 2022年11月10日，申请人甲公司发现一张出票日期为2022年10月8日的银行汇票的解讫通知丢失，立即向签发银行出具单位证明请求退回汇票款项。甲公司提出的下列请求符合法律规定的是(　　)。

A. 请求退款至甲公司银行结算账户　　B. 请求退回现金

C. 请求银行在3日内办结退款事宜　　D. 请求退款至法定代表人个人账户

45. 根据支付结算法律制度的规定，对于应撤销而未办理销户手续的单位银行结算账户，银行通知该账户的存款人在法定期限内办理销户手续，逾期视同自愿销户。该期限是(　　)。

A. 自银行发出通知之日起10日内　　B. 自银行发出通知之日起5日内

C. 自银行发出通知之日起30日内　　D. 自银行发出通知之日起2日内

46. 根据增值税法律制度的规定，一般纳税人的下列行为中，允许开具增值税专用发票的是(　　)。

A. 汽车租赁公司向租赁者个人出租车辆

B. 装修公司向消费者个人提供装修服务

C. 专利代理公司向一般纳税人提供专利代理服务

D. 超市向一般纳税人零售食品

47. 下列税种中，采用超率累进税率的是(　　)。

A. 土地增值税　　B. 印花税　　C. 个人所得税　　D. 城镇土地使用税

48. 2023 年 2 月，甲公司销售自产的高尔夫球杆 3000 支，不含增值税单价 1500 元/支；销售自产的高尔夫球包 500 个，不含增值税单价 1000 元/个；销售自产的高尔夫球帽 100 顶，不含增值税单价 150 元/顶。已知：高尔夫球及球具消费税税率为 10%。计算 甲公司当月上述业务应缴纳消费税税额的下列算式中，正确的是(　　)。

A. (3000×1500+100×150)×10%＝451500(元)

B. (3000×1500+500×1000)×10%＝500000(元)

C. (3000×1500+500×1000+100×150)×10%＝501500(元)

D. 3000×1500×10%＝450000(元)

49. 根据消费税法律制度的规定，下列应税消费品中，在零售环节征收消费税的是(　　)。

A. 金银首饰　　B. 实木地板　　C. 高档手表　　D. 卷烟

50. 根据企业所得税法律制度的规定，下列各项中，属于企业所得税纳税人的是(　　)。

A. 个人独资企业　　B. 合伙企业　　C. 个体工商户　　D. 股份有限公司

51. 2022 年 7 月，甲公司向建设银行借入流动资金借款 900 万元，期限为 3 个月，年利率为 6%；向非关联企业乙公司借入同类借款 1800 万元，期限为 3 个月，年利率为 12%。已知：金融企业同期同类贷款年利率为 6%。计算甲公司 2022 年度企业所得税应纳税所得额时准予扣除的利息费用的下列算式中，正确的是(　　)。

A. 1800×12%÷12×3＝54(万元)

B. 900×6%÷12×3+1800×12%÷12×3＝67.5(万元)

C. 900×6%÷12×3＝13.5(万元)

D. 900×6%÷12×3+1800×6%÷12×3＝40.5(万元)

52. 根据个人所得税法律制度的规定，下列所得中，不属于免税项目的是(　　)。

A. 县级人民政府颁发的教育方面的奖金　　B. 国家发行的金融债券利息

C. 军人的转业费　　D. 个人取得的保险赔款

53. 根据个人所得税法律制度的规定，个体工商户的下列支出中，在计算经营所得个人所得税应纳税所得额时准予扣除的是(　　)。

A. 税收滞纳金

B. 赞助支出

C. 在生产经营活动中发生的向金融企业借款的利息支出

D. 个人所得税税款

54. 下列关于纳税申报的表述中，正确的是(　　)。

A. 纳税人享受减税待遇的，在减税期间无须办理纳税申报

B. 纳税人在纳税期内没有应纳税款的，也应当按照规定办理纳税申报

C. 纳税人享受免税待遇的，在免税期间无须办理纳税申报

D. 经核准延期办理纳税申报的，在纳税期内无须预缴税款

55. 扣缴义务人应当自法律规定的扣缴义务发生之日起(　　)内，按照所代扣、代收的税种，分别设置代扣代缴、代收代缴账簿。

A. 10 日　　B. 15 日　　C. 20 日　　D. 30 日

56. 根据税收征收管理法律制度的规定，对财务会计制度健全、能够如实核算和提供生产经营情况并能正确计算应纳税款和如实履行纳税义务的纳税人适用的税款征收方式是(　　)。

A. 部门变动单　B. 使用状况变动单　C. 年限变动单　D. 折旧方法调整单

84. 计提折旧完成后，如果需要了解全年或某个时期的折旧清单，可以查看(　　)。

A. 折旧清单　B. 部门折旧明细表

C. 固定资产折旧一览表　D. 固定资产明细账

二、多项选择题(本题包括31个小题，每小题2分，共62分。在每小题给出的四个选项中，有两个或两个以上答案符合题目要求，请在答题卡相应位置用2B铅笔填涂相应答案代码。)

85. 下列选项中，哪些属于会计对象(　　)。

A. 购买材料　B. 制订销售计划　C. 签订经济合同　D. 支付广告费

86. 下列错账更正方法中，可用于更正因记账凭证错误而导致账簿记录错误的方法有(　　)。

A. 划线更正法　B. 差数核对法　C. 红字更正法　D. 补充登记法

87. 账簿按外形特征可以分为(　　)。

A. 订本式账簿　B. 三栏式账簿　C. 活页式账簿　D. 卡片式账簿

88. 会导致企业当期营业利润减少的是(　　)。

A. 销售部门人员工资　B. 计提行政管理部门固定资产折旧

C. 计提短期借款利息　D. 出售无形资产发生的净损失

89. 下列原始凭证中，不属于累计原始凭证的是(　　)。

A. 差旅费报销单　B. 工资汇总表　C. 发料凭证汇总表　D. 限额领料单

90. 多栏式明细账适用于(　　)。

A. 库存商品明细分类核算　B. 其他应收款明细分类核算

C. 营业外收入明细分类核算　D. 生产成本明细分类核算

91. 企业供应科采购员张东出差归来报销差旅费2000元，退回现金1000元(注：原预借款3000元)。企业采用收款凭证、付款凭证、转账凭证的凭证形式进行会计处理，对于差旅费报销的会计处理包括(　　)。

A. 编制转账凭证：借：管理费用　2000
　　贷：其他应收款　2000

B. 编制转账凭证：借：管理费用　2000
　　库存现金　1000
　　贷：其他应收款　3000

C. 编制收款凭证：借：管理费用　2000
　　库存现金　1000
　　贷：其他应收款　3000

D. 编制收款凭证：借：库存现金　1000
　　贷：其他应收款　1000

92. 对于划线更正法，下列说法正确的是(　　)。

A. 划红线注销时必须使原有字迹仍可辨认

B. 对于错误的数字，应当全部划红线更正，不得只更正其中的错误数字

C. 对于文字错误，可只划去错误的部分

D. 对于错误的数字，可以只更正其中的错误数字

93. 下列属于资产类会计科目的有(　　)。

A. 累计折旧　　B. 待处理财产损溢　　C. 工程物资　　D. 应付账款

94. 下列正确的经济业务类型有(　　)。

A. 一项资产增加，一项所有者权益减少　　B. 负债与所有者权益同时增加

C. 资产与负债同时增加　　D. 一项负债减少，一项所有者权益增加

95. 根据会计法律制度的规定，下列关于会计工作交接的表述中，正确的有(　　)。

A. 会计人员办理交接手续的，无须监交

B. 会计人员没有办清交接手续的，不得离职

C. 移交人员因病不能亲自办理移交的，经单位领导人批准，可由移交人员委托他人代办移交

D. 移交人员在办理移交时，要按移交清册逐项移交

96. 根据会计法律制度的规定，下列职务中，属于不相容职务的有(　　)。

A. 业务经办与稽核检查　　B. 会计记录与财产保管

C. 授权批准与监督检查　　D. 业务经办与会计记录

97. 提高技能的基本要求(　　)。

A. 具有不断提高会计专业技能的意识和愿望

B. 具有勤学苦练的精神和科学的学习方法

C. 热爱工作

D. 积极维护单位负责人的利益

98. 根据支付结算法律制度的规定，汇款人、收款人均在银行开立存款账户的，汇款人签发汇兑凭证必须记载的事项有(　　)。

A. 汇款人名称及账号　　B. 收款人名称及账号

C. 汇入银行名称　　D. 确定的金额

99. 甲公司持有一张付款银行为A银行的转账支票，财务人员到A银行提示付款时应当办理的手续有(　　)。

A. 向A银行出示甲公司营业执照

B. 填制进账单

C. 在支票背面背书人签章栏加盖甲公司印章

D. 将支票交付A银行

100. 甲公司向B银行申请签发一张银行本票交付乙公司，乙公司收票后应当审查的票据事项有(　　)。

A. 出票金额大小写是否一致　　B. 本票上必须记载的事项是否齐全

C. 收款人是否为乙公司　　D. B银行的签章是否符合规定

101. 根据增值税法律制度的规定，一般纳税人购进的下列服务中，不得抵扣进项税额的有(　　)。

A. 娱乐服务　　B. 家政服务　　C. 贷款服务　　D. 餐饮服务

102. 根据消费税法律制度的规定，下列情形中，应当以纳税人同类应税消费品的最高销售价格作为计税依据计缴消费税的有(　　)。

A. 以自产应税消费品抵偿债务

B. 以自产应税消费品投资入股

(　　)142. 会计专业学历教育中的职业道德教育属于会计岗前职业道德教育。

(　　)143. 泄密，不仅是一种不道德的行为，也是违法行为，是会计职业的大忌。

(　　)144. 企业银行结算账户自开立之日即可办理收付款业务。

(　　)145. 现金支票持票人为个人的，提示付款时应向银行交验本人有效身份证件。

(　　)146. 甲公司法定代表人发生变更后应在3个工作日内书面通知银行并提供证明，办理账户变更手续。

(　　)147. 单位签发与其在开户银行预留的签章不符的支票，由其开户银行处以罚款。

(　　)148. 未填写实际结算金额的银行汇票不得背书转让。

(　　)149. 在中国境内未设立机构、场所的非居民企业取得来源于中国境内的所得，以扣缴义务人所在地为企业所得税纳税地点。

(　　)150. 增值税起征点适用于个体工商户。

(　　)151. 个人获得企业赠送的具有价格折扣性质的消费券，应当缴纳个人所得税。

(　　)152. 增值税一般纳税人将外购的空调作为福利发给职工，应视同销售计算增值税销项税额。

(　　)153. 委托加工的应税消费品，均应由受托方向机构所在地或者居住地的税务机关解缴消费税税款。

(　　)154. 纳税人办理纳税申报采用邮寄方式的，以到达的邮戳日期为实际申报日期。

(　　)155. 已开具的发票存根联和发票登记簿，应当保存5年，保存期满，报经税务机关查验后销毁。

(　　)156. 企业在外地设立从事生产经营的场所不需要办理税务登记。

(　　)157. 企业未按规定缴纳税款的，税务机关可以从纳税义务发生之日起按日加收滞纳金。

(　　)158. 客户档案必须建立在最末级客户分类之下。

(　　)159. 一个会计科目不可以同时设置两种辅助核算。

(　　)160. 科目一经使用，其科目代码及科目性质便不能修改。

(　　)161. 指定核算科目必须是在建立科目时有“项目核算”辅助项的科目。

(　　)162. 工资业务处理完毕后，需要经过记账处理，才可生成各种工资报表。

(　　)163. 用户可通过总账系统“个人往来账”功能对与单位内部职工发生的往来业务进行个人往来管理，但必须先在设置会计科目时将其他应收款和其他应付账款的辅助核算形式设为“个人往来”。

(　　)164. 在账务处理系统设置会计科目编码时，必须保证其科目编码的唯一性。

(　　)165. 在账务处理系统中，若上月记账凭证未记账，本月就不能记账。

(　　)166. 在账务处理系统中的期初余额只能在最末级明细科目上输入，其上级科目的期初余额将自动计算出。

(　　)167. 函数架起了报表系统与其他系统、同一报表文件中不同表页之间、不同报表文件之间以及同一报表内部数据传递的桥梁。

(　　)168. UFO报表的格式状态下能够完成舍位平衡。

(　　)169. 固定资产核算系统中的部门，是系统自动沿用账务处理系统中的部门，用户不能重新定义。

(　　)170. 固定资产发生变动时，必须在计提折旧前先更新固定资产卡片。

(　　)171. 固定资产账套，由于月末不存在记账凭证，因此就没有必要结账。

(　　)172. 只以电子形式保存的会计资料不属于具有永久保存价值或者其他重要保存价值的会计档案。

(　　)173. 会计软件存在影响客户按照国家统一会计准则制度进行会计核算问题的，软件供应商应当为用户免费提供更正程序。

(　　)174. 起草、制定企业会计信息化技术标准是县级以上地方人民政府财政部门的职责。

(　　)175. 在工资管理系统中，人员附加信息可以随时修改、删除。

四、不定项选择题(本题包括 17 个小题，每小题 2 分，共 34 分。在每小题给出的四个选项中，有一个或一个以上答案符合题目要求，请在答题卡相应位置用 2B 铅笔填涂相应答案代码。)

(一)

2023 年 1 月，甲有限责任公司成立，设立了董事会。随后，甲公司会计人员周某前往 G 银行开立基本存款账户。4 月，甲公司会计人员周某离职，与接替其工作的杨某办理了工作交接。

2023 年 4 月 30 日，甲公司对外报出财务会计报告。

要求：根据上述资料，分析回答下列 176–179 题。

176. 可以担任甲公司法定代表人的是(　　)。

A. 甲公司董事长陈某　　B. 甲公司财务负责人李某

C. 甲公司监事张某　　D. 甲公司股东赵某

177. 关于甲公司在 G 银行开立的基本存款账户，说法正确的是(　　)。

A. 此账户为甲公司主办账户

B. 此账户不得支取现金

C. 甲公司可以在开立单位银行结算账户申请书中加盖公司财务专用章与法定代表人签章

D. G 银行应当向企业法定代表人或单位负责人核实企业开户意愿，并留存相关工作记录

178. 关于周某和杨某的工作交接，下列说法正确的是(　　)。

A. 周某与杨某交接时应当由单位负责人负责监交

B. 移交清册上应当注明交接日期

C. 移交完毕，杨某可自行另立新账进行会计记录

D. 杨某应当对所移交内容的真实性和合法性承担责任

179. 关于甲公司对外报出财务会计报告，下列说法正确的是(　　)。

A. 单位负责人应当在财务会计报告上签名或盖章

B. 单位出纳应在财务会计报告上签名并盖章

C. 对外报送的财务会计报告，应当加盖公章

D. 对外报送的财务会计报告，封面上应当注明单位名称

(二)

甲公司为增值税一般纳税人，主要从事彩电的生产与销售业务：2023 年 5 月有关经营情况如下：

A. 账套号　　B. 编码方案　　C. 启用会计期　　D. 账套名称

191. 下列编码中，正确的客户分类编码有(　　)。

A. 01　　B. 0203　　C. 010　　D. 030102

192. 关于总账、固定资产、薪资管理模块启用日期的说法，正确的是(　　)。

A. 总账管理模块的启用日期为 2022 年 6 月 1 日

B. 固定资产管理模块的启用日期为 2022 年 6 月 10 日

C. 薪资管理模块的启用日期为 2022 年 5 月 30 日

D. 只有账套主管可以对各模块的启用日期进行设置

中等职业学校对口升学财经专业理论测试
全真模拟试卷(十一)

一、单项选择题(本题包括84个小题，每小题1分，共84分。在每小题给出的四个选项中，只有一个符合题目要求，请在答题卡相应位置用2B铅笔填涂相应答案代码。)

1. 根据权责发生制的要求，属于本期销售收入的是(　　)。

A. 本期收回前期应收账款　　B. 本期收回业务员预借差旅费

C. 本期收到投资收益　　D. 本期收到货款并已发货

2. 下列经济业务不属于会计交易或事项的是(　　)。

A. 用银行存款购买材料　　B. 生产产品领用材料

C. 完工产品入库　　D. 与供应单位签订购销合同

3. 下列项目中，引起所有者权益有增有减的经济业务是(　　)。

A. 收到投资者投入的固定资产　　B. 以银行存款偿还长期借款

C. 将资本公积转作资本金　　D. 以厂房对外单位投资

4. 开出应付票据抵付应付账款，所引起的变动为(　　)。

A. 一项资产减少，一项负债减少

B. 一项资产增加，一项负债增加

C. 一项所有者权益增加，另一项所有者权益减少

D. 一项负债增加，另一项负债减少

5. 光明公司资产总额为100万元，当发生下列三笔业务后：(1)向银行借款20万元存入银行；(2)用银行存款偿还债务5万元；(3)收回应收账款4万元存入银行，其资产总额为(　　)万元。

A. 115　　B. 119　　C. 111　　D. 71

6. 光明公司期初资产总额为500万元，当期期末负债总额比期初减少20万元，期末所有者权益比期初增加25万元。则该企业期末资产总额为(　　)。

A. 500万元　　B. 480万元　　C. 505万元　　D. 525万元

7. “有借必有贷，借贷必相等”的记账规则可以验证(　　)。

A. 期初余额平衡　　B. 本期发生额平衡　　C. 期末余额平衡　　D. 以上都可以

8. 会计科目是(　　)。

A. 会计要素的名称　　B. 账户的名称　　C. 报表项目　　D. 账簿的名称

9. 下列关于总账与明细账之间关系的叙述不正确的是(　　)。

A. 总账对所属明细账起控制、统驭作用　　B. 明细账对总账起补充说明作用

C. 二者反映经济业务的详细程度不同　　D. 二者登记的原始依据不同

10. 甲公司购入原材料1000千克，单价100元/千克，增值税专用发票注明：价款100000元，增值税进项税额13000元，支付运杂费5000元，运输途中发生合理损耗10千克，验收入库时发生挑选整理费用500元，则该批原材料的实际采购总成本为(　　)元。

A. 117500　　B. 104500　　C. 118500　　D. 105500

11. 甲公司“应付账款”总账期初余额为20000元(均为所欠A公司购货款)，本月发生如

开给对方原始凭证分割单，进行结算

C. 除结账和更正错误的记账凭证可以不附原始凭证外，其他记账凭证必须附有原始凭证

D. 记账凭证可以根据原始凭证汇总表填制，可以将不同内容和类别的原始凭证汇总填制在一张记账凭证上

37. 下列各项中，不属于会计职业道德的途径的是(　　)。

A. 岗前职业道德教育　　B. 参加职称考试的道德教育

C. 岗位职业道德继续教育　　D. 会计人员继续教育

38.“树立正确的人生观和价值观，自觉抵制享乐主义”是会计职业道德中(　　)的基本要求之一。

A. 爱岗敬业　　B. 提高技能　　C. 参与管理　　D. 廉洁自律

39. 祥云公司在甲银行开立了基本存款账户，在乙银行开立了一般存款账户，因公司解散，祥云公司法定代表人高某拟办理银行结算账户撤销手续。下列关于撤销银行结算账户的表述中，正确的是(　　)。

A. 高某应先向甲银行申请撤销基本存款账户，再向乙银行申请撤销一般存款账户

B. 高某在甲银行填写的撤销银行结算账户申请书上，应加盖财务专用章

C. 高某应于 15 个工作日内提出撤销银行结算账户的申请

D. 高某应向银行交回各种重要空白票据及结算凭证

40. 2023 年 6 月 1 日，A 公司向 B 公司签发一张由 C 公司承兑的汇票，B 公司将该汇票背书转让给 D 公司，同时由 E 公司提供票据保证，此时，该汇票上的权利人是(　　)。

A. C 公司　　B. B 公司　　C. A 公司　　D. D 公司

41. A 公司持有一张出票人为 B 公司、承兑人为甲银行，到期日为 2023 年 4 月 10 日的汇票，由于财务人员疏忽一直未主张票据权利。A 公司对 B 公司和甲银行的票据权利消灭的日期是(　　)。

A. 2023 年 10 月 10 日　　B. 2024 年 4 月 10 日

C. 2024 年 10 月 10 日　　D. 2025 年 4 月 10 日

42. 根据支付结算法律制度的规定，下列选项中，不属于票据行为的是(　　)。

A. 出票　　B. 背书　　C. 承兑　　D. 付款

43. 根据支付结算法律制度的规定，下列关于网络支付的说法中不正确的是(　　)。

A. 支付账户不得透支，不得出借、出租、出售

B. 非银行支付机构不得为单位开立支付账户

C. 支付机构为单位开立支付账户，以非面对面方式通过 3 个合法安全的外部渠道对单位基本信息进行多重交叉验证

D. 单笔金额为 200 元的小额支付业务，支付机构可以代替银行进行交易验证

44. 根据票据法律制度的规定，下列票据中，可以办理贴现的是(　　)。

A. 转账支票　　B. 商业承兑汇票　　C. 现金支票　　D. 银行汇票

45. 陈某持有一张 P 银行的借记卡，2023 年 4 月 1 日，陈某在 P 银行 ATM 机上查询该卡活期存款余额为人民币 5 万元，当日该卡在该 ATM 机上可以提款的上限为人民币(　　)。

A. 5 万元　　B. 1 万元　　C. 3 万元　　D. 2 万元

46. 下列税种中，由税务机关负责征收和管理的是(　　)。

A. 环境保护税　　B. 船舶吨税

C. 关税　　　　　　　　　　　　　　　　　　D. 进口环节的增值税

47. 根据增值税法律制度的规定，下列行为中，属于视同销售行为，应缴纳增值税的是( )。

A. 乙商城将外购的化妆品作为集体福利发给员工

B. 甲运输公司无偿为灾区提供运输服务

C. 丁服装厂将外购的纽扣用于生产服装

D. 丙玩具厂将自产的玩具无偿赠送给福利院

48. 2023 年 6 月 A 药酒厂生产 300 吨药酒，销售 240 吨，开具的增值税专用发票上注明金额 2000 万元，增值税税额 260 万元。甲药酒厂当月销售药酒消费税计税依据为(　　)。

A. 2000 万元　　B. 2260 万元　　C. 300 吨　　D. 240 吨

49. 甲化妆品厂为增值税一般纳税人，2023 年 5 月，将新研制的 200 件高档化妆品无偿赠送给关联企业，每件高档化妆品的生产成本为 150 元，该厂没有同类高档化妆品的销售价格。已知：消费税税率为 15%，成本利润率为 5%。计算甲化妆品厂当月应缴纳消费税的下列列式中，正确的是(　　)。

A. 150×200×15%

B. 150×200×(1+5%)×15%

C. 150×200×(1+5%)÷(1+15%)×15%

D. 150×200×(1+5%)÷(1−15%)×15%

50. 根据企业所得税法律制度的规定，符合条件的企业可以采取缩短折旧年限的方式计提固定资产折旧，但最低折旧年限不得低于税法规定折旧年限的一定比例，该比例为(　　)。

A. 30%　　B. 40%　　C. 50%　　D. 60%

51. 2023 年甲企业实现利润总额 600 万元，发生公益性捐赠支出 72 万元，其中向目标脱贫地区的扶贫捐赠支出 10 万元。上年度未在税前扣除完的符合条件的公益性捐赠支出 12 万元。已知：公益性捐赠支出在年度利润总额 12%以内的部分，准予扣除。计算甲企业 2023 年度企业所得税应纳税所得额时，准予扣除的公益性捐赠支出是(　　)万元。

A. 84　　B. 70　　C. 72　　D. 82

52. 根据个人所得税法律制度的规定，下列各项中，应按照工资、薪金所得项目计算缴纳个人所得税的是(　　)。

A. 托儿补助费　　B. 误餐补助　　C. 差旅费津贴　　D. 全年一次性奖金

53. 根据个人所得税法律制度的规定，下列不按照“特许权使用费所得”项目征收个人所得税的是(　　)。

A. 个人取得特许权的经济赔偿收入

B. 转让土地使用权

C. 编剧从电视剧的制作单位取得的剧本使用费

D. 作者将自己的文字作品手稿复印件公开竞价拍卖取得的所得

54. 根据税收征收管理法律制度的规定，下列情形中，纳税人应当注销税务登记的是(　　)。

A. 纳税人改变生产经营方式的

B. 纳税人改变生产经营范围的

C. 纳税人改变名称的

D. 纳税人改变住所和经营地点涉及改变税务登记机关的

55. 根据税收征收管理法律制度的规定，下列关于账簿和凭证管理的说法中，不正确的是(　　)。

A. 从事生产、经营的纳税人应当自领取营业执照或者发生纳税义务之日起 15 日内，

A. 系统默认固定工资项目为应发合计、扣款合计、实发合计

B. 若在参数设置中选择了自动扣税功能，则系统在工资项目中自动添加代扣税项目

C. 若在参数设置中选择了扣零，则系统在工资项目中自动添加本月扣零、上月扣零两个项目

D. 工资系统只提供处理单个工资类别功能

79. 薪资管理子系统可以核算的内容不包括(　　)。

A. 多工资类别　　B. 多币种工资

C. 计件工资和计时工资　　D. 实物工资

80. 在系统设置的"选项"对话框，固定资产的缺省入账科目为空时，系统以后在制作记账凭证时，凭证缺省科目为(　　)。

A. 累计折旧　　B. 减值准备　　C. 空　　D. 固定资产

81. 进行工资类别中的工资项目设置时，需要(　　)。

A. 先关闭该工资类别，再打开该工资类别　　B. 先打开该工资类别，再关闭该工资类别

C. 打开该工资类别　　D. 关闭所有工资类别

82. 部门之间调拨的固定资产，本月(　　)。

A. 不计提折旧　　B. 按原部门与新部门使用的时间共同计提

C. 在新部门计提折旧　　D. 在原部门计提折旧

83. 固定资产折旧方法改变后，本月(　　)。

A. 暂停折旧，下月再按新折旧方法计提折旧

B. 按原折旧方法计提折旧，下月再按新折旧方法计提折旧

C. 按新折旧方法计提折旧

D. 仍按原折旧方法计提折旧

84. 固定资产系统生成的凭证在(　　)进行调整。

A. 只能在固定资产系统　　B. 只能在总账系统

C. 在固定资产系统和总账系统都可以　　D. 在固定资产系统和总账系统都不可以

二、多项选择题(本题包括 31 个小题，每小题 2 分，共 62 分。在每小题给出的四个选项中，有两个或两个以上答案符合题目要求，请在答题卡相应位置用 2B 铅笔填涂相应答案代码。)

85. 下列各项中，属于会计核算的基本前提的有(　　)。

A. 会计主体　　B. 持续经营　　C. 会计分期　　D. 货币计量

86. 下列各项中，属于费用要素特征有(　　)。

A. 企业在日常活动中形成的　　B. 会导致所有者权益减少

C. 与向所有者分配利润无关　　D. 会导致所有者权益增加

87. 属于所有者权益的有(　　)。

A. 存货　　B. 国家投入的资金

C. 应付给某公司的购货款　　D. 本月份未分配的利润

88. 下列会计要素中，能单独确认、认量的是(　　)。

A. 资产　　B. 负债　　C. 收入　　D. 利润

89. 下列经济利益的流入，符合收入定义的有(　　)。

A. 销售产品收入　　B. 销售材料收入　　C. 出售废旧物资收入　　D. 政府补助收入

90. 下列经济业务中，不会引起资产总额变化的有(　　)。

A. 赊购原材料　　B. 从银行提取现金

C. 以银行存款购入材料　　　　　　　　　　D. 向银行借款存入银行

91. 资产负债表是(　　)。

A. 分别列示资产、负债和所有者权益三大类会计要素

B. 静态报表

C. 反映某一特定日期财务状况的报表

D. 反映财务成果的报表

92. 一项经济业务发生后引起银行存款减少 30000 元，相应地可能引起(　　)。

A. 无形资产增加 30000 元　　　　　　　B. 短期借款增加 30000 元

C. 应付账款减少 30000 元　　　　　　　D. 应收账款减少 30000 元

93. 科目汇总表(　　)。

A. 根据一定时期内的全部记账凭证，按总账科目进行汇总编制

B. 不能反映各账户的对应关系，不便于对经济业务进行分析和检查

C. 是登记总分类账的依据

D. 可以进行发生额试算平衡

94. 下列关于结账的做法正确的是(　　)。

A. 所有账户的总账和明细账都要结计本期发生额和余额

B. 库存现金日记账需要按月结计发生额和余额

C. 需要结计本年累计发生额的某些明细账，其 12 月末的"本年累计"就是全年的累计发生额

D. 总账账户平时只需结出月末余额

95. 根据会计法律制度的规定，应当在对外报送的财务会计报告上签名并盖章的有(　　)。

A. 单位负责人　　　　　　　　　　　B. 单位内部审计负责人

C. 会计机构负责人　　　　　　　　　D. 总会计师

96. 根据会计法律制度的规定，下列关于会计工作交接的表述中，正确的有(　　)。

A. 一般会计人员办理交接手续，由会计机构负责人(会计主管人员)监交

B. 接替人员应当继续使用移交的会计账簿，不得自行另立新账，以保持会计记录的连续性

C. 移交人员在办理移交时，要按移交清册逐项移交，接替人员要逐项核对点收

D. 交接完毕后，交接双方和监交人要在移交清册上签名或者盖章

97. 会计职业道德与会计法律制度的主要区别有(　　)。

A. 性质不同　　　　　　　　　　　　B. 作用范围不同

C. 表现形式不同　　　　　　　　　　D. 实施保障机制不同

98. 根据票据法律制度的规定，下列属于伪造票据行为的有(　　)。

A. 假冒他人名义签章

B. 虚构他人名义签章

C. 原记载人更改付款人名称并在更改处签章证明

D. 挖补票据，非法改变票据记载事项

99. 根据支付结算法律制度的规定，下列单位银行结算账户中，属于按用途分类的有(　　)。

A. 临时存款账户　　B. 基本存款账户　　C. 专用存款账户　　D. 一般存款账户

100. A 公司作为汇票保证人，在该汇票上的绝对记载事项有(　　)。

计算和比较，来检查账户记录的正确性、完整性。

(　　)133. 营业利润扣除期间费用和所得税费用得到净利润。

(　　)134. 各种核算程序的主要区别是总账的格式不同。

(　　)135. 一般来说，总账、日记账和明细账应每年更换一次

(　　)136. 本年利润、利润分配——提取法定盈余公积账户在年终结转后无余额。

(　　)137. 备查账簿作为一种账簿，虽没有固定格式，但必须根据审核无误的记账凭证登记。

(　　)138. A 市财政部门对凯旋公司开展会计信息质量检查，属于会计工作政府监督的范畴。

(　　)139. 企业财务会计报告按编制时间分为年度、半年度、季度和月度财务会计报告。

(　　)140. 财务人员发现以前年度记账凭证有错误的，应当用红字填制一张更正的记账凭证。

(　　)141. 会计工作交接后，接替人员对所移交的会计凭证、会计账簿、会计报表和其他有关资料的合法性、真实性承担法律责任。

(　　)142. 会计专业技术人员参加继续教育实行学分制管理，每年参加继续教育取得的学分不少于 90 分，其中专业科目一般不少于总学分的 2/3。

(　　)143. 会计职业道德检查的目的在于促进会计职业道德规范得以遵循，也为进行会计职业道德奖惩提供依据。

(　　)144. 票据伪造属于欺诈行为，构成犯罪的应追究刑事责任。

(　　)145. 背书人未记载被背书人名称即将票据交付他人的，持票人在票据被背书人栏内记载自己名称的，背书无效。

(　　)146. 注册地和经营地均在异地的企业申请开户，法定代表人可授权他人代理签订银行结算账户管理协议。

(　　)147. 汇出银行向汇款人签发的汇款回单是银行将款项确已转入收款人账户的凭证。

(　　)148. 单位签发与其在开户银行预留的签章不符的支票，由中国人民银行处以罚款。

(　　)149. 年应税销售额超过小规模纳税人标准的其他个人应登记为一般纳税人。

(　　)150. 贵重首饰及珠宝玉石全部在生产销售环节缴纳消费税。

(　　)151. 居民企业应当仅就其来源于中国境内的所得缴纳企业所得税。

(　　)152. 个人将其所得对教育、扶贫、济困等公益慈善事业进行捐赠，捐赠额未超过纳税人申报的收入额 30%的部分，可以从其应纳税所得额中扣除；国务院规定对公益慈善事业捐赠实行全额税前扣除的，从其规定。

(　　)153. 对个人购买福利彩票、体育彩票，一次性中奖收入在 1 万元以下的(含 1 万元)，暂免征收个人所得税，超过 1 万元的，按全额计算征收个人所得税。

(　　)154. 国家机关、个人和无固定生产经营场所的流动性农村小商贩，不办理税务登记。

(　　)155. 经核准延期办理纳税申报的，纳税人在纳税期内无须缴纳税款，只需要在核准的延期内办理税款结算即可。

(　　)156. 根据税收征收管理法律制度的规定，情节轻微、未构成犯罪的抗税行为，由税务机关追缴其拒缴的税款、滞纳金，并处拒缴税款 1 倍以上 5 倍以下的罚款。

(　　)157. 纳税人在纳税期内没有应纳税款的，也应按规定办理纳税申报。

(　　)158. 计算机账务处理系统中，每个会计科目均需用不同的科目代码表示。
(　　)159. 对需要记账的凭证，是必须要审核的，但不一定需要出纳签字。
(　　)160. 会计科目一经使用，就不能再增加其下级科目。
(　　)161. 账务处理模块、成本管理模块、存货核算模块属于双向传递型的模块。
(　　)162. 大型企业、企业集团开展会计信息化工作，应当注重消除“信息孤岛”。
(　　)163.《企业会计信息化工作规范》规定会计软件不能提供对已记账凭证“摘要”直接修改的功能。
(　　)164. 通过指定科目操作，可以实现将库存现金科目和银行存款科目指定为出纳专管的科目。
(　　)165. 在用友 T3 软件里，只有系统管理员有权进行账套输出。
(　　)166. 在用友 T3 软件里，一个账套只设 1 个账套主管。
(　　)167. 在用友 T3 软件里，会计科目编码必须唯一，科目名称可以重复。
(　　)168. 在用友 T3 软件里，我们所说的科目性质即余额方向。
(　　)169. 在用友 T3 软件里，账套主管可以为所有操作员授权。
(　　)170. 在定义报表单元属性中，数值单元输入后对所有表页有效。
(　　)171. 在 UFO 报表中，插入图表对象的操作必须在数据状态下进行。
(　　)172. 在工资系统中，如果设置了多个工资类别，则应打开每一个工资类别，分别进行月末处理。
(　　)173. 系统提供的固定工资项目不能进行修改、删除。
(　　)174. 工资项目不能重复选择，没有选择的工资项目不允许出现在计算公式中。
(　　)175. 固定资产系统可以单独使用，也可以与总账系统结合使用。

四、不定项选择题(本题包括 17 个小题，每小题 2 分，共 34 分。在每小题给出的四个选项中，有一个或一个以上答案符合题目要求，请在答题卡相应位置用 2B 铅笔填涂相应答案代码。)

(一)

飞跃公司公开招聘会计机构负责人，聘用赵某接替即将退休的会计机构负责人程某。

赵某与程某办理工作交接后，法定代表人栗某安排赵某梳理检查公司的会计工作。在检查中，赵某发现出纳魏某错账更正的方法有误：账簿金额“89600”被误登记为“86900”，魏某仅划红线更正了登记错误的百位和千位数字。赵某指出此处的不当后，魏某改正了此项登记。

检查完毕后，甲公司会计机构将临时保管期限届满的会计档案移交给公司档案管理机构保管。

要求：根据上述资料，分析回答下列 176-179 题。

176. 赵某具备的下列条件中，使其满足会计机构负责人任职资格的法定条件是(　　)。

A. 会计师专业技术职务资格　　B. 会计专业硕士学位
C. 注册会计师资格　　D. 2 年会计工作经历

177. 赵某与程某办理工作交接手续的下列表述中，正确的是(　　)。

A. 程某应将甲公司全部财务会计工作、会计人员的情况等向赵某详细介绍
B. 对需要移交的遗留问题，程某应写出书面材料
C. 应由栗某负责监交
D. 交接完毕后，赵某、程某和栗某应在移交清册上签名或盖章

178. 下列账簿登记的改正措施中，魏某应采用的是(　　)。

（四）

2022 年 9 月，璀璨企业新来的会计人员在使用用友 T3 软件进行处理时，发现如下问题，请从会计软件操作的角度，按要求给出相关意见。

（1）填制凭证保存为收款凭证时，屏幕上出现“不满足借方必有条件”的提示。请分析产生原因。

（2）填制凭证时，屏幕上出现“日期不能超前建账日期”或“日期不能滞后系统日期”的提示，请分析产生的原因及解决的方法。

（3）填制凭证时，当使用应收账款、应收票据科目或应付账款、应付票据科目时，屏幕上出现“不能使用应收系统的受控科目”或“不能使用应付系统的受控科目”的提示，请分析产生提示的原因及解决的方法。

（4）填制凭证时，查不到之前做过的凭证，请分析原因和解决方法。

（5）审核后，发现凭证有错，但是无法修改，请分析原因和解决方法。

要求：根据上述资料分析回答下列 188~192 题。

188. 第一个问题产生的原因可能是(　　)。

A. 填制凭证人员错误　　B. 填制凭证时凭证类别选择错误

C. 初始化设置时设置凭证限制科目有错　　D. 子系统选择错误

189. 第二个问题产生的解决的方法可以是(　　)。

A. 重新启用总账系统，正确设定总账启用日期

B. 在填制凭证时，调整业务日期

C. 退出总账系统，更改计算机系统日期后重新登录总账系统，再接着进行填制凭证的工作

D. 更换操作员，重新操作

190. 第三个问题产生提示的原因及解决的方法(　　)。

A. 会计科目设置中，定义的客户、供应商核算的科目将自动被设置成应收系统、应付系统的受控科目

B. 会计科目名称设置时出现错误

C. 应收系统受控，应在进行相应会计科目设置时，不指定受控系统，而设置为空

D. 应付系统受控，应在进行相应会计科目设置时，不指定受控系统，而设置为空

191. 第四个问题产生提示的原因及解决的方法(　　)。

A. 查询的凭证的金额错误

B. 填制状态查询，凭证已经记账了，所以查不到

C. 填制状态查询，那个凭证分录错误

D. 可以通过凭证查询的功能进行查询

192. 第五个问题产生提示的原因及解决的方法(　　)。

A. 审核后不能直接修改

B. 对于这类凭证可以取消审核后直接修改

C. 对于这类凭证可以取消审核后红字冲销进行改正

D. 对于这类凭证可以取消审核后补充登记进行改正

中等职业学校对口升学财经专业理论测试
全真模拟试卷(十二)

一、单项选择题(本题包括 84 个小题，每小题 1 分，共 84 分。在每小题给出的四个选项中，只有一个符合题目要求，请在答题卡相应位置用 2B 铅笔填涂相应答案代码。)

1. 某企业本月收到银行存款 62000 元，其中属于上月的销货款 12000 元，本月的销货款 40000 元，预收的销货款 10000 元。按权责发生制计算的本月收入为(　　)元。

A. 50000　　B. 62000　　C. 40000　　D. 52000

2. 在会计核算的基本前提中，规定会计核算空间范围的是(　　)。

A. 会计主体　　B. 持续经营　　C. 会计分期　　D. 货币计量

3. 光明公司资产总额为 20 万元，负债总额为 5 万元，以银行存款 2 万元偿还短期借款，并以银行存款 2 万元购买设备(不考虑增值税)。则上述业务入账后该公司的负债总额为(　　)。

A. 2 万元　　B. 3 万元　　C. 25 万元　　D. 15 万元

4. 根据会计等式判断，下列各项中不可能出现的情况是(　　)。

A. 一项资产增加，一项所有者权益增加　　B. 一项资产减少，一项负债减少

C. 一项资产增加，一项负债减少　　D. 一项资产增加，一项资产减少

5. 不引起会计等式两边金额同时发生变化的经济业务是(　　)。

A. 购买材料 10000 元，款未付　　B. 生产产品领用原材料 20000 元

C. 用银行存款支付前欠购货款 18000 元　　D. 接受投资者投入资本金 200000 万元

6. 下列表述不正确的是(　　)。

A. 收入是从企业日常活动中形成的

B. 收入的取得必定会导致经济利益的流入

C. 收入能导致企业所有者权益的增加

D. 收入既包括本企业经济利益流入，也包括为第三方或客户代收的款项

7. (　　)是指对所发生的每项经济业务事项，都要以会计凭证为依据，一方面记入有关总分类账户，另一方面记入有关总分类账户所属明细分类账户的方法。

A. 复式记账法　　B. 借贷记账法　　C. 平行登记　　D. 同时登记

8. 某企业“应收账款”总账期初借方余额为 30 万元，期末明细账借方余额为 50 万元，贷方余额为 10 万元，则“应收账款”总账期末余额为(　　)万元。

A. 70　　B. 40　　C. 50　　D. 80

9. 在会计分录“借：应付账款 50000 元；贷：银行存款 30000，应付票据 20000”中，“应付票据”的对应账户是(　　)。

A. 应付账款　　B. 银行存款

C. 应付票据　　D. 应付账款和银行存款

10. 甲公司销售产品一批，价款 20000 元，增值税销项税额 2600 元，支付代垫运杂费 500 元，款项均未收到。则支付代垫运杂费应计入(　　)科目。

A. 主营业务收入　　B. 其他应收款　　C. 销售费用　　D. 应收账款

A. 应付账款明细账登记　　B. 会计档案保管

C. 固定资产明细账登记　　D. 管理费用明细账登记

36. 根据会计法律制度的规定，下列各项中，不属于代理记账机构及其从业人员应当履行的义务是(　　)。

A. 对在执行业务中知悉的商业秘密予以保密

B. 配备专人负责委托方的日常货币收支和保管

C. 对委托人要求其提供不实会计资料的，予以拒绝

D. 对委托人提出的有关会计处理相关问题予以解释

37. 依法办事，是会计工作保证(　　)的前提。

A. 爱岗敬业　B. 参与管理　C. 强化服务　D. 客观公正

38. 下列关于会计职业道德表述正确的是(　　)。

A. 相对于会计法律制度而言，会计职业道德是对会计从业人员行为的最低限度的要求

B. 会计职业道德对会计人员大多是非强制执行的，具有很强的自律性

C. 会计职业道德侧重于调整会计人员的外在行为和结果的合法化

D. 会计职业道德均为不成文规定，会计法律制度均为成文规定

39. 根据支付结算法律制度的规定，银行没有为存款人垫付款项的义务体现了(　　)的原则。

A. 银行不垫款原则　　C. 履约付款原则

B. 恪守信用原则　　D. 谁的钱进谁的账，由谁支配原则

40. 根据支付结算法律制度的规定，存款人开立的下列银行结算账户中，需经中国人民银行当地分支机构核准的是(　　)。

A. 甲财政局开立的预算单位专用存款账户

B. 乙公司为注册验资开立的临时存款账户

C. 丙公司开立的一般存款账户

D. 白某开立的个人结算账户

41. 根据支付结算法律制度的规定，存款人单位的法定代表人或主要负责人、住址以及其他开户资料发生变更时，应于一定期限书面通知开户银行并提供有关证明，该期限是(　　)。

A. 5 个工作日内　C. 3 日内　B. 3 个工作日内　D. 5 日内

42. 根据支付结算法律制度的规定，下列说法正确的是(　　)。

A. 背书未记载背书日期，背书无效　　C. 保证未记载保证日期，保证无效

B. 承兑未记载承兑日期，承兑无效　　D. 出票人未记载出票日期，票据无效

43. 根据支付结算法律制度的规定，关于银行本票使用的下列表述中，不正确的是(　　)。

A. 银行本票的出票人在持票人提示付款时，应当承担付款责任

B. 注明“现金”字样的银行本票可以用于支取现金

C. 银行本票只限于单位使用，个人不得使用

D. 收款人可以将转账银行本票背书转让给被背书人

44. 根据支付结算法律制度的规定，下列关于银行卡分类的表述中，不正确的是(　　)。

A. 按是否具有透支功能分为信用卡和贷记卡

B. 按发行对象分为单位卡和个人卡

C. 按币种分为人民币卡和外币卡

D. 按信息载体分为磁条卡和芯片卡

45. 根据支付结算法律制度的规定，下列关于经营性存款人违反账户结算的行为中，适用给予警告并处以5000元以上3万元以下罚款的是(   )。

A. 出租、出借银行结算账户

B. 违反规定不及时撤销银行结算账户

C. 伪造、变造开户许可证

D. 伪造、变造证明文件欺骗银行开立结算账户

46. 根据增值税法律制度的规定，下列各项中，应按照"现代服务"项目计缴增值税的是(   )。

A. 经营租赁服务　　C. 保险服务　　B. 融资性售后回租　　D. 文化体育服务

47. 根据增值税法律制度的规定，一般纳税人销售的下列货物中，适用9%增值税税率的是(   )。

A. 洗衣液　　B. 文具盒　　C. 杂粮　　D. 蔬菜罐头

48. 根据消费税法律制度的规定，下列不属于消费税征收范围的是(   )。

A. 啤酒　　B. 实木地板　　C. 计算机　　D. 电池

49. 根据消费税法律制度的规定，下列关于消费税纳税义务发生时间的表述中，不正确的是(   )。

A. 委托加工应税消费品的，为纳税人提货的当天

B. 采取赊销和分期收款结算方式的，为发出货物当天

C. 进口应税消费品的，为报关进口的当天

D. 自产自用应税消费品的，为移送使用的当天

50. 根据企业所得税法律制度的规定，下列各项中，属于不征税收入的是(   )。

A. 国债利息　　C. 股息收入　　B. 违约金收入　　D. 财政拨款

51. 某公司2022年度企业所得税应纳税所得额1000万元，当年购置并实际使用一台符合《节能节水专用设备企业所得税优惠目录》规定的节能节水专用设备，该专用设备投资额510万元。已知：企业所得税税率为25%。计算该公司2022年度应缴纳企业所得税税额的下列算式中，正确的是(   )。

A. 1000×25%＝250(万元)

B. 1000×25%－510×10%＝199(万元)

C. (1000－510)×25%＝122.5(万元)

D. (1000－510×10%)×25%＝237.25(万元)

52. 大学教授张某取得的下列收入中，应按"稿酬所得"计缴个人所得税的是(   )。

A. 作品参展收入

B. 出版书画作品收入

C. 翻译文献收入

D. 审稿收入

53. 根据个人所得税法律制度的规定，下列情形中，免征个人所得税的是(   )。

A. 陈某取得所在公司发放的销售业绩奖金

B. 杨某获得县教育部门颁发的教育方面的奖金

C. 王某获得省政府颁发的科学方面的奖金

D. 李某取得所在单位发放的年终奖

54. 2023年1月，张某出租一套住房，取得当月租金收入3900元，财产租赁过程中缴纳的税费152元，发生修缮费700元。计算张某当月租金收入应缴纳个人所得税税额的下列算式中，正确的是(   )。

81. 工资系统的初始化设置主要是完成(　　)。

A. 参数设置　B. 初始化模块　C. 账表输出　D. 凭证设置

82. 下列哪项内容不属于工资核算处理系统流程的范畴(　　)。

A. 人事变动　B. 考勤记录　C. 计提福利费　D. 备用金制度

83. 工资管理系统将工资分摊的结果生成转账凭证，传递到(　　)。

A. 成本系统　B. 总账系统　C. 存货系统　D. 销售系统

84. 固定资产当月有效的变动是(　　)。

A. 使用年限调整　B. 使用状况变动　C. 原值调整　D. 累计折旧调整

二、多项选择题(本题包括 31 个小题，每小题 2 分，共 62 分。在每小题给出的四个选项中，有两个或两个以上答案符合题目要求，请在答题卡相应位置用 2B 铅笔填涂相应答案代码。)

85. 登记账簿时(　　)。

A. 应保证账簿记录的真实、准确，必须根据审核无误的记账凭证及所附原始凭证登记账簿

B. 应当将会计凭证日期、编号、业务内容摘要、金额和其他有关资料逐项对应登入相应账户中

C. 登记完毕后，应逐项复核无误并在记账凭证上签名或盖章，并注明已登账的符号“√”，表示已经登记入账，避免重登或漏登

D. 账簿应在书写时，不占满格，紧靠本行底线，上面要留用适当的空格，一般应占格距的 1/2

86. 按照(会计档案管理办法)的规定，(　　)的保管期限为 30 年。

A. 原始凭证　B. 记账凭证　C. 银行对账单　D. 汇总凭证

87. 下列各项中，属于反映企业财务状况的会计要素有(　　)。

A. 资产　B. 成本　C. 负债　D. 费用

88. 影响企业利润总额的因素有(　　)。

A. 营业利润　B. 所得税费用　C. 营业外收入　D. 营业外支出

89. 坏账准备的借方登记(　　)。

A. 提取的坏账准备数　B. 发生的坏账准备数

C. 冲减的坏账准备数　D. 确认的坏账又收回的坏账准备数

90. 下列表述正确的是(　　)。

A. 负债是企业承担的现时义务，预期会导致经济利益流出企业

B. 所有者权益是企业资产扣除负债后的由所有者享有的剩余权益

C. 收入是日常活动中形成的，与所有者投入资本有关的经济利益总流入

D. 利润是企业销售商品或提供劳务等经营业务中实现的营业收入

91. 在选用汇总记账凭证账务处理程序时，为了方便填制汇总转账凭证，在平时填制转账凭证时，应尽量避免科目出现(　　)的对应关系。

A. 一借一贷　B. 多借一贷　C. 一借多贷　D. 多借多贷

92. 会计人员在记账过程中，发现金额错误且差错是角、分，则(　　)。

A. 适用差数法　B. 适用尾数法

C. 适用除 9 法　D. 只查找小数部分，以提高查错的效率

93. 下列活动不需要进行会计核算的有(　　)。

A. 订立经济合同　　B. 确定企业投资方案

C. 制订财务收支计划　　D. 以实物形式发放职工福利

94. 科目汇总表核算程序下，记账凭证的作用是(　　)。

A. 登记日记账　　B. 登记明细账

C. 登记总分类账　　D. 编制科目汇总表

95. 根据会计法律制度的规定，下列事业单位中，违反会计人员回避制度规定的有(　　)。

A. 甲单位法定代表人的妻子担任本单位财务部门经理

B. 乙单位会计科长的女儿担任本部门出纳员

C. 丙单位法定代表人的儿子担任财务部门经理

D. 丁单位财务部门经理朋友的妻子担任本部门出纳员

96. 根据会计法律制度的规定，下列各项中，属于会计报表的有(　　)。

A. 现金流量表　　C. 资产负债表　　B. 利润表　　D. 审计报告

97. 下列对强化服务的各项说法中，正确的有(　　)。

A. 强化服务的结果就是奉献社会

B. 强化服务的基本要求是会计人员要有强烈的服务意识

C. 质量上乘就是要求满足服务主体的所有需要

D. 强化服务、奉献社会就是会计职业道德的归宿

98. 根据支付结算法律制度的规定，下列关于票据填写的表述中，正确的有(　　)。

A. 金额以中文大写和阿拉伯数码同时记载，二者必须一致

B. 收款人名称不得记载规范化简称

C. 收款人名称填写错误时由原记载人更改，并在更改处签章证明

D. 出票日期必须使用中文大写

99. 根据支付结算法律制度的规定，下列存款人中，可以申请开立基本存款账户的有(　　)。

A. 甲公司　　B. 丙会计师事务所　　C. 乙大学　　D. 丁个体工商户

100. 根据支付结算法律制度的规定，下列票据丢失后，可以挂失止付的有(　　)。

A. 未承兑的商业汇票　　B. 转账支票

C. 现金支票　　D. 填明“现金”字样的银行本票

101. 下列各项中，属于我国现行税收法律制度规定适用的税率形式的有(　　)。

A. 比例税率　　B. 比率税率　　C. 超率累进税率　　D. 全额累进税率

102. 根据增值税法律制度的规定，一般纳税人发生应税销售行为向购买方收取的下列款项中，不并入销售额计算销项税额的有(　　)。

A. 以委托方名义开具发票代委托方收取的款项

B. 包装物租金

C. 代收代缴的消费税

D. 手续费

103. 根据消费税法律制度的规定，下列消费品中，实行从价定率和从量定额相结合的复合计征办法征收消费税的有(　　)。

(　　)140. 会计档案销毁之前，监销人应该在销毁清册上签名和盖章。

(　　)141. 原始凭证原件可以外借，但需按照程序登记。

(　　)142. 会计人员遵循坚持准则的会计职业道德，就是只需要坚持和遵循会计核算的基本准则和具体准则，严格按这些准则办事。

(　　)143. 会计职业道德教育的各种途径中，具有基础性地位的是会计继续教育。

(　　)144. 单位、个人和银行办理支付结算，必须使用中国人民银行统一规定印制的票据凭证和结算凭证。

(　　)145. 通过手机银行等电子渠道受理开户申请的，银行可为开户申请人开立Ⅰ类账户。

(　　)146. 银行承兑汇票的出票人于汇票到期日未能足额交存票款时，承兑银行除凭票向持票人无条件付款外，对出票人尚未支付的汇票金额按照每天万分之五计收利息。

(　　)147. 委托收款以单位为付款人的，银行收到委托收款凭证及债务证明，审查无误后应于当日将款项主动支付给收款人。

(　　)148. 屡次签发空头支票的，银行有权停止为其办理全部支付结算业务。

(　　)149. 个人转让著作权免征增值税。

(　　)150. 酒厂将自产的5箱普通白酒移送到厂工会用于奖励先进员工，在移送使用环节不缴纳消费税。

(　　)151. 具备高新技术企业或科技型中小企业资格的企业，其具备资格年度之前5个年度发生的尚未弥补完的亏损，准予结转以后年度弥补，最长结转5年。

(　　)152. 对企业职工，因企业依照《破产法》宣告破产，从破产企业取得的一次性安置费收入，免予征收个人所得税。

(　　)153. 外籍人员马克2021年7月5日受邀来中国工作，2022年5月10日结束在中国的工作回国，马克在2021年纳税年度内属于我国个人所得税居民个人。

(　　)154. 实行定期定额征收方式的个体工商户需要停业的，应当在停业前向税务机关申报办理停业登记。纳税人的停业期限不得超过一年。

(　　)155. 增值税专用发票由省、自治区、直辖市税务局指定企业印制。

(　　)156. 税务机关有根据认为从事生产、经营的纳税人有逃避纳税义务行为的，可以直接采取税收保全措施。

(　　)157. 纳税人均可选择采用自行申报、邮寄申报、数据电文申报或简易申报、简并征期方式申报纳税。

(　　)158. 手工与电算化会计信息系统的数据处理流程在遵守的会计法规和会计准则方面是相同的，且最终目标一致。

(　　)159. 企业以远程访问、云计算等方式使用会计软件生成的电子会计资料归企业所有。

(　　)160. 可靠的电子签名与手写签名或者盖章具有同等的法律效力。

(　　)161. 在用友T3软件设置付款条件时，系统最多支持3个时间段的折扣。

(　　)162. 删除会计科目时应遵循先删上级再删下级的原则。

(　　)163. 系统安全运行管理包括系统运行监控、清除系统运行异常、清除单据锁定、上机日志等内容。

(　　)164. 系统管理员可以建立账套、修改账套等账套管理内容。

(　　)165. 在2007年新会计准则的账套中，会计科目编码为2211，则此会计科目为所有者权益类。

(　　)166. 进入工资系统不需要进行工资类别的设置或选择。

(　　)167. 凭证上的制单人由系统根据当前操作员自动填写。

(　　)168. 凭证上的摘要是对本凭证所反映的经济业务内容的说明，凭证上的每个分录行必须有摘要，且同一张凭证上的摘要应相同。

(　　)169. 在总账系统中，上月未记账，本月可以先记账，但若上月未结账，则本月不能记账。

(　　)170. 在UFO报表系统中，实现状态切换的是一个特别重要的按钮——“格式/数据”按钮，点击这个按钮可以在格式状态和数据状态之间切换。

(　　)171. 在UFO报表中，只能从总账中提取财务数据。

(　　)172. 企业在实际计提折旧时，不一定每个月计提一次，可能因行业和自身原因，每季度、半年或一年计提一次，折旧费用的归集也按照这样的周期进行。

(　　)173. 本月发现上月有误减少的固定资产，可以通过“撤销已减少资产”功能进行恢复。

(　　)174. 定义固定资产的类别时，必须自下而上定义。

(　　)175. 新增自定义折旧方法时自定义公式中所包含的项目只能是系统给定的项目。

四、不定项选择题(本题包括17个小题，每小题2分，共34分。在每小题给出的四个选项中，有一个或一个以上答案符合题目要求，请在答题卡相应位置用2B铅笔填涂相应答案代码。)

(一)

2023年3月10日，聚传公司成立，张某为法定代表人，李某为财务人员。3月12日，李某携带资料到A银行申请开立了基本存款账户。3月15日，聚传公司在C银行申请开立了基本建设资金专户。3月20日，聚传公司签发一张金额为480万元，由A银行承兑的电子商业汇票交付乙公司。乙公司因急需资金，于6月5日向D银行申请办理了汇票贴现。

要求：根据上述资料，分析回答下列176-179题。

176. 关于聚传公司在A银行开立账户的下列表述中，正确的是(　　)。

A. 该账户2023年3月12日不能办理对外付款业务

B. 聚传公司应填制开立银行结算账户申请书

C. A银行应报经当地中国人民银行分支机构核准

D. 聚传公司与A银行应签订银行结算账户管理协议

177. 关于聚传公司在C银行开立账户的下列表述中，正确的是(　　)。

A. 聚传公司应向C银行出具主管部门批文

B. 聚传公司应向C银行出具基本存款账户编号

C. 该账户支取现金应在开户时报经中国人民银行当地分支机构批准

D. C银行应向中国人民银行当地分支机构备案

178. A银行承兑该汇票应当办理的手续是(　　)。

A. 审查聚传公司的资格与资信

B. 与聚传公司签订承兑协议

C. 收取聚传公司承兑手续费

A. 导致会计凭证错误

B. 账户记录错误

C. 银行存款日记账、银行存款余额调节表的数据不实

D. 报表错误

192. 想要更正习题的错误，更正方法及步骤正确的是(　　)。

A. 由小张补充一张凭证 9000 元

B. 审核员审核，记账员记账

C. 出纳员小王重新进行银行对账，编制余额调节表

D. 编制报表

中等职业学校对口升学财经专业理论测试
全真模拟试卷(十三)

一、单项选择题(本题包括 84 个小题，每小题 1 分，共 84 分。在每小题给出的四个选项中，只有一个符合题目要求，请在答题卡相应位置用 2B 铅笔填涂相应答案代码。)

1. 公司某月份发生如下业务：预收的销货款 10000 元，支付本月借款利息 8000 元，缴纳属于上月的增值税 12000 元。按权责发生制计算的本月费用为(　　)元。

A. 20000　　B. 10000　　C. 30000　　D. 8000

2. 在会计机构内部，不得兼任稽核、会计档案保管和收入、支出、费用、债权债务账目登记工作的是(　　)。

A. 会计主管人员　　B. 记账人员　　C. 出纳人员　　D. 成本核算人员

3. 下列经济业务的发生不会引起会计等式两边总额发生变化的是(　　)。

A. 生产的产品完工验收入库　　B. 收到某公司投入的一项专利权

C. 以银行存款偿还短期借款　　D. 购买一批材料，款项未支付

4. 某企业的负债总额为 128 万元，采用预收款方式销售产品实现收入 12 万元(已预收账款 8 万元，余款通过银行收到)。此业务发生后，该企业的负债总额应为(　　)。

A. 140 万元　　B. 132 万元　　C. 120 万元　　D. 136 万元

5. 某企业本月发生如下经济业务：(1)用银行存款归还前欠货款 11700 元；(2)销售产品一批，增值税专用发票上注明价款 20000 元，增值税额 3400 元，货款尚未收到，该批产品的生产成本为 15000 元。这两项经济业务发生后，下列说法正确的是(　　)。

A. 资产总额增加了 11700 元　　B. 资产总额减少了 3300 元

C. 负债总额减少了 11700 元　　D. 收入总额增加了 5000 元

6. 下列各项中能引起权益总额发生增加变化的是(　　)。

A. 以银行存款 50000 元购买生产用设备　　B. 购买原材料 10000 元，货款尚未支付

C. 以盈余公积 100000 元弥补上年亏损　　D. 签发商业汇票 23400 元抵付应付账款

7. 某企业原材料总分类账户(总分类账科目下设甲材料、乙材料、丙材料三个明细账科目)本期借方发生额为 16000 元，本期贷方发生额为 15000 元，其有关明细分类账户的发生额分别为：甲材料本期借方发生额 3500 元，贷方发生额 4500 元，乙材料本期借方发生额 10500 元，贷方发生额 9000 元，则丙材料本期(　　)。

A. 借方发生额 13500 元，贷方发生额 14000 元

B. 借方发生额 2000 元，贷方发生额 1500 元

C. 借方发生额 1000 元，贷方发生额 2000 元

D. 因不知各账户期初余额，无法计算

8. 所谓试算平衡就是根据资产和权益的(　　)，按照记账规则的要求，通过汇总、计算和比较，来检查账户记录的正确性、完整性。

A. 对应关系　　B. 平衡关系　　C. 制约关系　　D. 从属关系

9. 下列各项符合所有者权益类账户记账规则的是(　　)。

D. “交易性金融资产”“应付票据”“存货”“工程物资”“短期借款”“应付账款”“应交税费”“实收资本”“盈余公积”

30. 下列各项中，不属于会计人员专业技术职称的有(　　)。

A. 高级会计师　B. 注册会计师　C. 助理会计师　D. 会计师

31. 甲公司出纳人员曾某因病住院不能亲自办理移交，经法定代表人批准，曾某委托李某将经管的会计资料等移交给接替人员王某，会计机构负责人宋某进行监交。王某事后发现曾某所移交的部分会计资料的合法性、真实性存在问题。下列人员中，应对该会计资料的合法性、真实性承担法律责任的是(　　)。

A. 受托人李某　B. 接替人员王某　C. 出纳人员曾某　D. 监交人宋某

32. 根据会计法律制度的规定，下列行为中，属于会计工作政府监督的是(　　)。

A. 个人检举会计违法行为

B. 会计师事务所对单位经济活动进行审计

C. 单位内部会计机构审核本单位会计账簿

D. 财政部门对各单位的会计工作进行监督检查

33. 根据会计法律制度的规定，下列文件资料中，属于会计档案归档范围的是(　　)。

A. 年度财务工作总结　B. 年度预算方案

C. 会计档案销毁清册　D. 单位财务规章制度

34. 根据会计法律制度的规定，下列企业中，必须设置总会计师的是(　　)。

A. 国有大中型企业　C. 外商独资企业　B. 个人独资企业　D. 普通合伙企业

35. 根据会计法律制度的规定，下列记账凭证中，可以不附原始凭证的是(　　)。

A. 现金收款凭证　B. 更正错误的记账凭证

C. 银行收款凭证　D. 银行付款凭证

36. 伪造、变造会计凭证、会计账簿，尚不构成犯罪的，会计人员(　　)内不得从事会计工作。

A. 5年　B. 10年　C. 15年　D. 20年

37. 下列会计职业道德规范中，要求会计人员在处理业务过程中，严格按照会计制度办事，不为主观或他人意志左右的是(　　)。

A. 廉洁自律　B. 坚持准则　C. 客观公正　D. 提高技能

38. 王某在一次谈话中无意识地说出了公司的一些商业秘密，他违背了会计职业道德中(　　)的要求。

A. 爱岗敬业　B. 廉洁自律　C. 诚实守信　D. 客观公正

39. 根据支付结算法律制度的规定，下列存款人，不得开立基本存款账户的是(　　)。

A. 临时机构　B. 非法人企业

C. 境外机构　D. 单位设立的独立核算的附属机构

40. 根据支付结算法律制度的规定，关于银行结算账户管理的下列表述中，不正确的是(　　)。

A. 存款人可以出借银行结算账户　B. 存款人应当以实名开立银行结算账户

C. 存款人不得利用银行结算账户洗钱　D. 存款人不得出租银行结算账户

41. 根据支付结算法律制度的规定，下列关于票据背书行为的表述中，正确的是(　　)。

A. 蓝天公司委托A银行收取支票款项，被背书人可继续背书转让该支票

B. 白云公司可将一张商业汇票金额的50%背书转让给大地公司

C. 陈某在银行汇票上背书时未记载背书日期，背书无效

D. 李某在本票上背书时未记载被背书人吴某的姓名，吴某可自行记载

42. 根据支付结算法律制度的规定，关于银行汇票出票金额和实际结算金额，下列表述正确的是(　　)。

A. 如果出票金额低于实际结算金额，银行应按出票金额办理结算

B. 如果出票金额高于实际结算金额，银行应按出票金额办理结算

C. 如果出票金额低于实际结算金额，银行应按实际结算金额办理结算

D. 如果出票金额高于实际结算金额，银行应按实际结算金额办理结算

43. 根据支付结算法律制度的规定，电子承兑汇票的付款期限自出票日至到期日不能超过一定期限。该期限为(　　)。

A. 2年　　B. 3个月　　C. 6个月　　D. 1年

44. 根据支付结算法律制度的规定，下列以汇兑方式结算的款项中，汇款人可以申请撤销的是(　　)。

A. 汇出银行已经汇出的款项

B. 汇入银行已发出收账通知的款项

C. 收款人拒绝接受的款项

D. 汇出银行尚未汇出的款项

45. 根据支付结算法律制度的规定，下列各项中，不属于信用卡预借现金业务的是(　　)。

A. 现金转账　　B. 现金提取　　C. 现金支付　　D. 现金充值

46. 根据增值税法律制度的规定，下列各项中，应并入销售额计算销项税额的是(　　)。

A. 以委托方名义开具发票代委托方收取的款项

B. 销售货物向购买方收取的价款之外的手续费

C. 受托加工应征消费税的消费品所代收代缴的消费税

D. 销售货物的同时代办保险而向购买方收取的保险费

47. 甲公司为增值税一般纳税人，2022年9月从国外进口一批音响，海关核定的关税完税价格为113万元，缴纳关税11.3万元。已知增值税税率为13%，甲公司该笔业务应缴纳增值税税额的下列计算中，正确的是(　　)。

A. 113×13%＝14.69(万元)

B. (113+11.3)×13%＝16.16(万元)

C. 113÷(1+13%)×13%＝13(万元)

D. (113+11.3)÷(1+13%)×13%＝14.3(万元)

48. 根据消费税法律制度的规定，下列各项中，不征收消费税的是(　　)。

A. 酒厂用于交易会样品的自产白酒

B. 卷烟厂用于连续生产卷烟的自产烟丝

C. 日化厂用于职工奖励的自产高档化妆品

D. 地板厂用于本厂办公室装修的自产实木地板

49. 2023年7月，甲化妆品厂将一批自产的新型高档化妆品作为福利发放给员工，该批高档化妆品生产成本为34000元，无同类高档化妆品销售价格。已知：高档化妆品消费税税率为15%，成本利润率为5%。计算甲化妆品厂当月该笔业务应缴纳消费税税额的下列算式中，正确的是(　　)。

A. 34000×(1+5%)÷(1−15%)×15%＝6300(元)

74. 在工资核算系统中，本月的工资是在(　　)数据基础上，通过综合职工当月的工资变动数据，形成本月新的工资表。

A. 上个月　B. 工资基础表　C. 工资计算表取数　D. 固定工资项目

75. 在工资核算系统中，目前定义职工个人“银行账号”的主要作用是(　　)。

A. 缴纳个人所得税　B. 缴纳工会会费　C. 银行代发工资　D. 到银行提取现金

76. 事假、病假、加班工资、代扣水电费等每月变动的数据将被输入当月的(　　)。

A. 固定工资数据文件　B. 工资统计数据文件

C. 变动工资数据文件　D. 工资变动文件

77. 有关报表文件名称登记叙述不正确的有(　　)。

A. 报表名可以是中文，也可以是英文成汉语拼音的缩写

B. 报表名是供用户调用设定的报表结构文件使用的，它与标题并没有直接的关系

C. 不同的报表，报表名不能相同

D. 保存在同一文件夹下的不同的报表，报表名字可以相同

78. 在编制报表时，确定单元的数据来源的公式是指(　　)。

A. 报表舍位平衡公式　B. 总账函数

C. 报表审核公式　D. 报表运算公式

79. 从下列公式中，选出正确的本表他页取数公式(　　)。

A. B2 = C2@ 1　B. B2 = ’C2’@ 1　C. B2 = C2@ ’1’　D. B2 = ’C2’@ ’1’

80. 会计报表软件中，报表项目包括(　　)。

A. 表头内容、表体项目、表尾项目　B. 表头内容、关键字、表尾项目

C. 表头内容、表体内容、关键字　D. 关键字、表体项目、表尾项目

81. 通用报表系统中，运算公式实现的主要的两种方式是(　　)。

A. 通过键盘直接录入方式和系统采用引导输入的方式

B. 采用复制输入和采用修改输入

C. 采用修改输入和系统采用引导输入和方式

D. 采用复制输入和系统采用引导输入的方式

82. 在固定资产管理系统初始化时，发现主要折旧方法选择有误时，不可采用以下哪种方法进行更改(　　)。

A. 以后对各具体固定资产类别再定义

B. 初始化完成前，使用上一步到折旧信息中修改

C. 初始化完成后，在“设置”“选项”中重新设置

D. 初始化完成后，使用上一步到折旧信息中修改

83. 固定资产核算系统启用之后的日常处理主要包括(　　)。

A. 增减变动处理与计提折旧　B. 凭证的输入、审核与记账

C. 计提折旧与成本核算　D. 设备采购与应付款管理

84. 在固定资产核算系统的卡片中，能够唯一确定每项资产的数据项是(　　)。

A. 资产名称　B. 资产编号　C. 类别编号　D. 规格型号

二、多项选择题(本题包括 31 个小题，每小题 2 分，共 62 分。在每小题给出的四个选项中，有两个或两个以上答案符合题目要求，请在答题卡相应位置用 2B 铅笔填涂相应答案代码。)

85. 与“待处理财产损益”账户借方发生额有对应关系的账户可能有(　　)。

A. 原材料　B. 库存现金　C. 其他应付款　D. 管理费用

86. 下列活动中，可以作为会计核算对象的有(　　)。

A. 召开董事会　B. 报销差旅费　C. 销售产品　D. 生产领用材料

87. 属于资产与负债同时增加的有(　　)。

A. 向银行借入款项存入银行　B. 用银行存款购买原材料

C. 购进商品货款未付　D. 销货款存入银行

88. 在产品销售业务的核算中，期末结转后，下列账户应无余额的有(　　)。

A. 主营业务收入　B. 主营业务成本　C. 管理费用　D. 应交税费

89. 企业发生的下列经济业务，属于资金循环和周转的有(　　)。

A. 计提设备折旧　B. 取得短期借款　C. 产生销售费用　D. 结算购货款

90. 下列应该计入账户借方的有(　　)。

A. 资产的增加额　B. 成本、费用的增加额

C. 所有者权益的增加额　D. 负债的增加额

91. 分配制造费用常用的分配标准有(　　)。

A. 产品的生产工时　B. 各种产品领用材料的金额

C. 生产工人工资　D. 各种产品完工的数量

92. 财产清查中应采用实地盘点法进行清查的资产主要有(　　)。

A. 固定资产　B. 产成品　C. 银行存款　D. 库存现金

93. 检验银行存款日记账金额是否正确，可以在银行对账单的基础上(　　)后确定。

A. 加：企业已收款入账，银行尚未入账　B. 减：企业已付款入账，银行尚未入账

C. 减：银行已收款入账，企业尚未入账　D. 加：银行已付款入账，企业尚未入账

94. 下列属于会计信息外部使用者的是(　　)。

A. 投资者　B. 供应商　C. 国家有关部门　D. 企业经理层

95. 根据会计法律制度的规定，下列关于总会计师地位的表述中，正确的有(　　)。

A. 直接对单位主要行政领导人负责　B. 是单位行政领导成员

C. 是单位会计机构负责人　D. 是单位内部审计机构负责人

96. 根据会计法律制度的规定，下列各项中，属于企业内部控制的控制措施的有(　　)。

A. 会计系统控制　C. 预算控制　B. 授权审批控制　D. 财产保护控制

97. 会计职业道德检查与奖惩的意义是(　　)。

A. 具有促使会计人员遵守职业道德规范的作用

B. 可以对各种会计行为进行裁决

C. 有利于形成抑恶扬善的社会环境

D. 对会计人员具有深刻的教育作用

98. 根据支付结算法律制度的规定，关于开立企业银行结算账户办理事项的下列表述中，正确的有(　　)。

A. 企业申请开立基本存款账户的，银行须当面向企业法定代表人或单位负责人核实企业开户意愿，并留存相关工作记录

B. 一般存款账户是存款人的主办账户，一个单位只能开立一个一般存款账户

C. 企业预留银行的签章可以为其财务专用章加其法定代表人的签名

D. 存款人因临时需要并在规定期限内使用可以开立临时存款账户

99. 根据票据法律制度的规定，关于票据保证，下列说法正确的有(　　)。

种盘存制度。

(　　)128. 企业已记录收取银行存款 7000 元，银行尚未办理入账手续。属于银行的未达账项，需要在企业银行存款日记账这一方进行调节。

(　　)129. “长期股权投资”在资产负债表中属于非流动资产项目。

(　　)130. 利润分配的顺序是(假定以前年度没有亏损)：提取法定盈余公积，提取任意盈余公积，向投资者分配利润(或股利)。

(　　)131. 总分类账户的余额方向与所属明细账户的余额方向可能相同也可能不同。

(　　)132. 会计账簿是连接会计凭证和财务报表的中间环节。

(　　)133. 企业在核算利润过程中，其他收益也计入营业利润。

(　　)134. 所有的总分类账户都要开设明细账户，而且明细分类账户越细越好。

(　　)135. 记账凭证核算程序的主要特点是记账凭证分为收、付、转三种。

(　　)136. 分类账簿在启用前就已经将账页装订在一起，并对账页进行了连续编号。

(　　)137. 对原始凭证进行审核，是确保会计资料质量的重要措施之一。

(　　)138. 启用订本式账簿，应当从第一页到最后一页顺序编号，不得跳页、缺号。

(　　)139. 会计工作岗位必须一人一岗。

(　　)140. 国有企业单位领导人的直系亲属可以担任本单位的会计机构负责人。

(　　)141. 我国会计年度为每年公历的 1 月 1 日起至 12 月 31 日止。

(　　)142. 会计职业道德建设的组织与实施主要依靠财政部门、行业自律组织以及企事业单位，无须社会各界的通力配合。

(　　)143. 有违反《会计法》的行为，同时也一定是违反了会计职业道德要求的行为。

(　　)144. 银行结算账户分为活期存款账户和定期存款账户两类。

(　　)145. 开立单位银行结算账户时，应填写“开立单位银行结算账户申请书”，并加盖单位财务专用章和法定代表人(单位负责人)或其授权代理人的签名或者盖

(　　)146. 个人与个人之间的资金结算，可以使用商业汇票。

(　　)147. 单位或个人签发空头支票的，由其开户银行处以罚款。

(　　)148. 填写票据出票日期时，“10 月 20 日”应写成“壹拾月零贰拾日”。

(　　)149. 职业培训机构提供的教育服务免征增值税。

(　　)150. 采取托收承付和委托银行收款方式销售应税消费品的，消费税纳税义务发生时间为发出应税消费品并办妥托收手续的当天。

(　　)151. 企业对累积消费达到一定额度的顾客，给予额外抽奖机会，个人的获奖所得，按照“偶然所得”项目，全额缴纳个人所得税。

(　　)152. 在中国境内设立机构、场所的非居民企业取得的发生在中国境外但与其所设机构、场所有实际联系的所得，无须缴纳企业所得税。

(　　)153. 企业依照国家有关法律规定宣告破产，企业职工从破产企业取得的一次性安置费收入，应当征收个人所得税。

(　　)154. 无固定生产、经营场所的流动性农村小商贩不需要办理税务登记。

(　　)155. 甲企业按照国家规定享受 3 年免缴企业所得税的优惠待遇，甲企业在这 3 年内不需办理企业所得税的纳税申报。

(　　)156. 加收税收滞纳金的起始时间，为法律、行政法规或税务机关依法确定的税款缴纳期限届满当日。

(　　)157. 经核准延期办理纳税申报、报送事项的，应当在纳税期内按照上期实际缴纳的税额或者税务机关核定的税额预缴税款，并在核准的延期内办理税款结算。

(　　)158. 在总账系统中，唯独在“会计科目”功能下通过“指定科目”预先指定的现金类科目，才可以通过“现金日记账”功能查询其日记账。

(　　)159. 在总账系统中，取消出纳凭证的签字既可由出纳员自己进行，也可由会计主管进行。

(　　)160. 在总账系统中填制记账凭证时，凭证一旦保存其凭证编号和凭证类别不能再进行修改。

(　　)161. 在总账系统中，期初余额试算不平衡时，可以填制凭证，但不能执行记账功能。

(　　)162. 舍位位数为 4 表示舍位区域中所有数据的小数点向右移动 4 位。

(　　)163. 如果选择 A1：C1 区域定义组合单元，只能采用按行组合。

(　　)164. 月末结转是将当月数据经过处理后结转至下月，每月工资数据处理完毕后均可进行月末结转。

(　　)165. 财务部门将“工资单”进行汇总，编制“工资汇总表”，按规定手续向银行提取现金发放工资，不可以由银行代发。

(　　)166. 工资分摊是指在月末自动完成工资分摊、计提、转账业务，并将生成的凭证传递到总账系统，实现各部门资源共享。

(　　)167. 一般的工资系统软件可以提供个人所得税自动计算功能，在使用时，只需自定义所得税率，系统就可以按照设定的所得税税率，自动控制计算个人所得税。

(　　)168. 会计科目的编码完全可以根据需要自主确定规则。

(　　)169. 在账务处理系统中设置会计科目时，科目代码不能空，但允许重复。

(　　)170. 在固定资产系统下，固定资产卡片输入完后，可以立即制单，也可以月末批量制单。

(　　)171. 在固定资产初始化过程中，账套启用日期既能查看，也能修改。

(　　)172. 只有总账系统将固定资产系统传递过去的凭证记账完毕，固定资产系统才能和总账系统对账正确。

(　　)173. 用友 T3 软件各模块既相互联系，又相互独立，有各自的目标和任务，共同构成了会计软件，实现了会计软件的总目标。

(　　)174. 对于信息系统自动生成且具有明晰审核规则的会计凭证，可以将审核规则嵌入会计软件，由计算机自动审核。

(　　)175. 用友 T3 软件中，一个公司可以根据需要设立多个账套。

四、不定项选择题(本题包括 17 个小题，每小题 2 分，共 34 分。在每小题给出的四个选项中，有一个或一个以上答案符合题目要求，请在答题卡相应位置用 2B 铅笔填涂相应答案代码。)

(一)

2023 年 9 月 4 日，甲公司为支付货款向乙公司开出一张票面金额为 50 万元、出票后 3 个月付款的银行承兑汇票，承兑银行是 A 银行。后来，乙公司将该票据背书转让给丙公司，B 公司在汇票上签章作了保证，但是未记载被保证人名称。丙公司为支付材料价款将该票据背书转让给丁公司，同时在票据上记载“不得转让”字样。丁公司将票据背书转让给戊公司，但是未记载背书日期。戊公司按期向 A 银行提示付款时，已经承兑的 A 银行以甲公司账户资金不足为由予以拒绝。戊公司拟行使追索权实现自己的票据权利。

账套信息：

账套代码：898；账套名称：黎明；启用日期：2023 年 1 月；会计期间设置：1 月 1 日至 12 月 31 日；单位名称：黎明得有限公司；单位简称：黎明；企业类型：工业；行业性质：2013 年小企业会计准则；按行业预置科目；分类信息：存货、客户、供应商均分类；外币信息：有外币核算；系统启用信息：2023 年 1 月 1 日；系统管理员启用总账、固定资产、工资、购销存、核算系统。

要求：根据上述资料分析回答下列 188~192 题。

188. 下列关于操作员权限，说法正确的是(　　)。

A. 账套主管(张一)可以指定新入职的赵四为账套主管

B. 操作员权限在设置后，可以根据实际需要增加权限

C. 账套主管(张一)自动拥有该账套的全部权限

D. 系统管理员可以指定新入职的赵四为账套主管

189. 下列关于备份和删除账套，说法正确的是(　　)。

A. 账套备份的目的是对会计数据长期保存，防备意外事故造成的硬盘数据丢失，非法篡改和破坏

B. 账套备份时还可以删除当前账套

C. 当计算机被病毒侵犯，系统数据受损，可利用账套恢复功能将光盘上的最新备份数据恢复到硬盘中

D. 恢复账套功能还可以定期将子公司账套数据引入母公司系统中，以便进行有关账套数据的分析和合并

190. 当打开会计科目窗口，是一张空白的科目表，下列说法正确的是(　　)。

A. 会计软件出现故障

B. 系统管理员建立账套时未选择“按行业性质预置会计科目”

C. 会计科目必须由操作员自己录入，因未录入，所以为空

D. 以上说法都不正确

191. 出纳李三不能签字的原因可能是(　　)。

A. 在会计科目窗口未进行指定会计科目操作

B. 在总账参数凭证标签项未选择“出纳凭证必须经由出纳签字”选项

C. 没有进行审核凭证操作

D. 未授权李三“出纳签字”权限

192. 关于黎明公司月末结账的说法，错误的是(　　)。

A. 系统自动检查本月是否有未记账凭证，有未记账凭证时不能结账

B. 结账必须逐月进行，上月未结账则本月不能结账

C. 系统自动核对总账与明细账、总账与辅助账数据是否一致，不一致时不能结账

D. 若总账系统与薪资等其他子系统联合使用，则应先结总账系统，然后再结其他子系统

中等职业学校对口升学财经专业理论测试
全真模拟试卷(十四)

一、单项选择题(本题包括84个小题，每小题1分，共84分。在每小题给出的四个选项中，只有一个符合题目要求，请在答题卡相应位置用2B铅笔填涂相应答案代码。)

1. 下列业务中，不属于资金退出的有(　　)。

A. 购买材料　　B. 缴纳税费　　C. 对外分配利润　　D. 归还银行借款

2.《会计法》规定，应对本单位的会计工作和会计资料的真实性、完整性负责的是(　　)。

A. 单位负责人　　B. 会计负责人　　C. 审计负责人　　D. 注册会计师

3. 某企业本月发生下列经济业务：(1)用银行存款购买办公用品2000元；(2)购买一台设备价款3000元，开出商业汇票；(3)向银行借入期限为6个月，年利率为5%的借款8000元，存入银行；(4)收到A投资人追加投资6000元存入银行。根据上述经济业务，账户对应关系正确的是(　　)。

A. 管理费用和应付账款　　B. 银行存款和短期借款

C. 银行存款和资本公积　　D. 固定资产和银行存款

4. 下列各项经济业务的发生，会引起所有者权益变动的是(　　)。

A. 报销差旅费1000元　　B. 购买原材料2000元，款未付

C. 以银行存款2500元归还前欠货款　　D. 收到A公司支付的货款2000元存入银行

5. 一项负债的增加，不可能引起的是(　　)。

A. 一项负债的减少　　B. 一项所有者权益的减少

C. 一项资产的减少　　D. 一项资产的增加

6. 甲公司4月初权益总额为100万元，本月发生以下经济业务：(1)以银行存款归还前欠乙公司货款5万元；(2)购入原材料8万元，以银行存款支付。上述经济业务发生后，甲公司的权益总额为(　　)。

A. 87万元　　B. 92万元　　C. 95万元　　D. 105万元

7. 下列账户中属于成本类账户的是(　　)。

A. 销售费用　　B. 主营业务成本　　C. 制造费用　　D. 其他业务成本

8. 会计科目与账户的主要区别是(　　)。

A. 名称不同　　B. 经济内容不同

C. 账户有结构而会计科目没有　　D. 会计科目有结构而账户没有

9. 某企业甲、乙两种产品的“库存商品”总账期初借方余额40000元，本期贷方发生额30000元；甲产品明细账期末余额40000元，乙产品明细账期末余额20000元。“库存商品”总账本期借方发生额为(　　)元。

A. 10000　　B. 50000　　C. 70000　　D. 30000

10. 分配制造费用不可以采用的标准有(　　)。

A. 产品的生产工时　　B. 机器运转工时

C. 生产工人工资　　D. 各种产品完工的数量

账本位币适用的表述中，正确的是(　　)。

A. 可同时选择欧元和人民币作为记账本位币

B. 可从欧元和人民币选择一种作为记账本位币

C. 只能选择人民币作为记账本位币

D. 只能选择欧元作为记账本位币

34. 根据会计法律制度的规定，会计档案的鉴定工作应由(　　)牵头组织进行。

A. 单位档案管理机构　　B. 单位会计管理机构

C. 单位审计机构　　D. 单位纪检监察机构

35. 2023 年 5 月，甲公司成立，依规定其经济业务需要委托代理记账。下列各项中，甲公司可以委托其办理代理记账业务的是(　　)。

A. 乙会计师事务所　　B. 会计专业在校生苏某

C. 丙公司会计师高某　　D. 退休会计人员刘某

36. 根据会计法律制度的规定，下列人员中，可以担任企业会计机构负责人的是(　　)。

A. 中专毕业并从事会计工作 2 年 8 个月的武某

B. 取得中级会计专业技术资格并从事会计工作 1 年 5 个月的马某

C. 研究生毕业并从事会计工作 2 年的王某

D. 取得初级会计专业技术资格并从事会计工作 2 年的冯某

37. 在会计职业道德规范中，(　　)是职业道德的出发点。

A. 爱岗敬业　　B. 诚实守信　　C. 客观公正　　D. 廉洁自律

38. 会计人员小楠认为自己管钱管账，就高人一等。小楠这样的思想违背了会计职业道德的(　　)要求。

A. 坚持准则　　B. 爱岗敬业　　C. 诚实守信　　D. 强化服务

39. 根据支付结算法律制度的规定，对于应撤销而未办理销户手续的单位银行结算账户，银行通知该账户的存款人在法定期限内办理销户手续，逾期视同自愿销户。该期限是(　　)。

A. 自银行发出通知之日起 10 日内　　B. 自银行发出通知之日起 30 日内

C. 自银行发出通知之日起 5 日内　　D. 自银行发出通知之日起 2 日内

40. 根据支付结算法律制度的规定，下列各项中，属于存款人对其特定用途资金进行专项管理和使用而成立的银行结算账户的是(　　)。

A. 一般存款账户　　B. 基本存款账户　　C. 专用存款账户　　D. 临时存款账户

41. 根据支付结算法律制度的规定，下列事项中，属于汇票任意记载事项的是(　　)。

A. 保证人在汇票上表明“保证”字样　　B. 背书人在汇票上记载被背书人名称

C. 出票人在汇票上记载“不得转让”字样　　D. 承兑人在汇票上签章

42. 秦某持有一张出票日期为 2023 年 06 月 12 日的现金支票。根据支付结算法律制度的规定，下列日期中，秦某提示付款时银行有权拒绝付款的是(　　)。

A. 2023 年 06 月 12 日　　B. 2023 年 06 月 21 日

C. 2023 年 06 月 17 日　　D. 2023 年 07 月 12 日

43. 根据支付结算法律制度的规定，关于委托收款结算方式的下列表述中，不正确的是(　　)。

A. 银行在为单位办理划款时，付款人存款账户不足支付的，应通知付款人交足存款

B. 单位凭已承兑的商业汇票办理款项结算，可以使用委托收款结算方式

C. 以银行以外的单位为付款人的，委托收款凭证必须记载付款人开户银行名称

D. 同城、异地结算均可使用委托收款

44. 根据支付结算法律制度的规定，下列关于结算纪律的表述中，正确的是(　　)。

A. 银行办理支付结算，不得以任何理由压票

B. 单位和个人办理支付结算，不得以任何理由拒绝付款

C. 银行办理支付结算，可以在支付结算制度之外附加条件

D. 单位和个人办理支付结算，可以签发无资金保证的票据

45. 根据支付结算法律制度的规定，下列关于银行本票的表述中，正确的是(　　)。

A. 银行本票一律不得用于支取现金

B. 持银行本票超过提示付款期限，持票人向出票银行提示付款的，出票银行不受理

C. 银行本票见票即付

D. 银行本票一律不得背书转让

46. 根据增值税法律制度的规定，下列各项中，应按照“生活服务”项目计缴增值税的是(　　)。

A. 翻译服务　　B. 道路通行服务　　C. 教育医疗服务　　D. 广播影视服务

47. 甲公司为增值税一般纳税人，2023 年 8 月采取折扣方式销售货物一批，该批货物不含税销售额 90000 元，折扣额 9000 元，销售额和折扣额在同一张发票的金额栏分别注明。已知：增值税税率为 13%。甲公司当月该笔业务增值税销项税额的下列计算中，正确的是(　　)。

A. $(90000-9000)\div(1+13\%)\times13\%=9318.58$(元)

B. $90000\times13\%=11700$(元)

C. $90000\div(1+13\%)\times13\%=10353.98$(元)

D. $(90000-9000)\times13\%=10530$(元)

48. 根据消费税法律制度的规定，下列各项中，仅在零售环节征收消费税的是(　　)。

A. 超豪华小汽车　　B. 钻石首饰　　C. 游艇　　D. 高档手表

49. 某白酒厂 2023 年端午节前，将新研制的薯类白酒 2 吨作为过节福利发放给员工，该薯类白酒无同类产品市场销售价格。已知：该批薯类白酒生产成本为 10000 元，成本利润率为 5%，白酒消费税比例税率为 20%，定额税率为 0.5 元/500 克。下列关于计算该批薯类白酒应纳消费税税额的算式中，正确的是(　　)。

A. $10000\times(1+5\%)\div(1-20\%)+2\times2000\times0.5=15125$(元)

B. $[10000\times(1+5\%)+(2\times2000\times0.5)]\div(1-20\%)\times20\%+2\times2000\times0.5=5125$(元)

C. $10000\times20\%+2\times2000\times0.5=4000$(元)

D. $[10000\times(1+5\%)+(2\times2000\times0.5)]\div(1-20\%)\times20\%=3125$(元)

50. 根据企业所得税法律制度的规定，下列各项中，不属于企业所得税纳税人的是(　　)。

A. 甲有限责任公司　B. 乙事业单位　　C. 丙股份有限公司　D. 丁合伙企业

51. 在计算企业所得税应纳税所得额时，下列关于确定无形资产计税基础的表述中，不符合企业所得税法律制度规定的是(　　)。

A. 外购的无形资产，以该资产的公允价值和支付的相关税费为计税基础

B. 通过捐赠方式取得的无形资产，以该资产的公允价值和支付的相关税费为计税基础

C. 通过投资方式取得的无形资产，以该资产的公允价值和支付的相关税费为计税基础

C. 返回格式状态修改公式　　D. 直接修改公式

75. 如果要取得总账系统的指定科目的本期数量发生额，需要选择哪个函数(　　)。

A. WFS( )　　B. SFS( )　　C. FS( )　　D. SJE( )

76. 固定资产的减少方式为损毁，其对应的入账科目一般为(　　)。

A. 银行存款　　B. 固定资产　　C. 累计折旧　　D. 固定资产清理

77. 以下哪个部门的对应折旧科目可以设置为销售费用(　　)。

A. 财务部　　B. 管理部　　C. 信息部　　D. 市场部

78. 固定资产原始卡片录入属于(　　)的内容。

A. 期末处理　　B. 日常处理　　C. 基础设置　　D. 初始设置

79. 固定资产核算的主要任务包括计算、汇总和分配固定资产的(　　)。

A. 生产成本　　B. 工作时间　　C. 原值　　D. 折旧费用

80. 在工资变动界面提供的“编辑”按钮是用来(　　)。

A. 修改工资项目　　B. 修改计算公式

C. 修改人员附加信息　　D. 修改人员工资数据

81. 中方和外方人员的计税方法不同，主要体现在(　　)。

A. 税率　　B. 速算扣除数　　C. 计税依据　　D. 免征额

82. 在固定资产系统中点击“制单”，不能够自动生成的凭证内容是(　　)。

A. 借贷方科目　　B. 科目辅助核算　　C. 凭证类别　　D. 凭证摘要

83. 下列操作需要在打开工资类别的状态下进行的是(　　)。

A. 删除工资类别　　B. 建立工资类别　　C. 输入职工档案　　D. 工资类别汇总

84. 资产类别编码是固定资产分类管理的基础和依据。本系统类别编码最多可设置(　　)。

A. 6 级 10 位　　B. 4 级 10 位　　C. 4 级 8 位　　D. 6 级 12 位

二、多项选择题(本题包括 31 个小题，每小题 2 分，共 62 分。在每小题给出的四个选项中，有两个或两个以上答案符合题目要求，请在答题卡相应位置用 2B 铅笔填涂相应答案代码。)

85. 下列各项中，属于利润表提供的信息是(　　)。

A. 实现的营业收入　　B. 发生的营业成本

C. 营业利润　　D. 企业的净利润或亏损总额

86. 下列关于外来原始凭证叙述正确的是(　　)。

A. 从企业外部取得　　B. 盖有填制单位公章

C. 一次凭证　　D. 由企业会计人员填制

87. 下列有关会计的说法中，正确的包括(　　)。

A. 本质上是一种经济管理活动　　B. 对经济活动进行核算和监督

C. 以货币为主要计量单位　　D. 核算特定主体的经济活动

88. 下列各项中属于非流动负债的有(　　)。

A. 应付债券　　B. 应付股利　　C. 长期股权投资　　D. 长期借款

89. 按报表的编制主体不同可以分为(　　)。

A. 静态会计报表　　B. 动态会计报表　　C. 个别会计报表　　D. 合并会计报表

90. 一般月末在贷方有余额的账户是(　　)。

A. 银行存款　　B. 固定资产　　C. 应付账款　　D. 长期借款

91. 登记明细分类账的依据是(　　)。

A. 付款凭证　　B. 收款凭证
C. 转账凭证　　D. 原始凭证或原始凭证汇总表

92. 下列各项中，收入按其性质不同有(　　)。
A. 销售商品收入　　B. 让渡资产使用权收入
C. 提供劳务收入　　D. 建造合同收入

93. 汇总记账凭证账务处理程序下，会计凭证除设置收款、付款、转账凭证外，还应设(　　)。
A. 汇总收款凭证　B. 汇总付款凭证　C. 汇总转账凭证　D. 科目汇总表

94. 下列计入材料采购成本的是(　　)。
A. 入库前的挑选整理费用　　B. 增值税
C. 国外进口货物应负担的进口关税　　D. 运输途中的合理损耗

95. 根据会计法律制度的规定，下列各项中，属于甲公司内部会计监督主体的有(　　)。
A. 甲公司债权人　B. 甲公司纪检部门　C. 甲公司会计机构　D. 甲公司会计人员

96. 根据会计法律制度的规定，下列各项中，属于不相容职务的有(　　)。
A. 授权批准与业务经办　　B. 业务经办与会计记录
C. 会计记录与财产保管　　D. 业务经办与稽核检查

97. 会计职业道德教育的内容是(　　)。
A. 会计职业道德观念教育　　B. 会计职业道德规范教育
C. 会计职业道德运用教育　　D. 会计职业道德警示教育

98. 根据支付结算法律制度的规定，下列账户中，可以支取现金的有(　　)。
A. 基本存款账户　　B. 临时存款账户
C. 一般存款账户　　D. 证券交易结算资金专用存款账户

99. 根据支付结算法律制度的规定，下列各项中，属于商业汇票持票人向银行办理贴现必须具备的条件有(　　)。
A. 票据未到期
B. 持票人与出票人或者直接前手之间具有真实的商品交易关系
C. 持票人是在银行开立存款账户的企业法人或者其他组织
D. 票据未记载“不得转让”事项

100. 据支付结算法律制度的规定，下列各项中，属于发卡银行追偿透支款项和诈骗款项的途径有(　)。
A. 向保证人追索透支款项　　B. 依法处理抵押物和质物
C. 通过司法机关的诉讼程序进行追偿　　D. 冻结持卡人银行账户

101. 根据税收征收管理法律制度的规定，下列各项中，属于税收法律关系主体的有(　　)。
A. 征税对象　B. 海关　C. 纳税人　D. 税务机关

102. 根据增值税法律制度的规定，下列关于增值税纳税地点的表述中，正确的有(　　)。
A. 进口货物，应当向报关地海关申报纳税
B. 其他个人租赁不动产，应在个人住所地税务机关申报纳税
C. 非固定业户销售货物，应当向销售地的税务机关申报纳税
D. 固定业户到外县(市)销售货物，应当向销售地税务机关申报纳税

103. 丰龙酒厂主要从事白酒生产销售业务。该酒厂销售白酒收取的下列款项中，应并入

(　　)145. 存款人撤销银行结算账户，必须与开户银行核对银行结算账户存款余额，交回各种重要空白票据及结算凭证和开户许可证(不含取消企业银行账户许可之后无开户许可证的企业)，银行核对无误后方可办理销户手续。

(　　)146. 持票人行使追索权，必须按照票据债务人的先后顺序对其行使追索权。

(　　)147. 现金转账属于信用卡预借现金业务之一。

(　　)148. 委托收款以单位为付款人的，付款人应于接到银行通知的当日书面通知银行付款，付款人未在接到通知日的次日起 3 日内通知银行付款的，视同付款人拒绝付款。

(　　)149. 纳税人以 1 个月或者 1 个季度为 1 个纳税期的，应于每季度或月度最后 15 日内申报纳税。

(　　)150. 既用于不允许抵扣项目又用于允许抵扣项目的固定资产，该进项税额准予全部抵扣。

(　　)151. 卷烟厂将自产的烟丝用于连续生产卷烟，应当缴纳消费税。

(　　)152. 在中国境内有住所，或者无住所而一个纳税年度内在境内居住累计满 183 天的个人，属于我国个人所得税的居民纳税人。

(　　)153. 税收滞纳金、罚金、罚款和被没收财物的损失可以在计算企业所得税时扣除。

(　　)154. 纳税人申报的计税依据明显偏低，又无正当理由的，税务机关有权核定其应纳税额。

(　　)155. 纳税人因住所、经营地点变动，涉及改变税务登记机关的，应办理变更税务登记。

(　　)156. 纳税人欠税的，由税务机关追缴欠缴的税款、滞纳金，并处欠缴税款 1 倍以上 5 倍以下的罚款；构成犯罪的，依法追究刑事责任。

(　　)157. 根据税收征收管理法律制度的规定，纳税主体的权利包括对未出示税务检查证和税务检查通知书的拒绝检查权。

(　　)158. 电子会计档案的销毁还应当符合国家有关电子档案的规定，并由单位档案管理机构和会计管理机构共同派员监销。

(　　)159.《企业会计信息化工作规范》规定会计软件允许重新打开已结账会计期间补充记账。

(　　)160. 为了使用者的方便，会计软件的界面可以使用外国文字，处理过程使用中文。

(　　)161. 在用友 T3 环境下，系统管理员和账套主管都具有启用总账系统的权限。

(　　)162. 在用友 T3 环境下，会计科目录入期初余额后，只能增加同级科目，不能再增加下级科目。

(　　)163. 在总账系统中，采用自定义转账分录生成机制凭证前，需要将本月发生的经济业务做成凭证即可，无须记账。

(　　)164. 在用友 T3 环境下，当会计科目的余额或发生额不为零时，不能对此会计科目的余额方向进行修改。

(　　)165. 在总账系统中设置对应结转自动转账分录时，对应结转的科目必须为末级科目，且其科目结构和辅助账类必须一致。

(　　)166. 在用友 T3 环境下，只能涉及指定为现金总账科目和银行总账科目的凭证才需要出纳签字。

(　　)167. 在总账系统中，期初余额试算不平衡时，可以填制凭证，但不能执行记账功能。

(　　)168. 在总账系统“支票登记簿”中，已报销的支票由系统自动写上报销日期作为已报销的标志，该项标志不可取消。

(　　)169. 在用友 T3 总账系统，已经出纳签字的记账凭证出现错误时，必须由签字本人取消签字，交由制证人员修改，其他人无权取消签字。

(　　)170. 在 UFO 报表中，欲查找某一时间的损益表数据，需要在格式状态下进行查询。

(　　)171. 在格式状态下录入了数据的单元，都是字符单元。

(　　)172. 在固定资产系统中，为增减方式设置了对应入账科目，当固定资产发生增减变动时，系统生成凭证时默认采用这些科目。

(　　)173. 在总账系统中，已作废的凭证不能审核，也不参与记账，在账簿查询时，查不到作废凭证的数据。

(　　)174. 工资项目定义的项目名必须与公式中的项目名称始终保持一致。

(　　)175. 月末，企业要对各部门、各类人员的工资等费用进行分配核算，并对各部门人员的工资进行工资费用和其他费用的分配，编制会计分录。

四、不定项选择题(本题包括 17 个小题，每小题 2 分，共 34 分。在每小题给出的四个选项中，有一个或一个以上答案符合题目要求，请在答题卡相应位置用 2B 铅笔填涂相应答案代码。)

(一)

甲企业为大型国有企业，白某为甲企业总会计师，白某取得会计师任职资格后，主管甲企业财务会计工作已满 4 年。

2023 年 2 月，甲企业出纳人员张某离职。张某与接替其工作的王某办理了会计工作交接。

2023 年 3 月，甲企业一批会计档案保管期满，其中有尚未结清的债权债务会计凭证。甲企业档案管理机构请会计机构负责人赵某及相关人员在会计档案销毁清册上签署意见后，将该批会计档案全部销毁。

甲企业 2022 年度亏损 50 万元，甲企业厂长杨某授意会计人员赵某采取伪造会计凭证等手段调整企业的财务会计报告，将本年利润调整为盈利 80 万元，赵某拒绝执行。厂长杨某遂将赵某调离会计岗位。

要求：根据上述资料，分析回答下列 176-179 题。

176. 关于总会计师的设置，下列说法中正确的是(　　)。

A. 甲企业必须设置总会计师　　B. 甲企业可以不设置总会计师

C. 总会计师是会计机构负责人　　D. 总会计师是单位行政领导成员

177. 有关会计人员张某与王某交接会计工作的下列说法中，正确的是(　　)。

A. 张某应按移交清册逐项移交，王某应逐项核对点收

B. 应由会计机构负责人赵某监交

C. 移交完毕，张某与王某以及监交人应在移交清册上签名或盖章

D. 移交完毕，王某可自行另立新账进行会计记录

178. 有关甲公司销毁会计档案的下列说法中，正确的是(　　)。

A. 会计档案鉴定工作由单位会计机构牵头

本电脑使用年限更改为10年。

(5) 2023年2月26日提取折旧。

(6) 2023年2月28日，因使用不当造成一台笔记本电脑毁损。

要求：根据上述资料分析回答下列188~192题。

188. 以上业务中属于日常业务处理的有(   )。

A. 录入购入机器设备卡片　　B. 录入购入打印机卡片

C. 笔记本电脑使用年限调整　　D. 笔记本电脑毁损

189. 以下说法正确的有(   )。

A. 机器设备原值的调整当月有效　　B. 笔记本电脑使用年限的调整当月有效

C. 机器设备原值的调整下月有效　　D. 笔记本电脑使用年限的调整下月有效

190. 2月发现某固定资产卡片有误，可以删除的卡片有(   )。

A. 机器设备卡片　　B. 笔记本电脑卡片　　C. 打印机卡片　　D. 全部能删除

191. 如果将第190题有误的固定资产卡片删除，关于固定资产卡片编号的说法，错误的有(   )。

A. 卡片编号由系统根据初始化时定义的编码方案自动设定，不能修改

B. 如果删除的卡片不是最后一张，系统将保留空号

C. 如果删除的卡片不是最后一张，后面的卡片将自动补齐编号

D. 以上说法全部错误

192. 提取固定资产折旧后，需要进行折旧分配，形成折旧费用，系统会自动生成(   )。

A. 折旧清单　　B. 折旧分配表　　C. 折旧分析表　　D. 折旧统计表

中等职业学校对口升学财经专业理论测试

全真模拟试卷(十五)

一、单项选择题(本题包括84个小题，每小题1分，共84分。在每小题给出的四个选项中，只有一个符合题目要求，请在答题卡相应位置用2B铅笔填涂相应答案代码。)

1. 不需要进行会计核算的经济业务事项是(　　)。

A. 从银行提取现金　B. 进行商务谈判　C. 收取销售订金　D. 结算销售货款

2. 会计工作岗位应视企业规模大小和业务繁简情况而定，不可以(　　)。

A. 一人一岗　B. 一岗多人　C. 一人多岗　D. 多岗多人

3. 某企业月初资产总额为1000万元。本月发生以下业务：(1)向银行借款100万元存入银行；(2)用银行存款偿还应付账款50万元。月末权益总额为(　　)万元。

A. 1150　B. 1050　C. 1000　D. 1100

4. 下列关于复式记账法的表述，正确的是(　　)。

A. 以“收入-费用=利润”作为记账的理论依据

B. 不能全面系统地反映各会计要素的增减变动情况以及经济业务的来龙去脉

C. 对于发生的每一项经济业务，都要以相等的金额在两个或两个以上相互联系的账户中进行登记

D. 不能对账户记录的结果进行试算平衡

5. 下列各项中，符合收入要素定义的是(　　)。

A. 出租房屋的租金收入　B. 接受捐赠收到的现金

C. 罚款收入　D. 出售自用房产的收入

6. 公司某月初资产总额700万元，负债总额400万元，当月接受投资者投资50万元，偿还银行借款80万元，则该月末所有者权益总额为(　　)万元。

A. 270　B. 670　C. 350　D. 730

7. 下列账户中属于损益类的是(　　)。

A. 生产成本　B. 制造费用　C. 主营业务成本　D. 本年利润

8. 下列说法中错误的是(　　)。

A. 财会人员的薪酬应计入财务费用

B. 行政人员的薪酬应计入管理费用

C. 行政办公费应计入管理费用

D. 推销广告费应计入销售费用

9. 公司原材料总账的本期借方发生额为280000元，贷方发生额为230000元，其所属的三个明细分类账中，甲材料明细账本期借方发生额为80000元，贷方发生额为60000元；乙材料明细账借方发生额为130000元，贷方发生额为140000元；丙材料明细账的期初余额为18000元，则丙材料明细账的期末余额为(　　)元。

B. 企业财务报表可以为年度、半年度、季度或月度财务报表

C. 财务报表至少应当包括资产负债表、利润表、现金流量表、所有者权益变动表以及附注，即“四表一注”

D. 财务会计报告就是指财务报表

29. 财务报表某项目的省略或错报会影响使用者据此做出不同经济决策的，是指该项目具有(　　)。

A. 一致性　　B. 重要性　　C. 可比性　　D. 及时性

30. 对移交本单位档案机构保管的会计档案，需要拆封重新整理的，应由经办人和(　　)同时参与，以分清责任。

A. 单位负责人　　B. 经办人

C. 会计机构　　D. 本单位档案机构

31. 根据会计法律制度的规定，下列关于会计专业技术人员的表述中，正确的是(　　)。

A. 具有会计专业技术资格的，应当自取得资格次年开始参加继续教育

B. 用人单位不得将参加继续教育情况作为会计专业技术人员岗位聘用的依据

C. 每年参加继续教育应取得不少于 120 学分

D. 参加继续教育当年度取得的学分可以结转以后年度

32. 根据会计法律制度的规定，下列各项中，不属于企业财务会计报告组成部分的是(　　)。

A. 年度财务预算　　B. 财务情况说明书　　C. 会计报表附注　　D. 会计报表

33. 根据会计法律制度的规定，下列各项会计档案需要定期保管的是(　　)。

A. 会计档案保管清册　　B. 原始凭证

C. 会计档案鉴定意见书　　D. 年度财务报告

34. 根据会计法律制度的规定，下列关于原始凭证的说法中，错误的是(　　)。

A. 原始凭证日期错误，出具单位不得直接涂改

B. 原始凭证金额有错误的，可以由出具单位更正，在更正处加盖出具单位印章

C. 会计人员对记载不真实的原始凭证有权不予接受

D. 原始凭证记载内容有错误的，应当由出具单位重开或者更正，并在更正处加盖单位印章

35. 根据会计法律制度的规定，下列关于申请代理记账资格的机构需要具备的条件中，说法错误的有(　　)。

A. 有健全的代理记账业务内部规范

B. 依法设立

C. 专职从业人员不少于 5 名

D. 主管代理记账业务的负责人具有会计师以上专业技术职务资格或者从事会计工作不少于 3 年，且为专职从业人员

36. 授意、指使、强令会计机构、会计人员及其他人员伪造、变造会计凭证、会计账簿，编制虚假财务会计报告或者隐匿、故意销毁依法应当保存的会计凭证、会计账簿、财务会计报告，尚不构成犯罪的，可以处(　　)。

A. 5000 元以上 5 万元以下的罚款　　B. 3000 元以上 5 万元以下的罚款

C. 5000 元以上 10 万元以下的罚款　　D. 3000 元以上 10 万元以下的罚款

37. (　　)是指从业人员在办理事情处理问题时，要站在公正的立场上，按照同一标准和同一原则办事的职业道德规范。

A. 爱岗敬业　　B. 诚实守信　　C. 客观公正　　D. 服务群众

38. 会计行业组织对会计人员遵守职业道德规范情况进行检查，并根据检查结果进行表彰或惩戒，这种机制属于(　　)。

A. 服务机构　　B. 法律机制　　C. 自律机制　　D. 政府监督

39. 张某为 A 市人民政府环境保护局的财务人员，2023 年 6 月 5 日，持有关资料到 P 银行申请开立基本存款账户，该账户正式开立之日为(　　)。

A. P 银行报送开户资料至中国人民银行当地分支机构之日

B. P 银行受理该账户开户申请之日

C. 中国人民银行当地分支机构对该账户核准之日

D. P 银行办理该账户开户手续之日

40. 下列款项结算中，可以使用填明“现金”字样的银行汇票的是(　　)。

A. 尉某向丁公司支付装修款 15 万元

B. 赵某向钱某支付购房款 20 万元

C. 丙公司向孙某支付劳务费 15 万元

D. 甲公司向乙公司支付材料款 20 万元

41. 根据支付结算法律制度的规定，临时存款账户的有效期最长不得超过一定期限，该期限为(　　)。

A. 1 年　　B. 10 年　　C. 5 年　　D. 2 年

42. 根据支付结算法律制度的规定，持票人对支票出票人的权利时效，自(　　)。

A. 出票日起 6 个月　　B. 票据到期日起 3 个月

C. 被拒绝付款之日起 6 个月　　D. 提示付款之日起 3 个月

43. 根据支付结算法律制度的规定，个人银行结算账户Ⅲ类户任一时点账户余额不得超过(　　)元。

A. 1000　　B. 2000　　C. 3000　　D. 400

44. 根据支付结算法律制度的规定，下列银行卡说法中正确的有(　　)。

A. 应业务需要，可临时将单位的款项转入个人卡账户

B. 信用卡持卡人通过 ATM 机等自助机具办理现金提取业务，每卡每日累计不得超过人民币 2 万元

C. 贷记卡持卡人预借现金可享受免息还款期和最低还款额待遇

D. 发卡机构对向持卡人收取的违约金不得计收利息

45. 根据支付结算法律制度的规定，下列网上银行的功能中，不属于企业网上银行功能的有(　　)。

A. B2C 网上支付　　B. 账户信息查询　　C. 批量支付　　D. 支付指令

46. 2023 年 10 月 5 日，甲公司与乙超市签订一份房屋租赁合同，10 月 15 日收到乙超市

D. 只能使用最末级会计科目制单

60. 下列关于凭证处理的说法，错误的是(　　)。

A. 已经签字的记账凭证出现错误时，必须由签字本人取消签字，交由制单人员修改，其他人无权取消签字

B. 如果不想保留作废凭证，可以通过“整理凭证”功能，将其彻底删除，并对未记账凭证重新编号

C. 总账管理系统进行账簿查询时，查不到作废凭证的数据

D. 只能删除最后一张未审核的记账凭证，确保凭证号的连续性

61. 下列关于建立账套时，账套信息说法正确的是(　　)。

A. 账套名称是区分不同账套的唯一标识

B. 账套名称是新建账套的名称，用户必须输入，但必须输入该核算单位的全称

C. 账套路径是用来输入新建账套所要被放置的路径，系统预先设置了默认路径，但可以修改

D. 启用会计期是用来输入新建账套将被启用的时间，具体到“日”，用户必须输入

62. 在用友 T3 软件中设置凭证类别时，往往对所使用的科目有一定的限制，如转账凭证，通常可以限定为(　　)。

A. 凭证必无“库存现金”科目或“银行存款”科目

B. 凭证必有“库存现金”科目或“银行存款”科目

C. 凭证必有“银行存款”科目

D. 借方必有“库存现金”科目或“银行存款”科目

63. 会计软件将所有对会计核算结果可能形成影响的用户操作记录下来，包括对核算结果有直接影响的数据录入、修改、插入、删除，对核算工作所依赖的基础数据的维护。这体现了会计软件的(　　)。

A. 正确性　　B. 安全性　　C. 可查询性　　D. 完整性

64. 下列关于外商投资企业使用的境外投资者指定的会计软件或跨国集团统一部署的会计软件表述中，不正确的是(　　)。

A. 应当保障外商投资企业按照国家统一会计准则制度开展会计核算

B. 应当提供符合国家统一会计准则制度的会计科目分类和编码功能

C. 应当提供符合国家统一会计准则制度的会计凭证、账簿和报表的显示和打印功能

D. 应当提供可逆的记账功能

65. 在用友 T3 环境下，操作员的权限有的在系统管理模块进行设置，有的在总账系统中进行设置，下列选项中，应在总账管理模块设置的权限有(　　)。

A. 审核凭证　　B. 填制凭证

C. 出纳签字　　D. 明细账科目权限设置

66. 下列关于用友 T3 总账管理系统期初余额的说法，不正确的是(　　)。

A. 只能录入末级科目的余额，非末级科目的余额由系统自动汇总填入

B. 若期初余额试算不平衡，则不能在总账系统填制凭证

C. 若某科目设置为外币核算科目，应先录入本币余额，再录入外币余额

D. 录入有辅助核算的科目余额时，先录入辅助核算的详细余额，然后会计科目的余额自动生成

67. 下列(　　)业务适用自定义转账设置。

A. 管理费用的结转　　B. 销售收入的结转

C. 制造费用的结转　　D. 销售成本结转

68. 下列关于总账系统凭证修改的说法，不正确的有(　　)。

A. 对未审核的凭证或者标错的凭证，可以直接修改

B. 已经通过审核的凭证出现错误，可以直接由制单人员修改

C. 已记账的凭证金额错误不能直接修改，只能采用红字冲销法或补充更正法进行更正

D. 在总账系统参数设置中勾选了允许修改他人凭证的选项，则可修改他人填制的凭证

69. 在用友 T3 环境下，关于关键字的说法，错误的是(　　)。

A. 关键字是游离于单元之外的特殊数据单元，可以唯一标识一个表页

B. 在格式状态下设置关键字，在数据状态下录入关键字的值

C. 每个报表可以定义多个关键字，但每个单元只能设置一个关键字

D. 关键字向左偏移写负数，向右偏移写正数

70. 在工资管理系统中，以下操作必须在打开工资类别的情况下才能进行的是(　　)。

A. 汇总工资类别　　B. 修改工资项目

C. 新建工资类别　　D. 增加人员档案

71. 在工资管理系统中，下列有关人员类别说法不正确的是(　　)。

A. 人员类别与工资费用的分配、分摊有关

B. 用户应根据实际情况和职工性质，设置不同的人员类别

C. 一般生产人员和车间管理人员的工资分配计入“生产成本”

D. 一般经理人员和管理人员工资分配计入“管理费用”

72. 在用友 T3 报表系统中，B2＝C5@1 这个公式的意思是(　　)。

A. 当前页 B2 单元取当前页 C5 单元的值

B. 当前表第一页 B2 单元取当前页 C5 单元的值

C. 当前页 B2 单元取当前表第一页 C5 单元的值

D. 以上均不正确

73. 在用友 T3 环境下，关于报表管理系统说法正确的是(　　)。

A. 报表中行号用字母 A-IU 表示，列标用数字 1-9999 表示

B. 组成报表的最小单位是单元

C. 在一个报表文件中，不同表页可以生成不同格式的财务报表

D. 不同报表之间不能进行数据的传递

74. 在工资管理系统中，下列关于人员档案的说法，错误的是(　　)。

A. 人员档案用来登记工资发放人员的编码、姓名、所在部门及账号等信息

B. 人员档案一旦设置完成后，人员编码不允许修改

C. 在人员档案修改界面，单击“数据档案”按钮，可直接关联到工资数据录入页签

A. 会计档案保管　　B. 稽核

C. 收入费用账目的登记工作　　D. 债权债务账目的登记工作

97. 下列有关会计职业道德“廉洁自律”的表述中，正确的有(　　)。

A. 自律的核心就是自觉地抵制自己的任何欲望

B. 廉洁自律是会计职业道德的内在要求

C. 只有自身廉洁自律，才能抵制他人的不法行为

D. 不能做到廉洁自律，也就很难做到客观公正和坚持准则

98. 根据支付结算法律制度的规定，下列各项中，属于变造票据的行为有(　　)。

A. 涂改出票金额

B. 假冒他人在票据上签章

C. 原记载人更改付款人名称并在更改处签章证明

D. 剪接票据非法改变票据记载事项

99. 2023 年 8 月，甲公司在 A 银行开立基本存款账户。甲公司申请开立下列银行结算账户时，应提供基本存款账户编号的有(　　)。

A. 因借款在 B 银行开立一般存款账户

B. 因异地临时经营在 C 银行开立临时存款账户

C. 因产能升级在 D 银行开立技术改造专用存款账户

D. 因套期保值在 E 银行开立期货交易保证金账户

100. 根据支付结算法律制度的规定，下列表述中，正确的有(　　)。

A. 票据债务人可以以自己与出票人或者与持票人的前手之间的抗辩事由，对抗持票人

B. 付款人依法足额付款后，全体票据债务人的票据责任解除

C. 持票人委托的收款银行的责任，应当按照票据上记载事项将票据金额转入持票人账户

D. 付款人委托的付款银行的责任，按照票据上记载事项从付款人账户支付票据金额，不必审查背书是否连续

101. 下列个人取得的所得中，应按照“特许权使用费所得”项目缴纳个人所得税的有(　　)。

A. 许某许可剧组使用其撰写的小说取得的所得

B. 王某许可甲公司使用其拥有的专利取得的所得

C. 黄某许可李某租用其房屋取得的所得

D. 张某许可乙企业使用其拥有的注册商标取得的所得

102. 根据增值税法律制度的规定，下列各项中属于增值税免税项目的有(　　)。

A. 除个体工商户以外的其他个人销售自己使用过的物品

B. 古旧图书

C. 直接用于科学研究的进口设备

D. 农业生产者销售的自产农产品

103. 根据企业所得税法律制度的规定，企业缴纳的下列费用中，在计算企业所得税应纳

税所得额时准予扣除的有(　　)。

A. 按规定为企业缴纳的财产保险费

B. 为因公出差乘坐交通工具的职工缴纳的人身意外保险费

C. 为董事长缴纳的商业养老分红型保险费

D. 为特殊工种职工支付的人身安全保险费

104. 根据消费税法律制度的规定，下列关于消费税纳税地点的表述中，正确的有(　　)。

A. 进口的应税消费品，由进口人或者其代理人向报关地海关申报纳税

B. 委托加工的应税消费品，均由受托方向机构所在地或者居住地的主管税务机关解缴消费税税款

C. 纳税人到外县销售自产应税消费品的，于应税消费品销售后，向机构所在地或者居住地主管税务机关申报纳税

D. 纳税人的总机构与分支机构不在同一县(市)的，应当分别向各自机构所在地的主管税务机关申报纳税

105. 根据税收征收管理法律制度的规定，下列关于纳税申报的表述中，正确的有(　　)。

A. 纳税人享受免税待遇的，在免税期间，不需要办理纳税申报

B. 纳税人因不可抗力不能按期办理纳税申报，可以延期办理

C. 纳税人在纳税期内没有应纳税款的，不需要办理纳税申报

D. 纳税人在破产程序中如发生应税情形，应按规定申报纳税

106. 根据税收征收管理法律制度的规定，下列税务机关进行税务检查的说法中，正确的有(　　)。

A. 税务机关派出人员进行税务检查时，有责任为被检查人员保守秘密

B. 税务机关在调查税收违法案件时，经县级以上税务局(分局)局长批准，可以查询案件涉嫌人员的储蓄存款

C. 税务机关派出的人员进行税务检查时，未出示税务检查证和税务检查通知书的，被检查人有权拒绝检查

D. 税务机关调查税务违法案件时，对与案件有关的情况和资料，可以记录、录音、录像、照相，但不得复制

107. 下列描述中，属于确保电子档案安全的是(　　)。

A. 形成的电子会计资料不属于具有永久保存价值或者其他重要保存价值的会计档案

B. 采取有效措施，防止电子会计档案被篡改

C. 建立电子会计档案备份制度，能有效防范自然灾害、意外事故和人为破坏的影响

D. 形成的电子会计资料来源真实有效，由计算机等电子设备形成和传输

108. 在工资管理系统中，导致月末无法进行反结账的原因有(　　)。

A. 总账管理系统已结账

B. 已进行了工资类别汇总

(　　)133. 企业行政管理部门领用原材料，应按原材料的实际成本记入“生产成本”账户。

(　　)134. 总分类账户既要提供货币核算指标，又要提供实物数量指标。

(　　)135. 短期借款的利息既可计入财务费用，也可计入管理费用。

(　　)136. 销售商品一批，部分货款收回，另有部分货款尚未收回，若本企业采用专用记账凭证记录经济业务，应填制收款凭证和转账凭证。

(　　)137. 账簿中书写文字和数字应紧靠底线，上面要留有适当的空格，不要写满格，一般应占格距的1/2。

(　　)138. 会计机构负责人(会计主管人员)办理交接手续时，由单位负责人监交，必要时，主管单位可以派人会同监交。

(　　)139. 单位应当定期对已到保管期限的会计档案进行鉴定，对保管期已满的会计档案应当按照法定程序全部销毁。

(　　)140. 企业可根据自身实际情况，自行选择会计年度的起始日期，并报备有关部门批准。

(　　)141. 从事会计工作 2 年且具有助理会计师专业技术资格人员，可担任单位会计机构负责人。

(　　)142. 岗前职业道德教育是指对将要从事会计职业的人员进行的道德教育。

(　　)143. 会计职业道德与会计法律制度的作用范围不同，其仅调整会计人员内在的精神世界。

(　　)144. 信用卡透支利率由发卡机构与持卡人自主协商确定。

(　　)145. 支票的出票人可以在支票上记载自己为收款人。

(　　)146. 手机近端支付属于线上支付。

(　　)147. 银行本票由银行出票，持票人需向出票银行提示付款。

(　　)148. 国内信用证付款期限最长不超过 2 年。

(　　)149. 增值税纳税人兼营免税、减税项目的，应当分别核算免税、减税项目的销售额；未分别核算，不得免税、减税。

(　　)150. 每辆零售价格为 130 万元(含增值税)及以上的乘用车和中轻型商用客车需要在零售环节加征一道消费税。

(　　)151. 企业从事的符合条件的环境保护、节能节水项目的所得，自项目取得第 1 笔生产经营收入所属纳税年度起，第 1 年至第 3 年免征企业所得税，第 4 年至第 6 年减半征收企业所得税。

(　　)152. 中国居民白某，在境外工作，只就来源于中国境外的所得征收个人所得税。

(　　)153. 烟草批发企业将卷烟销售给其他烟草批发企业的，不缴纳消费税。

(　　)154. 自 2023 年 1 月 1 日起，3 岁以下婴幼儿照护专项附加扣除标准由每个婴幼儿每月 1000 元提高到 2000 元。

(　　)155. 税款征收方式中查定征收方式适用于纳税人财务制度不健全，生产经营不固定，零星分散、流动性大的税源。

(　　)156. 纳税人有骗税行为，由税务机关追缴其骗取的退税款，并处骗取税款 50%以

上3倍以下的罚款，构成犯罪的，依法追究刑事责任。

(　　)157. 从事生产、经营的纳税人应当自领取税务登记证件之日起15日内，将其财务、会计制度或者财务、会计处理办法报送主管税务机关备案。

(　　)158. 在用友T3总账系统中，进行月末转账之前，必须将所有未记账凭证全部记账，否则生成的转账凭证中的数据就可能不准确。

(　　)159. 在用友T3软件中，可根据需要随时更改会计科目辅助账设置。

(　　)160. 若某科目为其他系统的受控科目，则一般只允许其受控系统来使用该科目制单，总账系统是不能使用此科目进行制单的。

(　　)161. 在用友T3固定资产系统为增减方式设置对应入账科目，当固定资产发生增减变动时，系统生成凭证时会默认采用这些科目，且不能修改。

(　　)162. 在用友T3固定资产系统，系统预置了三种一级使用状况，用户可以再自行增加其他一级使用状况。

(　　)163. 根据《会计档案管理办法》规定，单位从外部接收的电子会计资料，如果附有符合《中华人民共和国电子签名法》规定的电子签名可仅以电子形式保存并形成电子会计档案。

(　　)164. 一个会计软件通常允许同时建立多个账套，分别代表不同的会计主体。账套与账套之间数据是有联系的，不是独立的。

(　　)165. 在总账管理系统，对有些不合法的凭证可以由制单人或者是具有作废权限的操作人员将其作废，凭证作废后不能修改和审核，也不能参与记账。

(　　)166. 在用友T3总账管理系统，上月未结账时，本月也可以填制凭证并完成记账，即可以进行跨月记账。

(　　)167. 用友T3财务报表在数据状态下，既能修改报表的格式，也能修改报表的数据。

(　　)168. 工资项目设置的功能主要用于定义工资项目的名称、类型、长度等信息，用户可根据需要自由设置基本工资、岗位工资、实发合计等工资项目。

(　　)169. 工资系统生成的凭证如果在总账系统进行了记账处理，那么在工资系统也不能直接修改、删除，应执行“冲销”命令，将错误凭证冲销，然后再重新分摊生成正确的记账凭证。

(　　)170. 在工资管理系统，工资类别汇总功能既适用于单工资类别，也适用于多工资类别。

(　　)171. 在用友T3固定资产系统，如果要减少的资产较多并且有共同特点，则通过单击“条件”按钮输入相应的查询条件，将符合条件的固定资产挑选出来进行批量减少操作。

(　　)172.《企业会计信息化工作规范》第二章“会计软件和服务”主要从保障国家统一会计准则制度的执行，便于会计监督的角度对会计软件应当和不得提供的功能进行了规定，企业自行开发的会计软件可以不遵循这些规定。

(　　)173. 根据《企业会计信息化工作规范》，代理企业开展会计核算工作的代理记账机构，负有与企业同等的责任与义务。

(3) 3 月转让从公开发行市场购入的上市公司股票5000股，取得股票转让所得150000元。

(4) 4 月在甲商场累计消费达到规定额度获得额外抽奖机会抽中价值5000元的手机一部。

(5) 5 月获得保险赔款40000元。

假设冯某2022年度其他收入及相关情况如下：

(1) 工资、薪金收入200000元，专项扣除50000元。

(2) 劳务报酬收入9000元，稿酬收入6000元。

(3) 从其投资的乙合伙企业分回红利，乙合伙企业年度收入总额为900000元，发生成本、费用以及损失600000元，按照合伙协议的约定，对冯某的分配比例为60%。

已知：个人将购买不足2年的住房对外销售的，按照5%的征收率全额缴纳增值税；不考虑专项附加扣除以及依法确定的其他扣除。

个人所得税税率表(综合所得适用)

级数	全年应纳税所得额	税率/%	速算扣除数/元
1	不超过36000元的部分	3	0
2	超过3600元至144000元的部分	10	2520
……	……	……	

个人所得税税率表(经营所得适用)

级数	全年应纳税所得额	税率/%	速算扣除数/元
1	不超过30000元的部分	5	0
2	超过30000元至90000元的部分	10	1500
3	超过90000元至300000元的部分	20	10500
4	超过300000元至500000元的部分	30	40500
5	超过50000元的部分	35	65500

要求：根据上述资料，分析回答下列184~187题。

184. 计算冯某1月转让住房应缴纳增值税税额、个人所得税税额的下列算式中，正确的是(　　)。

A. 应缴纳增值税税额=1995000÷(1+5%)×5%

B. 应缴纳增值税税额=(1995000-1760000)÷(1+5%)×5%

C. 应缴纳个人所得税税额=[1995000÷(1+5%)-1760000-20000]×20%

D. 应缴纳个人所得税税额=(1995000-1760000-20000)×20%

185. 计冯某的下列所得中，不缴纳个人所得税的是(　　)。

A. 获得的保险赔款40000元

B. 抽中价值5000元的手机一部

C. 区(县)级环境保护方面的奖金20000元

D. 股票转让所得150000元

186. 计算冯某2022年综合所得应缴纳个人所得税税额的下列算式中，正确的是(　　)。

A. (200000−60000−50000)×10%−2520+9000×(1−20%)×3%+6000×70%×3%

B. (200000−60000−50000)×10%−2520+9000×(1−20%)×3%+6000×(1−20%)×70%×3%

C. [200000+9000×(1−20%)+6000×(1−20%)×70%−60000−50000]×10%−2520

D. (200000+9000+6000×70%−60000−50000)×10%−2520

187. 计算冯某2022年度经营所得应缴纳个人所得税税额的下列算式中，正确的是(　　)。

A. 900000×60%×35%−65500

B. (900000−600000−60000−40000)×60%×20%−10500

C. (900000−600000)×60%×20%−10500

D. (900000−600000−60000)×60%×20%−10500

(四)

小星星公司是一家童装生产企业集团，集团总部位于河北省石家庄市，在秦皇岛和邯郸分别设有两家工厂，并在全国按地理区域设立了18家销售子公司。自2022年2月起，小星星公司在集团范围内实施某会计集中核算软件，实现会计业务集中核算、资金集中管理，同时启用了总账、工资和固定资产模块供企业进行会计核算。

要求：根据上述资料分析回答下列188~192题。

188. 小星星公司将一办公用计算机折旧方法从平均年限法调整为双倍余额递减法，下列需要进行(　　)操作。

A. 直接修改固定资产卡片上相关信息

B. 制作折旧方法调整变动单

C. 制作累计折旧调整变动单

D. 制作净残值(率)调整变动单

189. 下列关于小星星公司负责会计信息化工作的主体，说法正确的是(　　)。

A. 该公司可把会计信息化工作交由代理记账机构

B. 该公司可指定会计部门或会计人员负责

C. 该公司可在会计部门、信息技术部门内部设立专门机构或岗位负责

D. 该公司企业可设置独立于会计部门和信息技术部门的专门部门负责

190. 下列关于小星星公司总账管理系统业务处理流程，错误的是(　　)。

A. 初始设置→出纳签字→审核凭证→记账

B. 填制凭证→审核凭证→修改凭证→记账

C. 填制凭证→出纳签字→作废凭证→记账

D. 记账→转账生成→记账→结账

191. 下列关于小星星公司总账管理系统月末结账功能说法正确的是(　　)。

A. 系统自动检查本月是否有未记账凭证，有未记账凭证时不能结账

B. 结账必须逐月进行，上月未结账则本月不能结账

C. 系统自动核对总账与明细账、总账与辅助账数据是否一致，不一致时不能结账

D. 若总账系统与薪资等其他子系统联合使用，则应先结总账系统，然后再结其他

中等职业学校对口升学考试全真模拟试卷

财经类专业(理论测试)

主　编◎常　虹　高　珊　毛玉凤
副主编◎刘明霞　赵文军　武艳红

中国石化出版社
HTTP://WWW.SINOPEC-PRESS.COM
中国经济出版社
CHINA ECONOMIC PUBLISHING HOUSE

内 容 提 要

为了帮助参加对口升学考试的广大考生在最后冲刺阶段体验高考实战情境，从而在高考中取得优异成绩，本书主编根据对口升学财经类专业新大纲、最新法律法规、会计准则和会计制度的要求，组织部分具有丰富经验的中等职业学校教师，精心编写了这套全真模拟试卷。

本套全真模拟试卷包括理论试卷15套，可供考生自我检查；试题知识覆盖面广，紧扣新要求，结合历届考试试题难度、题型特点和学科分值分配，有针对性地对学生得分能力进行强化测试，增强考生应考能力。

本套试卷可供中等职业学校财经类专业的学生学习和复习时使用，也可供高三年级学生对口高考总复习冲刺检测使用。

图书在版编目(CIP)数据

中等职业学校对口升学考试全真模拟试卷. 财经类专业. 理论测试 / 常虹，高珊，毛玉凤主编 .—北京：中国石化出版社，2023.11（2025.7 重印）
ISBN 978-7-5114-7348-6

Ⅰ.①中… Ⅱ.①常… ②高… ③毛… Ⅲ.①经济学-中等专业学校-习题集-升学参考资料 Ⅳ.①G718.3

中国国家版本馆 CIP 数据核字（2023）第 221231 号

中国石化出版社出版发行

地址:北京市东城区安定门外大街 58 号
邮编:100011 电话:(010)57512500
发行部电话:(010)57512575
http://www.sinopec-press.com
E-mail:press@sinopec.com
天津嘉恒印务有限公司印刷
全国各地新华书店经销

*

787 毫米×1092 毫米 8 开本 15.75 印张 227 千字
2023 年 12 月第 1 版 2025 年 7 月第 4 次印刷
定价:42.00 元

前　言

对口升学考试是中等职业学校毕业生进入高等院校继续深造的主要选拔方式。为了帮助参加对口升学考试的广大考生在最后冲刺阶段体验高考实战情境，从而在高考中取得优异成绩，我们根据新大纲的要求，组织部分具有丰富经验的中等职业学校教师，精心编写了这套全真模拟试卷。

本套理论全真模拟试卷共15套，可供考生自我检查；试题知识覆盖面广，紧扣新大纲，结合历届高考试题难度、题型特点和学科分值分配，有针对性地对学生得分能力进行强化测试，增强考生应考能力。

参与本套试卷编写的都是具有十年以上高考指导经验，或者多年参加对口升学财经专业考试命题和参与修订《普通高等学校对口招生财经类专业考试大纲》的教师，具有丰富教学经验，同时对对口升学高考题有深刻理解。

本套试卷可供中等职业学校三年级学生对口高考总复习冲刺检测使用，也可以为平时教学提供参考。

由于时间仓促，错误在所难免，敬请使用本套试题的各位老师和同学们提出宝贵意见，以便下次修订时予以更正完善。

编者

2023年9月

12. 出差人员报销差旅费时，应贷记(　　)账户。

A. 其他应收款　B. 管理费用　C. 财务费用　D. 制造费用

13. 从银行提取现金的业务，一般应编制(　　)。

A. 银行存款付款凭证　B. 银行存款收款凭证

C. 现金付款凭证　D. 现金收款凭证

14. 在一定时期内连续记录若干同类经济业务的会计凭证是(　　)。

A. 一次凭证　B. 累计凭证　C. 汇总凭证　D. 记账凭证

15. 下列各项属于自制原始凭证的是(　　)。

A. 银行汇票收账通知　B. 工资结算分配表

C. 付款时取得的收据　D. 运费单据

16. 原始凭证按照填制手续和方法不同分类时，限额领料单属于(　　)。

A. 汇总凭证　B. 一次凭证　C. 累计凭证　D. 外来凭证

17. 会计账簿是由一定格式账页组成的，以(　　)为依据，全面、系统、连续地记录各项交易或事项的簿籍。

A. 交易或事项　B. 会计制度和会计准则

C. 复式记账　D. 经过审核的会计凭证

18. 下列项目中，(　　)是连接会计凭证和会计报表的中间环节。

A. 复式记账　B. 设置会计科目和账户

C. 设置和登记账簿　D. 编制会计分录

19. 按照(　　)可以把账簿分为订本式账簿、活页式账簿和卡片式账簿。

A. 账户用途　B. 账页格式　C. 外表形式　D. 账簿的性质

20. 下列应该使用多栏式账簿的是(　　)。

A. 应收账款明细账　B. 管理费用明细账　C. 库存商品明细账　D. 原材料明细账

21. 库存现金的清查应采用(　　)。

A. 实地盘点法　B. 核对账目法　C. 询证法　D. 技术推算法

22. 银行存款的清查应采用(　　)。

A. 核对账目法　B. 技术推算法　C. 实地盘点法　D. 询证法

23. 银行存款的清查是将企业的(　　)与银行对账单进行核对。

A. 银行存款总账　B. 银行存款日记账

C. 库存现金总账　D. 库存现金日记账

24. 记账凭证账务处理程序下登记总分类账的根据是(　　)。

A. 记账凭证　B. 科目汇总表　C. 汇总记账凭证　D. 原始凭证

25. 科目汇总表的基本编制方法是(　　)。

A. 按照不同会计科目进行归类定期汇总　B. 按照相同会计科目进行归类定期汇总

C. 按照借方会计科目进行归类定期汇总　D. 按照贷方会计科目进行归类定期汇总

26. 最关心企业的盈利能力和利润分配政策的会计报表使用者是(　　)。

A. 政府机构　B. 债权人　C. 投资者　D. 企业职工

27. 最关心企业的偿债能力和支付利息能力的会计报表使用者是(　　)。

A. 投资者　B. 货物供应商　C. 企业职工　D. 债权人

28. 反映企业在某一会计期间经营成果的会计报表是(　　)。

A. 现金流量表　　B. 利润表
C. 资产负债表　　D. 所有者权益变动表

29. 我国企业资产负债表采用的格式是(　　)。
A. 报告式　　B. 账户式　　C. 多步式　　D. 单步式

30. 下列各项中，不属于会计档案的是(　　)。
A. 固定资产卡片账　　B. 企业财务计划
C. 银行存款余额调节表　　D. 辅助账簿

31. 下列各项会计法律制度中，由国务院制定的是(　　)。
A.《会计法》　　B.《总会计师条例》
C.《企业会计准则》　　D.《会计档案管理办法》

32. 下列人员中，(　　)应当对甲公司的会计工作和会计资料的真实性、完整性负责。
A. 甲公司的控股股东　　B. 甲公司的法定代表人
C. 甲公司的会计人员　　D. 甲公司的内部审计人员

33.《会计法》规定，构成会计资料的各项要素都必须齐全，以使会计资料如实、全面地记录和反映经济业务发生情况，便于会计资料使用者全面、准确地了解经济活动情况。此项规定主要是保证会计资料的(　　)。
A. 真实性　　B. 合法性　　C. 准确性　　D. 完整性

34. 根据会计法律制度规定，下列各项中，不属于会计核算内容的是(　　)。
A. 固定资产盘盈　　B. 合同的审核和签订
C. 无形资产的购入　　D. 货币资金的收入

35. 对记载不准确、不完整的原始凭证，会计人员应当(　　)。
A. 拒绝接受，并报告领导，要求查明原因
B. 应予以销毁，并报告领导，要求查明原因
C. 予以退回，并要求经办人员按规定进行更正、补充
D. 拒绝接受，且不能让经办人员进行更正、补充

36. 下列关于会计凭证的说法中，错误的是(　　)。
A. 结账的业务，记账凭证可以不附原始凭证
B. 更正错误，记账凭证可以不附原始凭证
C. 一张原始凭证所列的支出需要由两个以上的单位共同负担时，应当由保存该原始凭证的单位将该原始凭证的复印件给其他应负担的单位
D. 原始凭证上的各项内容均不得涂改

37. 某单位赵某担任出纳工作，按照会计法律制度的要求，下列赵某可以兼任的岗位是(　　)。
A. 会计档案保管　　B. 稽核
C. 工资核算　　D. 收入账目的登记

38. 下列各项中，属于代理记账机构的义务的是(　　)。
A. 及时提供真实、完整的原始凭证和其他相关资料
B. 配备专人负责日常货币收支和保管
C. 对在执行业务中知悉的商业秘密予以保密
D. 填制或取得符合国家统一的会计制度规定的原始凭证

费 200 元(均由郑某承担)。郑某中奖收入应缴纳的个人所得税税额是(　　)。

A. 0　　B. 10000×20%=2000(元)

C. (10000-50)×20%=1990(元)　　D. (10000-50-200)×20%=1950(元)

59. 在会计软件各模块中，账务处理模块与其他模块之间的数据传递关系表现为(　　)。

A. 单向接收型　B. 单向发送型　C. 双向传递型　D. 集中传递型

60. 以下属于会计软件功能分析的是(　　)。

A. 软件是否安全可靠　　B. 软件是否满足企业所在行业的需求

C. 软件性价比是否较高　　D. 软件维护是否及时

61.《企业会计信息化工作规范》的宗旨是(　　)。

A. 提高工作效率　　B. 减轻财务人员工作负担

C. 节约社会资源　　D. 推进会计工作发展

62. 会计软件的界面应当使用中文并且提供对(　　)处理的支持，可以同时提供外国或者少数民族文字界面对照和处理支持。

A. 英语　B. 中文　C. 韩语　D. 日语

63. 客户以远程访问、云计算等方式使用会计软件生成的电子会计资料归(　　)所有。

A. 客户　B. 国家　C. 财政部　D. 公安局

64. 企业(　　)在非涉密信息系统中存储、处理和传输涉及国家秘密，关系国家经济信息安全的电子会计资料。

A. 可以　　B. 不得

C. 有时候可以　　D. 以上选项都不正确

65. 在用友 T3 环境下，下列不属于在系统管理平台进行管理的内容是(　　)。

A. 账套管理　　B. 操作员管理

C. 会计科目管理　　D. 系统安全运行管理

66. 在用友 T3 环境下，关于账套恢复的说法，错误的是(　　)。

A. 当账套数据受到破坏时可以执行账套恢复

B. 恢复是一种倒退，即退到以前某一个时刻的状态

C. 恢复不必受控制，可以任意进行

D. 恢复后的账套就如备份前的账套一样，可以进行日常处理

67. 在用友 T3 环境下，指定科目是确定出纳的专管科目，其作用并不包括(　　)。

A. 指定“现金总账科目”和“银行总账科目”后，可以填制包含“库存现金”及“银行存款”科目的记账凭证

B. 指定“现金总账科目”和“银行总账科目”后可以查看资金日报

C. 指定“现金总账科目”和“银行总账科目”后可以进行出纳签字

D. 指定“现金总账科目”和“银行总账科目”后可以查询现金日记账和银行存款日记账

68. 在用友 T3 环境下，若在制单时想修改非本人填制的凭证，则需在总账管理系统中选择(　　)。

A. 允许查看他人填制凭证　　B. 允许使用其他系统受控科目

C. 制单权限控制到科目　　D. 允许修改、作废他人填制的凭证

69. 在用友 T3 总账管理系统中，只要有凭证审核权，就可以审核(　　)。

A. 自己输入的凭证　　B. 自己以外的其他人输入的凭证

C. 任何人输入的凭证　　D. 以上全部

70. 在用友 T3 总账管理系统中，已记账凭证的查询应通过(　　)界面进行。

A. 凭证/填制凭证　　B. 账表/科目账

C. 凭证/查询凭证　　D. 凭证/常用凭证

71. 在用友 T3 会计软件中，查询多栏账时，如果双击其中某一条记录，将会看到(　　)。

A. 明细账　　B. 总账

C. 此记录对应的凭证　　D. 科目余额表

72. 在用友 T3 总账管理系统中，银行存款日记账应通过(　　)查询。

A. "总账"|"账簿查询"|"日记账"　　B. "总账"|"辅助查询"|"日记账"

C. "现金"|"现金管理"|"日记账"　　D. "现金"|"现金管理"|"银行账"

73. 在用友 T3 总账管理系统中，月末恢复结账由(　　)负责完成。

A. 账套主管　　B. 系统管理员　　C. 记账会计　　D. 审核会计

74. 在用友 T3 报表管理系统中，尺寸定义的目的是(　　)。

A. 定义单元属性　　B. 确定报表的行数

C. 确定报表的列数　　D. 确定报表的行数和列数

75. 在用友 T3 报表管理系统中，(　　)用于报表数据进行进位或小数取整后调整数据，如将以"元"为单位的报表数据变成以"万元"为单位的报表数据，表中的平衡关系仍然成立。

A. 计算公式　　B. 审核公式　　C. 舍位平衡公式　　D. 单元公式

76. 下列选项中，不属于用友 T3 财务报表管理系统所具有的功能是(　　)。

A. 导入其他财务软件数据

B. 可管理多达 99999 张相同格式的报表表页

C. 制作 10 种图式的分析图表

D. 联查有关记账凭证

77. 在用友 T3 工资管理模块中，可将工资数据分成两大类，即基本不变数据和变动数据。以下数据属于基本不变数据的是(　　)。

A. 基本工资　　B. 实发合计　　C. 请假天数　　D. 扣款合计

78. 在用友 T3 环境下，账务处理系统与工资核算系统之间的数据应通过(　　)自动完成。

A. 软盘传送　　B. 报表传递　　C. 自动转账功能　　D. 自动转账凭证

79. 在用友 T3 环境下，工资数据处理结果最终通过(　　)的形式反映。

A. 工资凭证　　B. 工资项目　　C. 工资报表　　D. 工资分摊

80. 在用友 T3 工资管理系统中，如果修改了某些工资数据或重新设置了工资计算公式，需利用(　　)功能对工资数据进行重新计算，以保证工资数据的准确性。

A. 个人所得税计算　　B. 工资数据计算

C. 工资分摊　　D. 工资变动数据录入

81. 在用友 T3 固定资产管理系统的卡片中，能够唯一确定每项资产的数据项是(　　)。

A. 类别编号　　B. 规格型号　　C. 资产名称　　D. 资产编号

82. 在用友 T3 固定资产管理系统中，下列关于固定资产减少的说法中，不正确的是(　　)。

A. 对外投资是固定资产减少的一种方式　　B. 直接减少固定资产的价值

C. 需要输入固定资产减少卡片　　D. 说明减少方式

C. 财政预算外资金专户　　D. 临时存款账户

102. 根据税收法律制度的规定，以下关于增值税与消费税，说法正确的有(　　)。

A. 征收增值税的货物也一定征收消费税

B. 征收消费税的货物也一定征收增值税

C. 增值税是价外税，消费税是价内税

D. 两个税种都属于流转税类

103. 根据《企业所得税法》的规定，甲公司发生的支出，不得在企业所得税前扣除的有(　　)。

A. 因违反《环保法》而发生的罚款支出　　B. 向某活动拨付的赞助支出

C. 向关联企业的捐赠支出　　D. 因租赁设备而发生的租赁支出

104. 企业的下列支出，在计算企业所得税应纳税额时可以加计扣除的有(　　)。

A. 新技术、新产品、新工艺的研究开发费用

B. 职工的工资支出

C. 安置残疾人员就业的工资支出

D. 常年处于强震动状态下的固定资产折旧支出

105. 根据税收法律制度的规定，在计算个人所得税应纳税额时不得有任何扣除的项目有(　　)。

A. 特许权使用费所得　　B. 财产租赁所得

C. 利息、股息、红利所得　　D. 偶然所得

106. 根据税收征收管理法律制度的规定，税务机关需要对纳税人王某采取税收保全措施，以下财产适用税收保全的有(　　)。

A. 王某家庭唯一住房　　B. 王某家中的古玩字画

C. 王某的金银首饰　　D. 王某的小汽车

107. 下列选项中，属于会计信息系统构成要素的有(　　)。

A. 会计软件　　B. 键盘

C. 显示器　　D.《中华人民共和国会计法》

108. 根据《企业会计信息化工作规范》中相关规定，会计软件不得提供对已记账凭证的(　　)的修改功能。

A. 日期　　B. 金额　　C. 摘要　　D. 科目

109. 在用友 T3 环境下，下列各项中，属于建立账套时需要设置的信息有(　　)。

A. 账套号　　B. 记账本位币　　C. 企业名称　　D. 用户

110. 在用友 T3 总账管理系统"选项"中，不可修改的是(　　)。

A. 会计日历　　B. 制单序时控制　　C. 汇率方式　　D. 行业性质

111. 在用友 T3 总账管理系统中，结账主要包括计算和结转各账簿的(　　)。

A. 期初余额　　B. 借方发生额　　C. 贷方发生额　　D. 期末余额

112. 在用友 T3 总账管理系统中，个人往来余额表输出的余额表包括(　　)。

A. 个人科目余额表　　B. 个人部门余额表

C. 个人余额表　　D. 个人三栏式余额表

113. 在用友 T3 报表管理系统中，下列设置内容中，属于报表单元格格式的有(　　)。

A. 字体字号　　B. 边框样式　　C. 对齐方式　　D. 数字格式

114. 在用友 T3 环境下，下列选项中，属于工资管理模块功能的有(　　)。

A. 工资的核算　　B. 个人所得税计算

C. 工资费用的汇总和分摊　　D. 各岗位工资标准的制定

115. 在用友 T3 环境下，固定资产管理模块的主要功能包括(　　)。

A. 管理固定资产卡片　　B. 登记固定资产增减变动的情况

C. 固定资产账表信息查询　　D. 计算固定资产折旧

三、判断题(本题包括 60 个小题，每小题 1 分，共 60 分。请判断下列说法的对错，正确在答题卡上填涂代码"A"，错误在答题卡上填涂代码"B"。)

(　　)116. 按照编制主体不同，财务报表可分为内部报表和外部报表。

(　　)117. 在途物资账户属于资产类，用于企业采用计划成本进行材料、商品等物资的日常核算、货款已付尚未验收入库的在途物资的采购成本。

(　　)118. 存货的盘盈一般是收发计量错误所致，经批准冲减管理费用。

(　　)119. "长期股权投资"在资产负债表中属于非流动资产项目。

(　　)120. 利润表中的"本期金额"反映各项目的本期实际发生额，应根据收入类、费用类账户的本期实际净额填列。

(　　)121. 预付账款的期初余额在贷方，期末余额在借方，则表明该账户性质从期初资产变为期末的负债。

(　　)122. 正确填制和审核会计凭证，是会计核算的基本方法之一，也是会计核算工作的起点和基本环节。

(　　)123. 卡片式账簿的优点是可以根据经济业务的特点，选择和设计相应的格式和结构，记载内容更具体详细，并可随时存取，便于日常查阅。

(　　)124. 记账凭证账务处理程序的特点是直接根据记账凭证对总分类账和明细账进行逐笔登记。

(　　)125. 对账工作中银行存款日记账和银行对账单核对属于账实核对。

(　　)126. 根据实质重于形式原则，以融资租入的资产，虽然从法律形式来讲企业并不拥有其所有权，但是实质相当于企业融资，分期购买资产，所以在会计确认、计量和报告上视为企业的资产。

(　　)127. 总分类账户与所属明细分类账户的发生额及余额不一定在同一方向。

(　　)128. 现代会计形成的标志是：会计划分为财务会计、管理会计。

(　　)129. 业务收支以外币为主的企业，也可选择某种外币作为记账本位币，但编制的财务会计报告应当折算为人民币反映。

(　　)130. 资本公积转增资本会引起所有者权益和负债有增有减。

(　　)131. 登记库存现金日记账，每月终了，应分别计算库存现金的收入和支出合计数，结算出余额，做到日清。

(　　)132. 在资产负债表中"应付账款"项目应根据"应付账款"账户和"预付账款"账户所属明细账户的期末贷方余额合计数填列。

(　　)133. 当原始凭证金额写错时，应当直接由业务经办人更正并签名。

(　　)134. 销售产品过程中，代购货单位垫付的运杂费记入销售费用。

(　　)135. 企业接受外商投入和捐赠的实物和货币，均属于企业的实收资本。

(　　)136. 企业会计的确认计量的报告应当以权责发生制为基础。

2023 年 9 月，出纳郑某调岗，与接替其工作的王某办理了会计工作交接。

2023 年 12 月，为完成企业利润指标，单位负责人刘某授意会计机构负责人张某对财务会计报告进行技术处理。

要求：根据上述资料，不考虑其他因素，分析回答下列小题。

176. 关于甲公司销毁会计档案的下列表述中，正确的是(　　)。

A. 档案管理机构负责人应在会计档案销毁清册上签署意见

B. 法定代表人周某应在会计档案销毁清册上签署意见

C. 保管期满但未结清的债权债务原始凭证不得销毁

D. 会计机构负责人张某不应在会计档案销毁清册上签署意见

177. 下列关于会计人员郑某与王某交接会计工作的表述中，正确的是(　　)。

A. 移交完毕，王某可自行另立新账进行会计记录

B. 应由会计机构负责人张某监交

C. 郑某与王某应按移交清册逐项移交，核对点收

D. 移交完毕，郑某与王某以及监交人应在移交清册上签名或盖章

178. 关于甲公司对外提供财务会计报告的下列表述中，正确的是(　　)。

A. 会计机构负责人张某应在财务会计报告上签名并盖章

B. 主管会计工作的负责人应在财务会计报告上签名并盖章

C. 法定代表人周某应在财务会计报告上签名并盖章

D. 财务会计报告经注册会计师审计后才能对乙公司提供

179. 关于会计机构负责人张某调整财务会计报告行为性质及法律后果的下列表述中，正确的是(　　)。

A. 可对张某进行 5000 元以上 100000 元以下的罚款

B. 该行为属于编制虚假财务会计报告

C. 可对张某处以 3000 元以上 50000 元以下的罚款

D. 张某 5 年之内不得从事会计工作

（二）

2023 年 4 月，甲企业为支付货款，共签发了两张票据：

（1）甲企业为支付 C 企业的货款，向其签发了一张付款人为乙银行、未填明金额和收款人名称的转账支票，出票日期为 4 月 10 日，C 企业于收到的当天，补记了金额 10 万元，并将本企业记载为收款人。C 企业于 4 月 15 日向乙银行提示付款，甲企业账户只有 8.5 万元。乙银行以甲企业账户余额不足为由拒绝支付。

（2）甲企业为支付 B 企业的货款，于 4 月 1 日签发一张金额为 50 万元、到期日为 4 月 10 日的银行承兑汇票，并经乙银行承兑后交付 B 企业。4 月 15 日，B 企业向乙银行提示付款，但当时甲企业账户只有 20 万元。

要求：根据上述资料，不考虑其他因素，分析回答下列小题。

180. 根据本题要点(1)及票据法律制度的相关规定，甲企业的行为(　　)。

A. 由乙银行处以 1000 元的罚款

B. 由中国人民银行处以 5000 元的罚款

C. 甲企业补足资金即可，无须承担责任

D. C 企业有权要求甲企业赔偿 5000 元的赔偿金

181. 根据本题要点(1)相关法律制度的规定，下列各项中，表述正确的是(　　)。

A. C企业补记金额不合法

B. 乙银行应该无条件支付全部款项

C. C企业有权要求甲企业支付2000元的赔偿金

D. C企业有权要求甲企业支付5000元的赔偿金

182. 关于要点(1)中的支票，下列说法正确的有(　　)。

A. C企业应于出票日起10日内提示付款

B. C企业应于出票日起1个月内提示付款

C. 4月15日，该支票成为空头支票

D. 4月10日，该支票成为空头支票

183. 根据本题要点(2)以及票据法律制度的规定，若B企业于2023年4月15日提示付款，乙银行的下列做法中，符合法律规定的是(　　)。

A. 拒绝付款

B. 无条件付款

C. 对甲企业按照汇票金额每天万分之五计收利息

D. 对甲企业尚未支付的汇票金额按照每天万分之五计收利息

(三)

甲企业为居民企业，主要从事高档服装的生产与销售。2022年有关收支情况如下：

(1) 取得销售收入4000万元，特许权使用费收入100万元，国债利息收入50万元，接受捐赠收入80万元。

(2) 业务招待费支出50万元，广告费支出550万元。

(3) 支付环保部门罚款20万元，支付给客户的违约金2万元。

(4) 直接向当地某小学捐款100万元，计提准备金50万元(未经税务机关核准)。

(5) 其他可在企业所得税税前扣除的成本、费用、税金合计2000万元。

要求：根据上述资料，分析回答下列小题。

184. 甲企业下列收入中，应计入企业所得税应纳税所得额的是(　　)。

A. 销售收入4000万元　　B. 特许权使用费收入100万元

C. 国债利息收入50万元　　D. 接受捐赠收入80万元

185. 甲企业在计算2022年度应纳税所得额时，下列关于业务招待费和广告费准予扣除数额的表述中，正确的是(　　)。

A. 业务招待费准予扣除的数额为20.5万元

B. 业务招待费准予扣除的数额为30万元

C. 广告费准予扣除的数额为550万元

D. 广告费准予扣除的数额为615万元

186. 甲企业下列支出中，在计算2022年度企业所得税应纳税所得额时，可以税前扣除的是(　　)。

A. 支付环保部门罚款20万元　　B. 支付给客户的违约金2万元

C. 向某小学捐款100万元　　D. 计提准备金50万元

187. 甲企业2022年度企业所得税应纳税所得额是(　　)。

A. 1657.5万元　　B. 1607.5万元　　C. 1637.5万元　　D. 1408万元

10. 支付产品运输费用时，应借记(　　)账户。

A. 管理费用　　B. 应收账款　　C. 其他应收款　　D. 销售费用

11. “生产成本”账户借方登记(　　)。

A. 为生产产品发生的各种费用　　B. 完工入库产品成本

C. 已出售产品的生产成本　　D. 期末转入本年利润账户的金额

12. 计算本月应付职工工资时，应贷记(　　)。

A. 生产成本　　B. 管理费用　　C. 制造费用　　D. 应付职工薪酬

13. 记账人员根据记账凭证登记完毕账簿后，要在记账凭证上注明已经登账的符号，这主要是为了(　　)。

A. 明确记账责任　　B. 避免错行或隔页　　C. 避免重记或漏记　　D. 防止凭证丢失

14. 下列各项中属于汇总原始凭证的是(　　)。

A. 领料单　　B. 限额领料单

C. 制造费用分配表　　D. 发料凭证汇总表

15. 下列各项中属于外来原始凭证的是(　　)。

A. 销货发票　　B. 托收承付结算凭证(收账通知联)

C. 开出的收据　　D. 银行对账单

16. ¥6084.02 的大写金额表述规范的是(　　)。

A. 人民币陆仟零捌拾肆元零贰分整　　B. 人民币陆仟捌拾肆元零贰分

C. 人民币陆仟零捌拾肆元零贰分　　D. 人民币陆仟捌拾肆元零贰分整

17. 必须逐日逐笔登记的账簿是(　　)。

A. 明细账　　B. 总账　　C. 日记账　　D. 备查账

18. 总账、现金日记账和银行存款日记账的账页格式应采用(　　)。

A. 三栏式　　B. 数量金额式　　C. 多栏式　　D. 以上均可

19. 应收账款明细账一般采用的格式是(　　)。

A. 借、贷、余额三栏式　　B. 数量金额式

C. 多栏式　　D. 贷方多栏式

20. 用于分类记录单位的全部交易或事项，提供总括核算资料的账簿是(　　)。

A. 总分类账　　B. 明细分类账　　C. 日记账　　D. 备查账

21. 固定资产的盘亏若是由于自然灾害造成的，盘亏的固定资产价值在扣除过失人或保险公司赔偿后记入(　　)账户。

A. “管理费用”　　B. “其他应收款”　　C. “营业外支出”　　D. “营业外收入”

22. 盘盈的存货报经批准后的处理方法是(　　)。

A. 计入管理费用　　B. 冲减管理费用

C. 列作营业外收入　　D. 列作营业外支出

23. 定额内自然损耗的存货价值报经批准后记入(　　)账户。

A. “管理费用”　　B. “其他应收款”　　C. “营业外支出”　　D. “营业外收入”

24. 科目汇总表账务处理程序的特点是(　　)。

A. 根据各种记账凭证直接登记总分类账　　B. 根据汇总记账凭证登记总分类账

C. 根据科目汇总表登记总分类账　　D. 根据科目汇总表登记明细分类账

25. 编制科目汇总表直接依据的凭证是(　　)。

A. 原始凭证　　B. 汇总原始凭证　　C. 记账凭证　　D. 汇总记账凭证

26. 资产负债表中的资产是按(　　)顺序排列的。

A. 资产的流动性大小　　B. 资产的重要性

C. 流动资产和非流动资产的类别　　D. 资产的收益性

27. 原始凭证的保管期限是(　　)。

A. 3 年　　B. 10 年　　C. 30 年　　D. 永久

28. 在利润表中，从利润总额中减去(　　)，得到净利润。

A. 营业外收入　　B. 所得税费用　　C. 销售费用　　D. 税金及附加

29. 根据"收入-费用=利润"填列的会计报表是(　　)。

A. 资产负债表　　B. 利润表

C. 现金流量表　　D. 所有者权益变动表

30. 下列各项中，应当永久保管的会计档案资料是(　　)。

A. 会计档案销毁清册　　B. 季度财务会计报告

C. 银行对账单　　D. 现金日记账

31. 某会计人员李某在审核出差回来的小王提供的原始凭证时，发现有张原始凭证并没有填写完整，则该会计人员李某应当(　　)。

A. 拒绝接受，并报告领导，要求查明原因

B. 应予以销毁，并报告领导，要求查明原因

C. 予以退回，并要求小王按规定进行更正、补充

D. 李某亲自把不完整的部分填写完整

32. 以下不属于会计专业职务的是(　　)。

A. 助理会计师　　B. 会计师　　C. 注册会计师　　D. 高级会计师

33. 其他单位因特殊原因需要使用原始凭证时，经本单位的(　　)批准，可以复制。

A. 会计机构负责人　　B. 总会计师　　C. 档案部门负责人　　D. 单位负责人

34. 根据会计法律制度的规定，下列各项中，不属于财务会计报告的是(　　)。

A. 资产负债表　　B. 审计报告　　C. 利润表　　D. 现金流量表

35. 根据新的《会计档案管理办法》的规定，下列说法中正确的是(　　)。

A. 所有会计档案均可仅以电子形式保存

B. 单位会计管理机构临时保管会计档案最长不超过 1 年

C. 单位保存的会计档案一般不得对外借出

D. 由档案机构编制会计档案保管清册

36. 会计法律制度是通过一定的程序由国家立法部门或行政管理部门制定、颁布的，其表现形式是具体的、明确的、正式形成文字的成文规定，而会计职业道德出自会计人员的职业生活和职业实践，其表现形式既有成文的规范，也有不成文的规范，这体现了两者(　　)。

A. 实施保障机制不同　　B. 性质不同

C. 表现形式不同　　D. 作用范围不同

37. 下列各项中，体现"爱岗敬业"这一会计职业道德的是(　　)。

A. 为保证公司年度财务会计报告准确及时地对外报出，会计人员赵某加班加点对数据认真核对

B. 会计人员孙某理万金分文不沾

D. 不能一步到位地满足用户核算与管理的要求

61.《企业会计信息化工作规范》是(　　)发布，于(　　)开始施行。

A. 2013 年 6 月 12 日　2013 年 12 月 6 日　B. 2013 年 12 月 6 日　2014 年 1 月 1 日

C. 2013 年 12 月 1 日　2014 年 1 月 6 日　D. 2013 年 12 月 6 日　2014 年 1 月 6 日

62. 实施《企业会计准则通用分类标准》的企业，应当按照有关要求向财政部报送(　　)。

A. 会计账簿　B. 税务登记证　C. XBRL 财务报告　D. 财务报告

63. 企业会计信息系统数据服务器部署在境外的，应当在境内保存会计资料备份，备份频率不得低于(　　)。

A. 每天一次　B. 每月一次　C. 每年一次　D. 每两年一次

64. 关于“以远程计算机、云计算等方式提供会计软件”相关内容的说法，不正确的是(　　)。

A. 供应商应在技术上保护客户会计资料的安全完整

B. 因供应商原因造成客户会计资料泄露、毁损的，客户可以要求供应商承担赔偿责任

C. 因客户原因(例如密码管理不善)造成的会计资料损失，供应商也要承担责任

D. 客户以远程访问、云计算等方式使用会计软件生成的电子会计资料归客户所有

65. 在用友 T3 环境下，只有(　　)才有权进行操作员的设置。

A. 用户　B. 会计主管　C. 账套主管　D. 系统管理员

66. 在用友 T3 环境下，关于年度账的备份和恢复，是指对(　　)进行操作。

A. 某月的账套数据　B. 整个账套数据

C. 某个核算单位账套数据　D. 某年度账套数据

67. 在用友 T3 环境下，关于凭证类别的设置，下列说法中错误的是(　　)。

A. 已使用的凭证类别不能删除，也不能修改类别字

B. 若选有限制类型，则至少要输入一个限制科目

C. 若限制类型选无限制，则不能输入限制科目

D. 限制科目由用户输入，可以是任意级次的科目，科目之间用逗号分隔，数量不限，可参照输入，也能重复录入

68. 在用友 T3 会计软件中，下列属于日常业务处理特点的是(　　)。

A. 在每个会计期间内重复发生　B. 由计算机自动完成

C. 会计软件运行的基础　D. 在系统初次运行时一次性完成

69. 在用友 T3 账务处理系统中，记账后的凭证发现错误应采用(　　)进行修改。

A. 直接修改　B. 重新编制正确的凭证

C. 删除凭证　D. 红字冲销或补充登记

70. 在用友 T3 总账管理系统中，系统进行自动对账的基本条件是(　　)。

A. 业务发生日期相同　B. 结算方式相同

C. 结算票号相同　D. 发生金额相同

71. 在用友 T3 总账管理系统中，期末结转业务是企业在每个会计期间(　　)之前都要进行的固定业务。

A. 结账　B. 记账　C. 凭证审核　D. 出纳签字

72. 在用友 T3 总账管理系统中，对于期末损益结转生成的凭证需要设置凭证类别，一般

凭证类别为(　　)。

A. 收款凭证　　B. 付款凭证　　C. 转账凭证　　D. 记账凭证

73. 在用友 T3 总账管理系统中，记账后，可以用(　　)代替总账。

A. 明细账　　B. 多栏账　　C. 发生额及余额表　　D. 日报表

74. 在用友 T3 报表管理系统中，报表数据产生溢出，是由于表栏的宽度(　　)数据的实际宽度。

A. 小于　　B. 大于　　C. 小于等于　　D. 等于

75. 在用友 T3 报表管理系统中，下列不属于报表格式设置的是(　　)。

A. 画表格线　　B. 定义单元属性　　C. 报表文件的保存　　D. 设置关键字

76. 在用友 T3 报表管理系统中，构成报表的基本单元是(　　)。

A. 取数公式　　B. 单元格　　C. 表头　　D. 表体

77. 在用友 T3 工资管理系统中，为了区别生产人员和管理人员的工资，工资核算系统应该设置(　　)。

A. 职工类别　　B. 专业类别　　C. 职工性别　　D. 部门类别

78. 在用友 T3 环境下，工资管理系统的初始化设置不包括(　　)。

A. 设置工资类别　　B. 设置工资项目

C. 设置工资项目计算公式　　D. 工资变动数据的录入

79. 在用友 T3 工资管理系统中，关于人员调动的下列说法中正确的是(　　)。

A. 可以修改已做调出标志的人员的档案信息

B. 调出人员调出当月即不再参与工资发放计算

C. 在增加人员档案界面可以直接选择“调出”功能

D. 调出人员的编号可以再次使用

80. 在用友 T3 工资管理系统中，下列选项中不属于工资分析表的是(　　)。

A. 工资项目分析(按部门)表　　B. 员工工资汇总(按部门)表

C. 部门工资汇总表　　D. 员工工资项目统计表

81. 在用友 T3 固定资产管理系统中，固定资产使用情况不包括(　　)。

A. 使用中　　B. 不需用　　C. 毁损　　D. 经营性出租

82. 在用友 T3 环境下，固定资产核算系统启用之后的日常处理主要包括(　　)。

A. 计提折旧与成本核算　　B. 凭证的输入、审核与记账

C. 增减变动处理　　D. 设备采购与应付款管理

83. 在用友 T3 环境下，固定资产管理模块在处理(　　)事项时，不需要填制相应的记账凭证。

A. 固定资产增加　　B. 存放地点变动

C. 固定资产原值变动　　D. 计提折旧

84. 在用友 T3 环境下，固定资产管理模块对账功能主要是指与(　　)模块进行对账。

A. 账务处理　　B. 应收管理　　C. 成本管理　　D. 报表管理

二、多项选择题(本题包括 31 个小题，每小题 2 分，共 62 分。在每小题给出的四个选项中，有两个或两个以上答案符合题目要求，请在答题卡相应位置用 2B 铅笔填涂相应答案代码。)

85. 下列各项中属于企业职工薪酬的是(　　)。

少数民族文字对照

D. 软件供应商提供的会计软件不符合《企业会计信息化工作规范》要求的，财政部可以约谈该供应商主要负责人，责令限期改正；限期内未改正的，由财政部予以公示，并进行相应的行政处罚

109. 在用友 T3 环境下，账套信息建立后，(　　)是不能更改的。

A. 账套号　　B. 账套名称　　C. 单位名称　　D. 启用会计期间

110. 在用友 T3 环境下，下面关于凭证录入的输入校验说法正确的有(　　)。

A. 会计科目是否为初始化时设置的会计科目

B. 会计科目是否为末级科目

C. 会计科目是否符合凭证的类别限制条件

D. 发生额是否满足“有借必有贷，借贷必相等”的记账凭证要求

111. 在用友 T3 环境下，下述选项中，(　　)属于总账系统期末处理工作。

A. 对账　　B. 期末转账　　C. 编制报表　　D. 凭证记账

112. 在用友 T3 环境下，账务处理模块是在建立会计科目(账户)体系的基础上，以输入凭证为起点，经过系列加工处理，完成记账、结账以及对账工作，输出各种(　　)。

A. 总账　　B. 日记账　　C. 明细账　　D. 辅助账

113. 在用友 T3 报表管理系统中，报表公式定义包括(　　)。

A. 单元公式　　B. 审核公式　　C. 舍位平衡公式　　D. 试算平衡公式

114. 在用友 T3 工资管理系统中，工资项目的设置包括(　　)。

A. 工资项目类型　　B. 工资项目名称　　C. 部门信息　　D. 小数位数

115. 在用友 T3 环境下，固定资产卡片记录固定资产详细信息一般包括(　　)等。

A. 规格型号　　B. 使用状况

C. 原值　　D. 开始使用日期

三、判断题(本题包括 60 个小题，每小题 1 分，共 60 分。请判断下列说法的对错，正确在答题卡上填涂代码“A”，错误在答题卡上填涂代码“B”。)

(　　)116. 实存账存对比表、银行存款余额调节表是调整账面记录的原始凭证。

(　　)117. 资产负债表中的有些项目可直接根据有关总账账户期末余额填列。例如，“递延所得税资产、应付票据、短期借款、实收资本”等项目都可以直接根据有关总账账户期末余额填列。

(　　)118. 只要是发生在生产部门或生产车间的费用，最终都必须计入产品的生产成本。

(　　)119. 会计信息的质量要求中，重要性要求企业提供的会计信息应当反映与企业财务状况、经营成果和现金流量有关的所有重要交易或者事项。

(　　)120.“企业管理人员的工资、生产车间固定资产修理费”均在“管理费用”账户中核算。

(　　)121. 用银行存款购买机器设备会导致企业资产总额内部发生增减变化。

(　　)122. 我国企业会计准则规定，企业一般采用历史成本，采用重置成本、可变现净值、现值和公允价值，应当保证所确定会计要素金额能够取得并可靠地计量。

(　　)123. 某采购员出差回来报销差旅费 1000 元，需补付现金 100 元，在编制专用记账凭证时，需要采用分数编号法编号。

(　　)124. 因工作变动更换出纳员的清查，按清查时间分类属于定期清查，按清查范围分类属于局部清查。

(　　)125. 企业向银行借入为期15个月的借款，该借款应为“长期借款”。

(　　)126. 累计折旧是资产类科目，所以借增贷减，期末余额一般在贷方。

(　　)127. 通过试算平衡不能检查出借贷方向相反、重记某项经济业务、漏记某项经济业务的错误记录。

(　　)128. 持续经营为解决会计核算的财产计价和费用分配问题提供了前提条件。

(　　)129. 从外单位取得的原始凭证如有遗失，除火车、轮船、飞机票等凭证外，应当取得原开出单位盖有公章的证明，并注明原来凭证的号码、金额、内容等，经经办单位会计机构负责人、会计主管人员和单位负责人的批准后才能代作原始凭证。

(　　)130. “收入-费用=利润”这个收入、费用和利润之间的恒等关系，反映了一定时期内企业的财务状况。

(　　)131. 流动资产是指可以在一年或短于一年的一个正常营业周期内变现或耗用的资产。

(　　)132. 交易性金融资产主要是指企业准备长期持有并拥有控股权的金融资产。

(　　)133. 总分类账户和明细分类账户的关系是统驭与被统驭的关系。

(　　)134. 会计账页中“借或贷”栏表示账户的余额方向。

(　　)135. “利润分配”账户在年终结转后出现借方余额，表示已分配的利润额。

(　　)136. 大部分外来原始凭证和自制原始凭证都是一次凭证。

(　　)137. “坏账准备”是“应付账款”的备抵账户。

(　　)138. 纳税申报表的保管期限和银行存款余额调节表的保管期限一致。

(　　)139. 单位合并后一方存续其他方解散的，各单位的会计档案应由存续方统一保管。

(　　)140. 设立除会计师事务所以外的代理记账机构，应当经所在地的县级以上人民政府财政部门批准，并领取由财政部统一印制的代理记账许可证书。

(　　)141. 张某从事会计工作因挪用公款被判处有期徒刑，刑罚期满后5年，可以从事会计工作。

(　　)142. 甲公司向乙公司购买一批产品，取得增值税专用发票上注明的价款为100万元，税额为13万元，后发现合同约定价税合计金额为100万元，该发票不能更正，只能由乙公司重开。

(　　)143. 会计职业道德规范教育是指对会计人员开展以普及会计法律制度为主要内容的教育。

(　　)144. 会计职业道德的“强化服务”就是要求会计人员树立服务意识，提高服务质量，努力维护和提升会计职业的良好社会形象。

(　　)145. 票据的出票的日期可以使用中文大写，也可以使用阿拉伯数字记载。

(　　)146. 背书人未记载被背书人名称即将票据交付他人的，持票人在票据被背书人栏内记载自己的名称与背书人记载具有同等法律效力。

(　　)147. 个人为现金支票持票人的，在提示付款时，应向付款行交验本人的有效身份证件。

178. 关于出纳王某同时保管会计档案及登记固定资产明细账的情形，以下说法正确的有(　　)。

A. 王某可以同时保管会计档案

B. 王某不得兼管会计档案的保管

C. 王某可以同时登记固定资产明细账

D. 王某不得同时登记固定资产明细账

179. 关于黄某与孙某的会计工作交接工作，以下说法正确的有(　　)。

A. 需由会计机构负责人进行监交

B. 需由单位负责人进行监交

C. 孙某接替黄某的工作后，为了分清责任，可以另立新账进行登记

D. 孙某事后发现原材料明细账的问题，黄某应承担责任

(二)

2022 年 9 月 4 日，甲公司为支付货款向乙公司开出一张票面金额为 50 万元、出票后 3 个月付款的银行承兑汇票，承兑行 A 银行已承兑。后来，乙公司将该票据背书转让给丙公司，B 公司在汇票上签章作了保证，但是未记载被保证人名称。丙公司为支付材料价款将该票据背书转让给丁公司，同时在票据上记载“不得转让”字样。丁公司将票据背书转让给戊公司，但是未记载背书日期。戊公司按期向 A 银行提示付款时，A 银行发现甲公司账户余额仅有 48 万元。

要求：根据上述资料，分别回答下列问题。

180. 在该银行承兑汇票上，基本当事人是(　　)。

A. 出票人甲公司　　B. 收款人乙公司

C. 背书人丙公司　　D. 保证人 B 公司

181. 汇票上未记载被保证人名称，被保证人是(　　)。

A. 甲公司　　B. 乙公司　　C. A 银行　　D. 丙公司

182. 丁公司未记载背书日期，则视为(　　)。

A. 背书无效　　B. 背书效力待定

C. 出票日背书　　D. 到期日前背书

183. 关于该汇票的付款，以下说法正确的有(　　)。

A. A 银行可以以甲公司账户余额不足为由拒绝付款

B. A 银行作为承兑银行，应于戊公司提示付款时足额付款

C. A 银行应通知甲公司补足款项后再付款

D. A 银行应足额付款，并对不足部分金额按日利率万分之五计收利息

(三)

中国公民刘某 2022 年的收支情况如下：

(1) 全年工资收入 108000 元，全年专项扣除 20160 元。

(2) 刘某业余时间喜欢写作，其小说被出版，获得稿酬 50000 元，购买资料共花费 2000 元。

(3) 8 月因在 L 商城购买家电，获得 L 商城赠送的价值 100 元的炊具一套。

(4) 10 月彩票中奖 3000 元。

(5) 12 月取得国债利息 3600 元，定期储蓄存款利息 2200 元。

（6）刘某夫妇有一个在上初中的儿子，双方协商子女教育专项附加扣除由夫妻两人各扣除50%。刘某是家中独生子，父母均已满60周岁。

个人所得税税率表(综合所得适用)

级数	全年应纳税所得额	税率/%	速算扣除数
1	不超过36000元的部分	3	0
2	超过36000元至144000元的部分	10	2520
……	……	……	……

要求：根据以上资料，不考虑其他因素，分析回答下列小题。

184. 刘某获得的稿酬所得，其应纳税所得额计算正确的是(　　)。

A. 50000×(1-20%)=40000(元)

B. (50000-2000)×(1-20%)=38400(元)

C. 50000×(1-20%)×70%=28000(元)

D. (50000-2000)×(1-20%)×70%=26880(元)

185. 刘某2022年可享受的专项附加扣除有(　　)。

A. 子女教育　B. 继续教育　C. 赡养老人　D. 住房贷款利息

186. 刘某的下列所得，免征个人所得税的有(　　)。

A. 国债利息3600元

B. 定期储蓄存款利息2200元

C. 获得L商城赠送的价值100元的炊具一套

D. 彩票中奖3000元

187. 刘某2022年应缴纳的个人所得税计算正确的是(　　)。

A. (108000-20160+28000-500×12-2000×12)×10%-2520

B. (108000-60000-20160+28000-500×12-2000×12)×3%

C. (108000-60000-20160+28000-500×12-2000×12)×3%+100×20%

D. (108000-20160+28000-500×12-2000×12)×10%-2520+100×20%

(四)

甲公司成立于2018年3月，是一般纳税人单位，以生产销售空调为主要业务。近年来，公司扩大规模，增加了产品系列，拓展了国外业务。为了进一步扩大企业发展，提升信息化管理水平，提高资金的有效管理，2022年1月，该公司开始使用用友T3管理软件进行业务处理。账套已经建立，账套号为666，财务主管马利被设置为账套主管，张云主要填制凭证，王丽主要审核凭证，李军是记账会计，赵华为出纳。客户较多，需要进行分类管理；选择按行业性质预置会计科目。

要求：根据上述资料，分析回答下列188~192题。

188. 关于建立账套时相关内容的描述，正确的有(　　)。

A. 该账套的会计启用期应设置为2018年3月

B. 该账套的会计启用期应设置为2022年1月

C. 该账套的企业类型既可以选择“工业”，也可以选择“商业”

D. 输入单位信息时必须输入税号，否则只能开具普通发票

189. 在建立账套过程中，忘记进行客户分类设置，下列修改方式正确的有(　　)。

C. 将盈余公积弥补亏损　　D. 冲销盈余公积

13. 下列各项中属于外来原始凭证的是(　　)。

A. 出库单　　B. 制造费用分配表

C. 收到的收款收据　　D. 销售合同

14. 期末结转应交的所得税费用应编制(　　)。

A. 收款凭证　　B. 付款凭证　　C. 转账凭证　　D. 专用凭证

15. 会计人员审核原始凭证时，发现大写金额与小写金额不一致，应由(　　)。

A. 经办人更正　　B. 审核人更正　　C. 会计主管更正　　D. 出具单位重开

16. 一般情况下，不需要根据记账凭证登记的是(　　)。

A. 生产成本总账　　B. 应付账款明细账　　C. 库存现金日记账　　D. 应收票据备查簿

17. 企业将应收账款的账面余额与有关债务单位或个人的账面数额进行核对，属于(　　)。

A. 账证核对　　B. 账账核对　　C. 账实核对　　D. 账表核对

18. “其他应收款”明细账应采用(　　)账页。

A. 三栏式　　B. 多栏式　　C. 数量金额式　　D. 横线登记式

19. 原材料等财产物资明细账一般适用(　　)明细账。

A. 数量金额式　　B. 多栏式　　C. 三栏式　　D. 任意格式

20. (　　)是在启用前就以编有顺序号的若干账页固定装订成册的账簿。

A. 总账　　B. 明细账　　C. 订本账　　D. 活页账

21. 企业无法支付的应付款应转作(　　)。

A. 营业外收入　　B. 主营业务收入　　C. 管理费用　　D. 其他业务收入

22. 财产清查的目的是保证企业财产物资的(　　)。

A. 账证相符　　B. 账账相符　　C. 账实相符　　D. 证实相符

23. 按清查的范围可将财产清查分为(　　)。

A. 全面清查和局部清查　　B. 局部清查和定期清查

C. 全面清查和定期清查　　D. 定期清查和不定期清查

24. 各种账务处理程序之间的主要区别是(　　)。

A. 登记总分类账的依据和方法不同　　B. 记账程序不同

C. 记账方法不同　　D. 凭证及账簿组织不同

25. 科目汇总表实际上是(　　)。

A. 原始凭证　　B. 记账凭证　　C. 汇总原始凭证　　D. 账簿

26. 资产负债表编制中，可以根据有关账簿记录直接填列的项目有(　　)。

A. 应收账款　　B. 存货　　C. 短期借款　　D. 预付账款

27. 企业年报应当在年度终了后(　　)内报出。

A. 30 天　　B. 60 天　　C. 3 个月　　D. 4 个月

28. 银行存款日记账的保管期限是(　　)。

A. 15 年　　B. 5 年　　C. 30 年　　D. 永久

29. 反映企业在某一特定日期财务状况的会计报表是(　　)。

A. 现金流量表　　B. 利润表

C. 资产负债表　　D. 所有者权益变动表

30. 根据《会计档案管理办法》的规定，单位合并后原单位解散或一方存续其他方解散的各原单位的会计档案应由(　　)保管。

A. 存续方　　B. 档案局

C. 合并前单位的主管部门　　D. 财政部门

31. 根据会计法律制度规定，回避制度中所说的直系亲属不包括(　　)。

A. 夫妻关系　　B. 配偶的弟弟　　C. 兄弟姐妹　　D. 儿子的女朋友

32. 下列各项中，不属于违反国家统一的会计制度的行为是(　　)。

A. 甲公司未按照规定使用会计记账本位币

B. 乙公司与某演员签订“阴阳合同”，偷逃税款数千万元人民币

C. 丙公司擅自销毁依法应当保存的会计资料

D. 丁公司在账外设置“小金库”

33. 甲代理记账机构招聘主管代理记账业务的负责人。下列人员中，符合该职位条件的是(　　)。

A. 具有助理会计师专业技术职务资格的专职从业人员刘某

B. 从事会计工作 5 年的兼职从业人员肖某

C. 具有会计师专业技术职务资格的专职从业人员李某

D. 从事文秘工作 4 年的专职从业人员岳某

34. 在采购办公用品过程中，办公室主任李某指使采购员张某伪造购物发票，多报销 1000 元。对该行为，县级以上财政部门可以对李某进行的处罚是(　　)。

A. 通报，2000 元以上 20000 元以下的罚款　　B. 通报，3000 元以上 30000 元以下的罚款

C. 通报，5000 元以上 10000 元以下的罚款　　D. 5000 元以上 50000 元以下的罚款

35. 根据《会计档案管理办法》的相关规定，负责编制会计档案销毁清册的是(　　)。

A. 会计管理机构　　B. 档案管理机构

C. 单位负责人　　D. 档案管理机构负责人

36. 下列关于会计档案管理的要求的说法中，正确的是(　　)。

A. 银行对账单属于会计凭证类会计档案

B. 会计档案移交清册由档案机构负责编制

C. 需永久保存或有重要价值的会计档案不得仅以电子形式保存

D. 出纳人员可以兼管会计档案

37. 下列关于会计职业道德与会计法律制度主要区别的表述中，正确的是(　　)。

A. 两者的目标不同　　B. 两者的调整对象不同

C. 两者的作用范围不同　　D. 两者的职责不同

38. 在会计学历教育中进行职业道德教育，属于会计职业道德(　　)的内容。

A. 岗前职业道德教育　　B. 岗中职业道德教育

C. 岗位职业道德继续教育　　D. 岗后职业道德继续教育

39. (　　)是要求会计人员具有文明的服务态度、强烈的服务意识和优良的服务质量。

A. 爱岗敬业　　B. 客观公正　　C. 提高技能　　D. 强化服务

40. 某汇票已经过多次背书，现需要再次背书，需加附粘单，甲是票据的出票人，乙是收款人，丙是这次背书的背书人，丁是被背书人。则需要在粘单的粘接处签章的人是(　　)。

A. 甲　　B. 乙　　C. 丙　　D. 丁

41. 某国有企业收到一笔财政拨款，被指定用于购买环保设备，则该企业需要开立(　　)

C. 如果会计软件升级是对功能的进一步完善，提高使用便利性等，应按照合同约定收取费用

D. 应当就如何通过会计软件开展会计监督工作，提供专门教程和相关资料

63. 用户操作日志中可以不记录的内容是(　　)。

A. 操作内容　　B. 操作时间　　C. 操作地点　　D. 操作人员

64. 根据规定，(　　)管理本地区企业会计信息化工作，指导和监督本地区企业开展会计信息化工作。

A. 财政部　　B. 市级以上人民政府

C. 县级以上地方人民政府　　D. 县级以上地方人民政府财政部门

65. 在用友 T3 环境下，为了明确操作员的工作范围和职责，应为每个操作员设定(　　)。

A. 操作员代码　　B. 操作权限　　C. 操作员姓名　　D. 操作时间

66. 在用友 T3 环境下，下列各项中不属于基础档案设置内容的是(　　)。

A. 机构设置　　B. 操作员权限设置　　C. 会计科目设置　　D. 编码方案设置

67. 在用友 T3 软件中设置凭证类别时，往往对所使用的科目有一定的限制，如收款凭证通常可以限定为(　　)。

A. 凭证必无"库存现金"科目或"银行存款"科目

B. 贷方必有"库存现金"科目或"银行存款"科目

C. 凭证必有"库存现金"科目或"银行存款"科目

D. 借方必有"库存现金"科目或"银行存款"科目

68. 在用友 T3 总账管理系统中，下列关于期初余额录入的说法中不正确的是(　　)。

A. 如果会计科目设置了数量核算，应输入相应的数量和金额

B. 如果会计科目设置了外币核算，应先录入本币余额，再录入外币余额

C. 如果会计科目设置了外币核算，应先录入外币余额，再录入本币余额

D. 如果会计科目设置了辅助核算，应从辅助账录入期初明细数据

69. 在用友 T3 环境下使用总账系统时，下面叙述错误的是：若在选项中选择了(　　)。

A. 制单序时控制，则在制单时凭证号必须按日期顺序排列

B. 编号方式控制，则在制单时须手工输入编号

C. 资金及往来赤字控制，则在制单时，当现金、银行科目的最新余额出现负数时，系统将予以提示

D. 允许修改他人填制的凭证控制，则在制单时可修改别人填制的凭证

70. 在用友 T3 环境下，使用总账系统输入凭证时，对凭证编号的要求是(　　)。

A. 任意编号　　B. 按凭证类别按月进行顺序编号

C. 按凭证类别顺序编号　　D. 按月顺序编号

71. 在用友 T3 总账管理系统中，凭证一旦保存，其(　　)不能修改。

A. 凭证编号　　B. 制单日期　　C. 摘要　　D. 金额

72. 在用友 T3 总账管理系统中，下列关于凭证审核的操作中错误的是(　　)。

A. 审核人员和制单人员不能是同一人

B. 审核凭证只能由有审核权限的人员进行

C. 审核未通过的凭证必须进行修改，并通过审核后方可被记账

D. 已经通过审核的凭证可以被直接修改或删除

73. 在用友 T3 总账管理系统中，系统提供的自动编制多栏账的方式下，系统将根据所选核算科目的下级科目，自动编制(　　)分析栏目。

A. 多栏账　　B. 三栏明细账　　C. 三栏总账　　D. 数量金额式

74. 在用友 T3 报表管理系统中，如果报表模板文件已经打开，要由此生成相应的报表，可(　　)。

A. 启动报表编制系统　　B. 设置报表格式

C. 设置单元公式　　D. 录入关键字的值

75. 在用友 T3 报表管理系统中，在报表数据状态下不可以进行的操作是(　　)。

A. 设计报表格式　　B. 输入数据　　C. 增加或删除表页　　D. 制作图形

76. 在用友 T3 报表管理系统中生成的以". rep"为扩展名的报表文件，不能导出成以下哪种文件格式？(　　)

A. EXCEL 报表文件(＊. XLS)　　B. WORD 文件(＊. DOC)

C. 浏览器文件(＊. htm)　　D. 初始化文件(＊. ini)

77. 在用友 T3 工资管理系统中，设置工资项目时，"增减项"栏适合选择"其他"的是(　　)。

A. 基本工资　　B. 加班补贴　　C. 代扣税　　D. 病假天数

78. 在用友 T3 工资管理系统中，关于人员类别的说法，不正确的是(　　)。

A. 已经使用的人员类别不允许删除

B. 在打开或关闭工资类别情况下均可以进行人员类别的设置，且所做设置对所有工资类别都有效

C. 人员类别设置完成后可以删除系统初始默认的"无类别"

D. 人员类别在人员档案后设置

79. 在用友 T3 工资管理系统中，关于汇总工资类别的说法中，不正确的是(　　)。

A. 第一次进行工资类别汇总时，系统提示要重新设置计算公式

B. 工资类别汇总功能必须在关闭所有工资类别时才能使用

C. 进行工资类别汇总时，所选工资类别中必须有汇总月份的工资数据

D. 汇总工资类别同样需要进行月末处理和年末结转

80. 在用友 T3 工资管理系统中，下面的工资项目中，一般不设置为清零项目的有(　　)。

A. 水电费　　B. 岗位工资　　C. 奖金　　D. 事假扣款

81. 在用友 T3 环境下，下面不属于固定资产管理系统的特点的是(　　)。

A. 企业固定资产较多导致数据存储量大

B. 每项固定资产的信息较多也导致数据存储量大

C. 日常数据输入量少

D. 输出内容少

82. 在用友 T3 固定资产管理系统中，下列变动单一定是当月生效的是(　　)。

A. 原值增加　　B. 净残值率调整　　C. 使用状况调整　　D. 使用年限调整

83. 在用友 T3 固定资产管理系统中，在录入固定资产原始卡片时，下列(　　)项目是自动给出的，不能修改。

A. 折旧方法　　B. 录入人　　C. 固定资产名称　　D. 对应折旧科目

84. 在用友 T3 固定资产管理系统中，资产在使用过程中，由于毁损、出售等原因退出企

105. 根据税收法律制度的规定，下列各项中，属于企业取得收入的货币形式的有(　　)。

A. 股权投资　　B. 应收票据　　C. 银行存款　　D. 债务的豁免

106. 根据税收征收管理法律制度的规定，以下属于税务代理的业务范围的有(　　)。

A. 办理税务登记　B. 办理发票领购手续　C. 办理账务　　D. 税务咨询

107. 下列关于会计软件分类的说法，正确的有(　　)。

A. 按适用范围分类，分为通用会计软件和专用会计软件

B. 按会计信息共享程度分类，分为单用户会计软件和网络与多用户会计软件

C. 按功能和管理层次分类，分为核算型会计软件、管理型会计软件、决策型会计软件

D. 按适用范围分类，分为企业级会计软件和集团级会计软件

108. 下列关于企业开展会计信息化工作的说法，正确的有(　　)。

A. 企业应当充分重视会计信息化工作，加强组织领导和人才培养，不断推进会计信息化在本企业的应用

B. 企业开展会计信息化工作，应当根据发展目标和实际需要，合理确定建设内容，避免投资浪费

C. 企业开展会计信息化工作，应当注重信息系统与经营环境的契合，通过信息化推动管理模式、组织架构、业务流程的优化与革新，建立健全适应信息化工作环境的制度体系

D. 大型企业、企业集团开展会计信息化工作，应当注重整体规划统一技术标准、编码规则和系统参数，实现各系统的有机整合，消除“信息孤岛”

109. 在用友 T3 环境下，关于数据精度的说法，正确的有(　　)。

A. 件数小数位默认值为 2　　B. 账套启用后精度不能更改

C. 存货单价小数位最大为 6　　D. 存货小数位默认值为 3

110. 在用友 T3 总账管理系统中，填制凭证时，确定科目的办法有(　　)。

A. 可选择输入　B. 可输入科目代码　C. 可输入科目名称　D. 可输入助记码

111. 在用友 T3 总账管理系统中，关于出纳签字，下列说法正确的有(　　)。

A. 出纳人员主要检查核对出纳科目金额是否正确

B. 凭证一经出纳签字，不能进行修改和删除

C. 对于涉及现金及银行存款的凭证，必须经由出纳签字后才能允许记账

D. 取消出纳签字只能由出纳人员本人进行

112. 在用友 T3 账务处理系统中，每月可多次使用的功能有(　　)。

A. 结账　　B. 账簿查询　　C. 记账　　D. 审核

113. 在用友 T3 报表管理系统中，下列关于计算公式的说法中，正确的有(　　)。

A. 计算公式是指对报表数据单元进行赋值的公式

B. 计算公式是唯一必须定义的公式

C. 计算公式由关系公式和提示信息组成

D. 计算公式可以从本表或其他表中调用数据

114. 在用友 T3 工资管理系统中，下列选项中，属于工资报表的有(　　)。

A. 工资发放表　　B. 工资汇总表　　C. 工资分析表　　D. 工资变动明细表

115. 在用友 T3 固定资产管理模块中，设置与折旧相关的控制参数，一般包括(　　)。

A. 折旧方法　　　　　　　　　　　　　B. 是否计提折旧
C. 折旧率小数位数　　　　　　　　　　D. 计提折旧对应的会计科目

三、判断题(本题包括60个小题，每小题1分，共60分。请判断下列说法的对错，正确在答题卡上填涂代码"A"，错误在答题卡上填涂代码"B"。)

(　　)116. 会计是以人民币为主要计量单位，采用一系列专门的方法进行核算和监督的一种经济管理活动。

(　　)117. 销售方按销售合同规定已确认销售，但尚未发运给购货方，则作为销售方的存货而不应作为购货方的存货。

(　　)118. 备查簿可以对某些经济业务的内容提供必要的参考资料，所以必须依记录的信息编入财务报表中。

(　　)119. 财产清查是对货币资金、实物资产和往来款项等财产物资进行实地盘点或核对，确定其实有数额，查明账存数和实存数是否相符的一种会计核算的专门方法。

(　　)120."预收账款"所属明细账若有期末贷方余额，应将其计入"应收账款"项目。

(　　)121. 由于会计分期的存在，才产生了本期与其他期间的差异，从而出现了权责发生制和收付实现制两种不同的会计基础。

(　　)122. 如果2023年5月的本年利润明细账，需要结计本年累计发生额则在全年累计发生额下通栏划双单红线。

(　　)123. 从银行提取现金，登记库存现金日记账的依据是库存现金收款凭证。

(　　)124. 会计的发展可分为古代会计、近代会计和现代会计三个阶段，其中宋代、清代属于古代会计阶段。

(　　)125. 原始凭证是用以办理业务手续、记载业务发生或完成情况、明确经济责任的会计凭证。

(　　)126. 实地盘存制是平时只登记财产物资的增加数，不登记财产物资的减少数，期末通过实地盘点，确定其结存数量，倒挤计算减少数并据以登记有关账簿的一种盘存制度。

(　　)127."以银行存款60000元购买材料"，这笔经济业务会影响会计等式总额发生变化。

(　　)128. 从银行提取现金的记账凭证可以不附原始凭证。

(　　)129. 取得投资者投入资金会引起收入增加。

(　　)130. 不是所有的总分类账户都设立明细分类账户，但明细分类账户一定有其所归属的总分类账户。

(　　)131. 发生额试算平衡的依据是借贷记账法下的记账规则"有借必有贷，借贷必相等"，用公式表示：全部账户的借方发生额合计数=全部账户的贷方发生额合计数。

(　　)132. 现行制度下，用"信用减值损失"代替"资产减值损失"，"资产减值损失"科目在现行制度下不再使用。

(　　)133. 会计信息的使用者主要包括投资者、债权人、企业管理者、政府及其相关部门和社会公众等。

(　　)134. 资产和权益反映的是同一事物的两个不同方面，二者相互依存，互相制约。

(　　)135. 所有经济业务的发生，都会引起会计恒等式两边发生变化，但不会破坏会计

四、不定项选择题(本题包括17个小题，每小题2分，共34分。在每小题给出的四个选项中，有一个或一个以上答案符合题目要求，请在答题卡相应位置用2B铅笔填涂相应答案代码。)

(一)

美莱公司是一家大型商贸公司，2023年3月，原财务经理赵某辞职，高某是公司新聘任的财务经理。高某具有多年的会计工作管理经验，对待工作认真负责，上任后对公司的会计工作进行了认真的梳理，发现以下问题：

(1) 2022年公司销毁了一批会计档案，会计档案鉴定意见书上只有董事长一人的签名。销毁清册里还记录着一些未结清的债权债务资料。并且销毁清册上没有任何人签章。

(2) 出纳小王是刚毕业的大学生，整天迟到早退，上班时偷玩手机游戏。

针对以上的问题，高某对大家提出以下要求：

(1) 积极参加每年的会计专业技术人员继续教育，鼓励大家在闲暇时间努力进修，凡是考取了会计专业证书并提高工作质量的，年底给予奖励。

(2) 要求会计机构内部岗位每年轮换一次。

在高某的带领下，会计机构内部呈现一片欣欣向荣的景象。

要求：根据以上资料，不考虑其他因素，分析回答下列小题。

176. 关于美莱公司2022年销毁会计档案，需要在会计档案鉴定意见书上签章的，除了单位负责人，还应有(　　)。

A. 会计机构负责人　　B. 档案管理机构负责人

C. 会计机构经办人　　D. 档案管理机构经办人

177. 关于销毁清册里还记录着一些未结清的债权债务资料，以下说法正确的是(　　)。

A. 未结清的债权债务资料不得销毁

B. 未结清的债权债务资料由于保管期满，故可以销毁

C. 未结清的纸质会计资料应单独抽出保管，直到该事项完结时为止

D. 未结清的电子会计档案应单独转存，保管到事项完结时为止

178. 关于出纳小王的表现，以下说法正确的是(　　)。

A. 小王的行为只违背了会计职业道德，并没有违反法律

B. 小王的行为既违背了会计职业道德，又违反了法律

C. 小王的行为违背了爱岗敬业的要求

D. 小王的行为违背了客观公正的要求

179. 关于财务经理高某对员工的建议，以下说法正确的是(　　)。

A. 从事会计工作的人员应参加继续教育　　B. 体现了提高技能的会计职业道德要求

C. 体现了强化服务的会计职业道德要求　　D. 会计工作岗位应当有计划地轮换

(二)

盛邦公司需要采购一批物资，2023年7月1日，签发了一张部分事项不完整的转账支票交给采购人员，要求选择物美价廉的供应商。

7月2日，采购人员确定好供应商与金额，于是在支票上填写了收款人名称与金额8万元后，将支票交付给供应商。7月5日供应商委托自己的开户行Q银行收取票款，Q银行向盛邦公司的开户行M银行提示付款，被告知盛邦公司账户余额为6万元。

要求：根据上述资料，不考虑其他因素，分析回答下列小题。

180. 支票的授权补记事项有(　　)。

A. 付款人名称　B. 收款人名称　C. 出票金额　D. 出票人签章

181. 供应商在办理委托收款时，在支票背面应记载的事项有(　　)。

A. 背书日期

B. “委托收款”字样

C. 背书人签章处签章

D. 在被背书人名称处记载 Q 银行名称

182. 7 月 5 日，M 银行在收到 Q 银行的提示付款后，应(　　)。

A. 拒绝付款，并出具拒绝理由书

B. 支付 8 万元

C. 支付 6 万元

D. 不做任何意思表示

183. 关于该支票产生的票据责任，以下说法正确的是(　　)。

A. 7 月 5 日 Q 银行提示付款时，出票人账户余额不足，该支票成为空头支票

B. 7 月 2 日，该支票成为空头支票

C. 中国人民银行可对盛邦公司处以 4000 元罚款

D. 供应商可向盛邦公司请求 1600 元的赔偿金

（三）

甲企业为增值税一般纳税人，主要从事医用物资生产与销售。2020 年 12 月，发生以下业务：

(1) 12 月 1 日，与 M 公司签订购销合同，合同不含税金额为 100 万元。12 月 2 日甲企业向 M 公司开具了增值税发票。12 月 5 日，甲企业向 M 公司发货。12 月 10 日，M 公司收到货物后即支付全部货款。

(2) 12 月 26 日，以预收款方式销售一批产品给 N 药店，不含税金额为 40 万元。由于疫情原因订单过多，本月未发货。双方协商次年 1 月交货。

(3) 12 月 20 日，由于石家庄疫情紧张，甲企业随即向石家庄政府捐赠一批抗疫物资，该批物资不含税售价 80 万元。

(4) 12 月 4 日，购入两批原料，其中一批取得增值税专用发票注明的税额为 3.9 万元；另一批取得增值税普通发票，注明税额为 1.3 万元。

(5) 12 月 10 日，购入一台空调(改善职工食堂就餐条件)，取得增值税专用发票上注明的税额 2600 元。

要求：根据上述资料，不考虑其他因素，分析回答下列小题。

184. 根据资料(1)，甲企业该业务纳税义务发生的时间是(　　)。

A. 12 月 1 日　B. 12 月 2 日　C. 12 月 5 日　D. 12 月 10 日

185. 甲企业当月发生销项税计算正确的是(　　)。

A. $(100+40)\times13\%=18.2$(万元)

B. $(100+80)\times13\%=23.4$(万元)

C. $(100+40+80)\times13\%=28.6$(万元)

D. $100\times13\%=13$(万元)

186. 甲企业当月发生的可抵扣的进项税额计算正确的是(　　)。

A. 3.9 万元

B. $3.9+1.3=5.2$(万元)

C. $3.9+0.26=4.16$(万元)

D. $3.9+1.3+0.26=5.46$(万元)

187. 甲企业当月应纳增值税为(　　)。

A. 18.2 万元　B. 24.7 万元　C. 19.5 万元　D. 19.24 万元

（四）

甲公司于 2022 年 1 月开始开展会计信息化工作，1 月发生的部分经济业务及填制凭证后进行审核记账如下：

A. 销货发票 B. 购货发票

C. 转账支票存根 D. 固定资产折旧计算表

14. 下列各项中，不能作为编制记账凭证依据的是(　　)。

A. 领料单 B. 购销合同 C. 收据 D. 购货发票

15. 领料凭证汇总表属于(　　)。

A. 一次凭证 B. 累计凭证 C. 外来凭证 D. 汇总原始凭证

16. (　　)是登记账簿的直接依据。

A. 原始凭证 B. 审核无误的原始凭证

C. 审核无误的记账凭证 D. 原始凭证汇总表

17. 下列情况不可以用红色墨水记账的是(　　)。

A. 冲账的记账凭证，冲销错误记录

B. 在不设借贷等栏的多栏式账页中，登记减少数

C. 在三栏式账户的余额栏前，印明余额方向的，在余额栏内登记负数余额

D. 在三栏式账户的余额栏前，未印明余额方向的，在余额栏内登记负数余额

18. 登记账簿时，正确的做法是(　　)。

A. 文字或数字的书写必须占满格 B. 书写可以使用蓝黑墨水、圆珠笔或铅笔

C. 用红字冲销错误记录 D. 发生的空行、空页一定要补充书写

19. 对于划线更正法，下列说法错误的是(　　)。

A. 划红线注销时必须使原有字迹仍可辨认

B. 对于错误的数字，应当全部划红线更正，不得只更正其中的错误数字

C. 对于文字错误，可只划去错误的部分

D. 对于错误的数字，可以只更正其中的错误数字

20. 根据会计账簿的记账规则，账簿中书写的文字和数字上面留有适当的空格，一般应占格距的(　　)。

A. 二分之一 B. 三分之一 C. 四分之三 D. 五分之三

21. 银行存款日记账与银行对账单的核对属于(　　)。

A. 账账核对 B. 账实核对 C. 账证核对 D. 账表核对

22. 一般在年终决算前应进行(　　)。

A. 局部清查 B. 全面清查 C. 实地盘点 D. 技术推算盘点

23. 对大量、成堆、难以逐一清点的存货，一般采用(　　)方法进行清查。

A. 实地盘点 B. 查询核对 C. 技术推算 D. 核对账目

24. 下列不能反映账户间对应关系，但能简化总账的记账工作的会计核算形式是(　　)。

A. 科目汇总表 B. 日记总账 C. 多栏式日记账 D. 汇总记账凭证

25. 汇总付款凭证的贷方科目可能是(　　)。

A. 库存现金和银行存款 B. 应收账款和应付账款

C. 预收账款和预付账款 D. 待摊费用和预提费用

26. 企业总账的保管期限是(　　)。

A. 30 年 B. 15 年 C. 5 年 D. 3 年

27. 一般会计人员办理交接手续时由(　　)监交。

A. 会计机构负责人 B. 会计机构负责人、会计主管人员

C. 单位负责人　　D. 主管单位派人

28. 会计档案销毁清册的保管期限是(　　)。

A. 15年　　B. 25年　　C. 3年　　D. 永久

29. 企业年度财务会计报告的保管期限是(　　)。

A. 3年　　B. 5年　　C. 15年　　D. 永久

30. 下列说法中，错误的是(　　)。

A. 总分类账的保管期限是30年　　B. 年度财务报表应当永久保存

C. 银行存款余额调节表应当保存30年　　D. 会计档案销毁清册应当永久保存

31. 2023年1月某公司成立，由于规模不大，经济业务量较少，该公司决定委托代理记账机构进行代理记账，则该公司可以委托办理代理记账业务的是(　　)。

A. A会计师事务所　　B. 会计专业在读大学生小王

C. B公司会计人员刘某　　D. 退休会计人员何某

32. 根据会计法律制度的规定，下列岗位属于会计工作岗位的是(　　)。

A. 超市收银员　　B. 医院收费员

C. 会计机构内部管理会计档案的人员　　D. 档案管理机构管理会计档案的人员

33. 按照会计法律制度的规定，(　　)任用会计人员应当实行回避制度。

A. 国家机关、事业单位、外资企业　　B. 国家机关、国有企业、企事业单位

C. 国有企业、事业单位、外资企业　　D. 国家机关、国有企业、事业单位

34. 甲公司出纳贾某辞职需办理会计工作交接，新聘出纳刘某接替贾某的工作。对此交接手续进行监督的是(　　)。

A. 单位负责人　　B. 人力资源部经理

C. 会计机构负责人　　D. 任何一个会计人员

35. 某外资企业的业务收支以英镑为主，兼有少量人民币。下列有关该企业记账本位币的选择，正确的是(　　)。

A. 可同时选择英镑和人民币作为记账本位币

B. 可从英镑和人民币中选择一种作为记账本位币

C. 只能选择人民币作为记账本位币

D. 只能选择英镑作为记账本位币

36. 根据会计法律制度的规定，单位会计机构临时保管会计档案的期限一般为(　　)，最长不得超过(　　)。

A. 1年，2年　　B. 1年，3年　　C. 1年，4年　　D. 1年，5年

37. 根据支付结算法律制度的规定，对于按规定应撤销而未办理销户手续的单位银行结算账户，银行通知该单位银行结算账户的存款人自发出通知之日起(　　)内办理销户手续，逾期视同自愿销户。

A. 5日　　B. 10日　　C. 15日　　D. 30日

38. 根据支付结算法律制度的规定，有关汇兑结算方式的下列表述中，不正确的是(　　)。

A. 汇款人在银行开立存款账户的，必须在汇兑凭证上记载其账号

B. 收款人在银行开立存款账户的，必须在汇兑凭证上记载其账号

C. 汇款人对汇出银行尚未汇出的款项可以申请退汇

D. 单位和个人的各种款项结算，均可使用汇兑方式

60. 下列会计档案无纸化条件中，(　　)是要确保电子会计档案安全性的。

A. 使用的电子档案管理系统能够有效接收、管理、利用电子会计档案，符合电子档案的长期保管要求，并建立了电子会计档案与相关联的其他纸质会计档案的检索关系

B. 采取有效措施，防止电子会计档案被篡改

C. 单位从外部接收的电子会计资料必须附有符合《中华人民共和国电子签名法》规定的电子签名

D. 形成的电子会计资料不属于具有永久保存价值或者其他重要保存价值的会计档案

61. 处于(　　)阶段的企业，应当结合自身情况，逐步实现财务分析、全面预算管理、风险控制、绩效考核等决策支持信息化。

A. 财务管理信息化　　B. 会计核算信息化

C. 会计监督信息化　　D. 会计决策信息化

62. 企业使用会计软件不符合《企业会计信息化规范》要求的，由(　　)责令限期改正。

A. 国务院　　B. 财政部门　　C. 司法部门　　D. 教育部门

63. “会计软件云”是指会计软件未安装在企业本地，而是运行于供应商的远端服务器，用户通过互联网使用软件，会计资料存储在(　　)。

A. 企业客户端计算机中

B. 企业和供应商共同指定的第三方计算机中

C. 供应商的远端服务器中

D. 当地档案保管部门

64. 下列不属于财政部职责的是(　　)。

A. 拟订企业会计信息化发展政策

B. 起草、制定企业购买会计软件的功能分析方案

C. 指导和监督企业开展会计信息化工作

D. 规范会计软件功能

65. 在用友 T3 环境下，首次运行软件系统时还没有建立核算单位的账套，进入用友财务软件的系统管理时，系统允许以(　　)身份注册进入。

A. 系统管理员　　B. 任意操作员　　C. 账套主管　　D. 单位领导

66. 在用友 T3 环境下，关于客户档案设置的说法，错误的是(　　)。

A. 操作步骤为：执行“基础设置”—“往来单位”—“客户档案”命令，打开“客户档案”窗口，选择所属客户分类，单击【增加】按钮，打开“客户档案卡片”窗口

B. 如果该客户为一般纳税人，则必须输入税号，否则只能为其开具普通发票，不能开具增值税专用发票

C. 客户档案可以建立在任意级客户分类之下

D. 客户档案信息包括“基本”“联系”“信用”“其他”四个选项卡

67. 在用友 T3 环境下，设置外币时需要输入的信息不包括(　　)。

A. 币符　　B. 币名　　C. 折算方式　　D. 记账本位币

68. 在用友 T3 环境下，使用总账系统填制凭证后，计算机自动检查借贷双方是否平衡，不平衡的凭证(　　)。

A. 不能保存　　B. 可强行保存　　C. 不能退出　　D. 不能放弃

69. 在用友 T3 总账管理系统中，银行对账工作过程的顺序是(　　)。

A. 输入银行对账单→输出余额调节表→自动对账→手工对账

B. 输入银行对账单→自动对账→手工对账→输出余额调节表

C. 输入银行对账单→手工对账→自动对账→输出余额调节表

D. 手工对账→自动对账→输出余额调节表→输出银行对账单

70. 在用友 T3 总账管理系统的自动转账分录中，其金额的大小与本月发生的任何经济业务无关，应称为(　　)自动转账分录。

A. 随机　　B. 独立　　C. 相关　　D. 顺序

71. 在用友 T3 总账管理系统中，对结账的叙述错误的是(　　)。

A. 结账前本月凭证必须登记入账　　B. 结账后不能再输入该月凭证

C. 结账必须按月连续进行　　D. 每月可以结多次账

72. 在用友 T3 环境下，对于总账系统“审核凭证”功能，下列说法中错误的是(　　)。

A. 对于错误的记账凭证，可以通过计算机在凭证上标明“有错”字样

B. 作废凭证不能被审核，也不能被标错

C. 可以由自己或是会计主管取消审核签字

D. 审核人和制单人不能是同一人

73. 在用友 T3 总账管理系统中，(　　)是对各个部门或部分部门指定期间内的收入情况和费用开支情况汇总分析的报表。

A. 部门总账　　B. 部门明细账

C. 部门收支分析表　　D. 部门计划执行报告

74. 在用友 T3 报表管理系统中，在格式状态下录入了数据的单元，都是(　　)单元。

A. 表样型　　B. 数据型　　C. 日期型　　D. 字符型

75. 在用友 T3 报表管理系统中，对于打开的报表，若想从“SYB”报表的第一页 A8 单元取数，填到本表的第一页 B6 单元，下列公式中正确的是(　　)。

A. A8 = "SYB" ->B6@1　　B. B6 = SYB->A8@1

C. B6 = "SYB" ->1@A8　　D. B6 = "SYB" ->A8@1

76. 在用友 T3 报表管理系统中，有关图表功能的叙述不正确的是(　　)。

A. 插入的图表对象属于报表的数据

B. 有关图表对象的操作可以在格式状态下进行

C. 有关图表对象的操作必须在数据状态下进行

D. 可以对插入的图表进行编辑

77. 在用友 T3 环境下，关于在工资模块权限设置的说法，错误的是(　　)。

A. 只能对非账套主管进行工资权限设置

B. 工资模块操作员列表中列示的是非账套主管具有工资功能权限的操作员

C. “工资类别主管”拥有所有部门和所有工资项目的管理权限

D. 可以不在系统管理模块设置操作员权限，直接在工资模块对操作员进行工资权限设置

78. 在用友 T3 工资管理系统中，关于反结账功能描述错误的是(　　)。

A. 多个工资类别情况下，反结账操作应在打开工资类别下进行，每次只能对一个工资类别反结账

98. 以下应当设置总会计师的单位有(　　)。

A. 国有企业　　B. 国有资产占控股地位的大中型企业

C. 国有资产占主导地位的大中型企业　　D. 事业单位

99. 下列关于会计职业道德和会计法律制度两者关系的观点中，正确的有(　　)。

A. 两者在内容上相互渗透、相互重叠

B. 会计法律制度是对会计职业道德的最低要求

C. 违反会计法律制度一定违反会计职业道德

D. 违反会计职业道德也一定违反会计法律制度

100. 下列各项中，属于会计职业技能的有(　　)。

A. 职业判断能力　　B. 自动更新新知识能力

C. 沟通交流能力　　D. 会计实务操作能力

101. 根据支付结算法律制度的规定，下列票据中，出票人不是银行的有(　　)。

A. 支票　　B. 商业汇票　　C. 银行汇票　　D. 本票

102. 刚刚参加工作的小刘在建设银行申请了一张借记卡，则小刘可使用该借记卡办理的业务有(　　)。

A. 透支　　B. 存取现金

C. 网购　　D. 商场购物刷卡消费

103. 根据增值税法律制度的规定，一般纳税人发生的下列销售行为，不得开具增值税专用发票的有(　　)。

A. 会计师事务所向某企业提供审计服务　　B. 商场向消费者个人零售服装

C. 药厂向某药店销售免税药品　　D. 劳保用品厂向一般纳税人销售劳保用品

104. 根据企业所得税法律制度的规定，下列各项准予在以后年度结转扣除的有(　　)。

A. 广告费　　B. 职工教育经费　　C. 业务宣传费　　D. 工会经费

105. 根据个人所得税法律制度的规定，个人发生的下列公益性捐赠支出中，准予在税前全额扣除的有(　　)。

A. 通过非营利性社会团体向公益性青少年活动场所的捐赠

B. 通过国家机关向贫困地区的捐赠

C. 通过非营利性社会团体向农村义务教育的捐赠

D. 通过国家机关向红十字事业的捐赠

106. 根据税收征收管理法律制度的规定，下列各项中，不符合发票使用规定的有(　　)。

A. 拆本使用发票　　B. 扩大发票使用范围

C. 转借发票监制章　　D. 以其他凭证代替发票使用

107. 关于企业配备会计软件的说法，正确的是(　　)。

A. 可以购买通用会计软件　　B. 可以自行开发会计软件

C. 可以委托外部单位开发会计软件　　D. 可以与外部单位联合开发

108. 会计软件应当记录生成用户操作日志并(　　)。

A. 确保日志的安全、完整

B. 提供按操作人员、操作时间和操作内容查询日志的功能

C. 提供按操作地点查询日志的功能

D. 不能向任何人公布

109. 在用友 T3 环境下，设置职员档案时(　　)为必录项。

A. 职员编号　B. 职员名称　C. 所属部门　D. 职员属性

110. 在用友 T3 环境下，下列选项中，(　　)是账务处理模块的初始化工作。

A. 设置控制参数　B. 录入会计科目初始数据

C. 凭证录入　D. 出纳签字

111. 在用友 T3 总账管理系统中，在凭证实时校验时，系统会对凭证内容的合法性进行校验，校验内容包括(　　)。

A. 会计科目是否为末级科目　B. 凭证必填内容是否填写完整

C. 会计科目是否存在　D. 会计科目是否符合凭证的类别限制条件

112. 在用友 T3 总账管理系统中，余额表用于查询统计各级会计科目的(　　)。

A. 期初余额　B. 本期发生额　C. 累计发生额　D. 期末余额

113. 在用友 T3 报表管理系统中，下列说法正确的有(　　)。

A. 审核公式由关系公式和提示信息组成

B. 计算公式可以从账簿、凭证、本表或他表等处调用、运算所需要的数据

C. 审核公式和舍位平衡公式不是必须定义的

D. 报表公式定义的方法有直接输入法和引导输入法

114. 在用友 T3 工资管理系统中，在工资分摊设置时，需要设置以下哪些内容(　　)。

A. 部门名称　B. 人员类别

C. 工资项目　D. 借方科目和贷方科目

115. 在用友 T3 环境下，下列各项中属于固定资产管理模块的日常处理的有(　　)。

A. 原始卡片录入　B. 固定资产增加　C. 价值信息变更　D. 对账

三、判断题(本题包括 60 个小题，每小题 1 分，共 60 分。请判断下列说法的对错，正确在答题卡上填涂代码"A"，错误在答题卡上填涂代码"B"。)

(　　)116. 企业从税后利润中提取盈余公积引起所有者权益内部有增有减。

(　　)117. 会计主体是企业确认、计量和报告的时间范围，是会计核算和监督的特定单位或组织。

(　　)118. 复式记账法是对每一笔经济业务都必须用相等的金额在两个或两个以上相互联系的账户中进行登记，以反映会计要素增减变化及其结果的一种记账方法。

(　　)119. 企业转让无形资产使用权取得的收入，应计入其他业务收入；企业转让无形资产所有权取得的净收益应该计入营业外收入。

(　　)120. 主营业务成本、劳务成本和生产成本属于成本类会计科目。

(　　)121. 预提短期借款利息会引起费用和负债的增加。

(　　)122. 在编制发生额及余额试算平衡表时，不应该包括只有期初余额而没有本期发生额的账户。

(　　)123. 银行存款的清查就是将银行存款总分类账与银行存款收、付款凭证进行核对。

(　　)124. 盘亏及毁损财产物资的数额中属于责任者个人赔偿的，应计入"其他应收款"账户的借方。

(　　)125. 某会计人员根据记账凭证登记入账时，误将 1500 元填写为 15000 元，而记

四、不定项选择题(本题包括 17 个小题，每小题 2 分，共 34 分。在每小题给出的四个选项中，有一个或一个以上答案符合题目要求，请在答题卡相应位置用 2B 铅笔填涂相应答案代码。)

（一）

甲商店为增值税一般纳税人，主要从事副食品批发、零售业务。2022 年 9 月发生如下业务：

(1) 销售副食品取得含增值税销售额 395500 元，另外销售食品袋取得含税收入 2260 元。

(2) 自制一批糕点，作为职工福利发放给职工。成本为 8000 元，成本利润率为 10%。

(3) 9 月 30 日，向果农收购一批红富士苹果，农产品收购发票上注明买价 30000 元，10 月 1 日，该批苹果 70%用于销售，20%无偿赠送关联企业，10%用于职工福利。

已知该商店上期留抵进项税额 8500 元。

要求：根据上述资料，不考虑其他因素，回答下列问题。

176. 根据业务(1)，计算甲商店销项税额的算式正确的是(　　)。

A. (395500+2260)×13%＝51708.80(元)

B. [395500+2260/(1+13%)]×13%＝51675(元)

C. [395500/(1+13%)+2260]×13%＝45793.8(元)

D. (395500+2260)/(1+13%)×13%＝45760(元)

177. 根据业务(2)，计算甲商店所产生的销项税额算式正确的是(　　)。

A. 0　　B. 8000×13%＝1040(元)

C. 8000×(1+10%)×13%＝1144(元)　　D. 8000×(1+10%)×9%＝792(元)

178. 根据业务(3)，计算甲商店可抵扣的进项税额算式正确的是(　　)。

A. 30000×70%×9%＝1890(元)　　B. 30000×(70%+20%)×9%＝2430(元)

C. 30000×9%＝2700(元)　　D. 30000×(20%+10%)×9%＝810(元)

179. 甲商店 9 月应缴纳的增值税为(　　)。

A. 50825 元　　B. 42325 元　　C. 44474 元　　D. 35974 元

（二）

甲公司于 2020 年 10 月 1 日成立，李某为该公司法定代表人。公司成立后，甲公司即在 Q 银行申请开立基本存款账户，之后在 P 银行申请开立一般存款账户。2022 年 12 月因经营不善，宣布破产，现需撤销银行结算账户。

要求：根据上述资料，不考虑其他因素，分析回答下列小题。

180. 甲公司申请开立基本存款账户需要提供的开户证明文件是(　　)。

A. 法定代表人身份证件　　B. 政府主管部门的批文

C. 营业执照　　D. 政府财政部门批文

181. 甲公司开立基本存款账户时在开户行可以预留的签章是(　　)。

A. 甲公司公章和李某签名　　B. 甲公司合同专用章和李某签名

C. 甲公司财务专用章和李某盖章　　D. 甲公司业务章加李某盖章

182. 甲公司在 P 银行开立的银行结算账户，可用于(　　)。

A. 借款转存　　B. 借款归还　　C. 现金缴存　　D. 现金支取

183. 甲公司撤销单位银行结算账户的说法，正确的有(　　)。

A. 将一般存款账户资金转入基本存款账户

B. 应先将P银行开立的一般存款账户撤销

C. 交回各种重要空白票据及结算凭证，交与开户行核对银行结算账户存款余额

D. 最后撤销基本存款账户

（三）

2023年3月，由于要进行企业所得税的汇算清缴工作，某公司税务会计对去年的会计资料进行审核，发现存在以下情形：

（1）2022年度实现销售收入1000万元，实现会计利润总额450万元。

（2）“财务费用”账户中列支有两笔利息费用：向银行借入生产用资金100万元，借用期限为6个月，支付借款利息3万元；经过批准向本企业职工（非股东）借入生产用资金80万元，借用期限为9个月，支付借款利息4万元。

（3）实际发生业务招待费10万元，广告费与宣传费共计100万元。去年结转的广宣费20万元。

（4）实际支出的工资、薪金总额为150万元，福利费本期发生30万元，拨缴的工会经费3万元，已经取得工会拨缴收据，实际发生职工教育经费6万元。

184. 财务费用中可在企业所得税前扣除的金额是（　　）。

A. 3万元　　B. 7万元　　C. 6万元　　D. 6.6万元

185. 可在企业所得税前扣除的业务招待费和广告费、业务宣传费的金额各自为（　　）。

A. 可扣除的业务招待费为6万元

B. 可扣除的业务招待费为5万元

C. 可扣除的广告费、业务宣传费为120元

D. 可扣除的广告费、业务宣传费为150元

186. 可扣除的三项经费合计金额为（　　）。

A. 39万元　　B. 36万元　　C. 30万元　　D. 33万元

187. 该企业经过调整后的企业所得税应纳税所得额为（　　）。

A. 450万元　　B. 464万元　　C. 466.4万元　　D. 444.4万元

（四）

甲公司于2022年1月开始运用用友T3管理软件开展会计信息化工作，同时启用总账、工资、固定资产等子系统。每月编制会计报表，其中货币资金表报表样式如下表所示：

货币资金表

单位名称：　　　　年　　月　　日　　　　单位：元

项目名称	期初数	借方发生额	贷方发生额	期末数	净增额
库存现金					
银行存款					
其他货币资金					
合计					

会计主管：　　　　制表人：

要求：根据上述资料分析回答下列188~192题。

188. 创建一张新表时，首先进入的界面是（　　）。

A. 数据状态　　B. 格式状态

C. 格式状态或数据状态　　D. 以上都不对

A. 债权和债务　　B. 标明记账方向　　C. 增加或减少　　D. 收入和付出

9. 对会计对象的具体内容分类进行核算的方法是(　　)。

A. 设置会计科目　　B. 复式记账　　C. 登记账簿　　D. 会计科目

10. 某公司购入材料一批，总价款22600元，其中含进项增值税2600元，发生材料运输费500元，装卸费300元，采购人员工资2000元，运输途中合理损耗200元。该批材料的采购成本为(　　)。

A. 25600元　　B. 23600元　　C. 20800元　　D. 23000元

11. 年末，“利润分配”账户的贷方余额表示(　　)。

A. 本年累计实现的利润　　B. 本年累计发生的亏损

C. 历年未分配的利润　　D. 历年未弥补的亏损

12. 某企业期初在产品成本为8000元，本月完工入库产品成本为150000元，期末在产品成本为8500元，则本月生产费用合计为(　　)元。

A. 150100　　B. 149500　　C. 158000　　D. 150500

13. 会计凭证的传递，是指(　　)，在单位内部有关部门及人员之间的传递程序和传递时间。

A. 会计凭证从取得到编制成记账凭证时止　　B. 从取得原始凭证到登记账簿时止

C. 从填制记账凭证到编制会计报表时止　　D. 会计凭证从取得或填制到归档时止

14. 原始凭证的基本内容中，不包括(　　)。

A. 日期及编号　　B. 经济业务的内容

C. 实物数量及金额　　D. 会计科目

15. 原始凭证和记账凭证的相同点是(　　)。

A. 反映经济业务的内容相同　　B. 编制时间相同

C. 所起作用相同　　D. 经济责任的当事人相同

16. 下列业务应编制转账凭证的是(　　)。

A. 支付购买材料价款　　B. 支付材料运杂费

C. 收回出售材料款　　D. 车间领用材料

17. 下列会计账簿中，可以跨年度连续使用的是(　　)。

A. 总账　　B. 日记账　　C. 固定资产卡片账　　D. 费用明细账

18. 下列不属于对账的是(　　)。

A. 记账凭证与原始凭证之间的核对

B. 总分类账簿与其所属明细分类账簿之间的核对

C. 现金日记账的期末余额合计与现金总账期末余额的核对

D. 财产物资明细账账面余额与财产物资实存数额的核对

19. 对于将现金存入银行的业务登记银行存款日记账的依据是(　　)。

A. 现金收款凭证　　B. 银行存款收款凭证

C. 现金付款凭证　　D. 银行存款付款凭证

20. 记账或结账后，发现记账凭证用错科目，引起记账错误，更正这种记账错误，应采用(　　)。

A. 红字更正法　　B. 补充登记法　　C. 划线更正法　　D. 挖擦刮补法

21. 财产物资的盘盈是指(　　)。

A. 账存数大于实存数　　B. 账存数小于实存数
C. 由于记账错误多记金额　　D. 由于记账错误少记金额

22. 银行存款余额调节表的作用是(　　)。
A. 企业更正银行存款日记账之用　　B. 证明银行收付款业务发生
C. 编制记账凭证　　D. 核对银行存款日记账，调节未达账项

23. 月末，企业银行存款的实有余额就是(　　)。
A. 银行对账单上所列金额　　B. 银行存款日记账余额
C. 月末银行存款调节表调节后余额　　D. 对账单和银行存款日记账余额的平均数

24. 科目汇总表汇总的是(　　)。
A. 全部科目的借方发生额　　B. 全部科目的贷方发生额
C. 全部科目的借贷方余额　　D. 全部科目的借贷方发生额

25. (　　)是记账凭证账务处理程序的主要缺点。
A. 不便于分工　　B. 不能体现账户的对应关系
C. 登记总账的工作量较大　　D. 方法不易掌握

26. 资产负债表中的负债和所有者权益是按(　　)排列的。
A. 重要程度　　B. 偿还金额的大小　　C. 收益的大小　　D. 偿还的先后顺序

27. 会计凭证的保管期限是(　　)。
A. 5 年　　B. 30 年　　C. 25 年　　D. 永久

28. 会计机构负责人、会计主管人员办理交接手续时由(　　)监交。
A. 会计机构负责人　　B. 会计机构负责人、会计主管人员
C. 单位负责人　　D. 会计主管人员

29. 根据“资产=负债+所有者权益”填列的会计报表是(　　)。
A. 现金流量表　　B. 利润表
C. 资产负债表　　D. 所有者权益变动表

30. 各单位形成的会计档案，都应由(　　)按照归档的要求，负责整理立卷，装订成册编制会计档案保管清册。
A. 会计主管部门　　B. 档案管理部门　　C. 会计机构　　D. 总会计师

31. 根据会计法律制度的规定，下列各项中，不属于代理记账业务范围的是(　　)。
A. 出具审计报告　　B. 填制记账凭证
C. 登记会计账簿　　D. 编制财务会计报告

32. 下列甲公司发生的事项中，属于社会监督的是(　　)。
A. 市财政局对甲公司开展的会计工作检查
B. 甲公司的审计部门检查本公司的会计工作
C. 市税务部门对甲公司的发票使用情况的检查
D. 某会计师事务所接受委托对甲公司进行审计

33. 下列各项中，属于单位内部会计监督对象是单位的(　　)。
A. 单位负责人经济管理行为的合法性　　B. 全部活动
C. 会计人员办理会计核算行为的合法性　　D. 经济活动

34. 使用电子计算机进行会计核算的单位，其软件及其生成的会计凭证、会计账簿、财务会计报告和其他会计资料，必须符合(　　)的规定。

A. 偶然所得　　B. 综合所得　　C. 财产租赁所得　　D. 财产转让所得

55. 关于纳税申报的表述，下列说法错误的是(　　)。

A. 纳税申报采用邮寄申报的，以寄出地的邮戳日期为实际申报日期

B. 网上申报是数据电文申报的一种方式

C. 纳税申报采用数据电文申报的，以税务机关计算机网络系统收到该数据电文的时间为实际申报日期

D. 纳税期内没有应纳税款的，则不用办理纳税申报

56. 纳税人有特殊困难，不能按期缴纳税款的，经(　　)批准，可以延期缴纳税款，但最长不得超过(　　)。

A. 县级以上税务局(分局)，3 个月

B. 省、自治区、直辖市税务机关批准，6 个月

C. 省、自治区、直辖市税务机关批准，3 个月

D. 县以上税务局(分局)，10 个月

57. “不做假账”是对会计人员最基本的要求，最能体现这项要求的会计职业道德规范是(　　)。

A. 客观公正　　B. 诚实守信　　C. 廉洁自律　　D. 提高技能

58. (　　)是会计职业道德的基础。

A. 强化服务　　B. 诚实守信　　C. 廉洁自律　　D. 爱岗敬业

59. 利用信息技术对会计数据进行采集、存储和处理，完成会计核算任务，并提供会计管理、分析与决策相关的系统是(　　)。

A. ERP 系统　　B. 会计电算化系统　　C. 会计信息系统　　D. 管理信息系统

60. 在用友 T3 软件系统中，与总账管理系统不存在凭证传递关系的模块为(　　)。

A. 成本管理系统　　B. 应付款管理系统　　C. 工资管理系统　　D. 报表管理系统

61. 会计软件应当采取技术手段，保证用户操作日志中的任何信息不被用户以任何手段修改和删除。这体现了会计软件的(　　)。

A. 完整性　　B. 安全性　　C. 可查询性　　D. 正确性

62. (　　)是指所记载内容需要企业外部人员或者机构认可的会计资料。

A. 内部获取会计资料　　B. 外部获取会计资料

C. 局部获取会计资料　　D. 部分获取会计资料

63. 会计软件可以不具备的功能包括(　　)。

A. 符合国家统一标准的数据接口　　B. 会计资料归档

C. 记录生成用户操作日志　　D. 集成 XBRL

64. 下列不属于会计软件的是(　　)。

A. 单机运行的会计核算系统

B. 安装于服务器，通过网络系统部署使用的“会计软件云”

C. ERP 中的财务核算模块

D. Microsoft Office Excel 2003

65. 在用友 T3 环境下，以系统管理员的身份注册系统管理，不能进行的操作是(　　)。

A. 建立账套　　B. 修改账套　　C. 输出账套　　D. 恢复账套

66. 在用友 T3 环境下，当会计科目有外币核算要求时，账簿格式一般设置为(　　)。

A. 数量式　　B. 数量金额式　　C. 外币金额式　　D. 金额式

67. 在用友 T3 软件中，指定为项目核算科目的会计科目，必须为已设置(　　)辅助项的会计科目。

A. 部门核算　　B. 个人往来　　C. 项目核算　　D. 客户往来

68. 在用友 T3 环境下，对于总账系统凭证记账功能，下列说法不正确的是(　　)。

A. 上月未记账或未结账，本月不能记账

B. 记完账后不能整理凭证断号

C. 未审核凭证和作废凭证不能记账

D. 第一次记账时，如果期初余额试算不平衡，不能记账

69. 在用友 T3 环境下，关于总账系统记账凭证录入功能，下列说法中不正确的是(　　)。

A. 当前新增分录完成后，按回车键，系统可以将摘要自动复制到下一分录行

B. 对于定义了辅助核算的科目，应在输入每笔分录时，同时输入辅助核算的内容

C. 凭证日期应随凭证号递增而递增，并且大于等于业务日期

D. 凭证金额合计栏由计算机自动计算借方科目和贷方科目的金额合计数并显示

70. 在用友 T3 总账管理系统中，用户可通过(　　)功能彻底删除已作废记账凭证。

A. 整理凭证　　B. 删除凭证　　C. 作废凭证　　D. 冲销凭证

71. 在用友 T3 总账管理系统“凭证审核”功能中，可以对记账凭证进行对照式审核，所谓对照式审核，是指(　　)。

A. 通过对记账凭证的二次输入，达到系统自动审核的目的

B. 通过将记账凭证与原始单据对比，达到系统自动审核的目的

C. 通过将记账凭证与其他系统的记录对比，达到系统自动审核的目的

D. 通过将记账凭证与账簿记录对比，达到系统自动审核的目的

72. 在用友 T3 总账管理系统中，设置转账分录不需定义哪一项(　　)。

A. 凭证类别　　B. 凭证号　　C. 借贷方向　　D. 摘要

73. 在用友 T3 总账管理系统中，下列(　　)是对个人的借款、还款情况进行清理。

A. 个人往来催款单　　B. 个人往来余额表

C. 个人往来账龄分析　　D. 个人往来清理

74. 在用友 T3 报表管理系统中，下列选项中，属于账务取数函数的是(　　)。

A. SFS( )　　B. PCOUNT( )　　C. PMAX( )　　D. PTOTAL( )

75. 在用友 T3 报表管理系统中，单元格的类型默认为是(　　)。

A. 字符型　　B. 数值型　　C. 表样型　　D. 文本型

76. 在用友 T3 报表管理系统中，下列说法中不正确的是(　　)。

A. 同一报表文件各表页同样位置上的表样单元的内容和显示方式都相同

B. 可变区中的单元不能包含在定义组合单元的区域中

C. 需要组合的单元必须具有相同的单元类型

D. 字符型单元是报表的数据，在数据状态下输入

77. 在用友 T3 环境下，工资管理系统默认自动以(　　)作为新建工资类别的启用日期。

A. 工资管理系统启用日期　　B. 工资账套的启用日期

C. 用户当前登录日期　　D. 用户录入的日期

78. 在用友 T3 工资管理系统中，关于人员档案的描述不正确的是(　　)。

100. 存款人有下列情形之一的，应当向开户银行提出撤销银行结算账户的申请，这些情形包括(　　)。

A. 被撤并、解散、宣告破产或关闭的　　B. 经营状况严重恶化的

C. 注销、被吊销营业执照的　　D. 因迁址不需要变更开户银行的

101. 下列项目中，属于背书行为无效的有(　　)。

A. 附有条件的背书　　B. 未记载背书人签章的背书

C. 部分背书　　D. 未记载背书日期的背书

102. 下列各项中，属于非正常损失的购进货物的有(　　)。

A. 因管理不善造成被盗　　B. 因管理不善造成丢失

C. 因管理不善造成霉烂变质　　D. 因极端天气造成的损失

103. 根据个人所得税法律制度的规定，下列个人所得中，应按"劳务报酬所得"项目征收个人所得税的有(　　)。

A. 某大学教授从甲企业取得的咨询费

B. 某公司高管从乙大学取得的讲课费

C. 某设计院设计师从丙家装公司取得的设计费

D. 某编剧从丁电视剧制作单位取得的剧本使用费

104. 根据消费税法律制度的规定，下列各项中，应缴纳消费税的有(　　)。

A. 进口高档手表　　B. 零售金银首饰

C. 生产销售高档化妆品　　D. 委托加工白酒

105. 根据企业所得税法律制度的规定，企业从事下列项目取得的所得中，属于减半征收企业所得税的是(　　)。

A. 中药材的种植　　B. 海水养殖　　C. 香料的种植　　D. 花卉的种植

106. 下列各项中，属于税款征收措施的有(　　)。

A. 税收保全措施　　B. 税收强制执行措施

C. 责令提供纳税担保　　D. 罚款

107. 会计软件具有(　　)功能。

A. 生成凭证、账簿、报表等会计资料

B. 为会计核算、财务管理直接提供数据输入

C. 对会计资料进行转换、输出、分析、利用

D. 为企业控制决策提供充足、实时、全方位的信息

108.《企业会计信息化工作规范》作为一般规范性文件，不能设定行政处罚，主要设定了(　　)等处理方式。

A. 罚款　　B. 公示　　C. 约谈　　D. 通报相关部门

109. 在用友 T3 环境下，设置供应商档案时，(　　)不能为空。

A. 供应商编码　　B. 供应商简称　　C. 所属行业　　D. 开户银行

110. 在用友 T3 总账管理系统中，假如企业从 2022 年 7 月启用账套，那么该企业在录入期初余额时，应录入(　　)。

A. 2022 年 6 月的期末余额　　B. 2022 年 1~6 月的借方累计发生额

C. 2022 年的期初余额　　D. 2022 年 1~6 月的贷方累计发生额

111. 在用友 T3 总账管理系统中，在"填制凭证"窗口中，可以通过在"查询"文本框中输

入(　　)来查询符合条件的凭证。

A. 凭证字号　　B. 日期　　C. 摘要　　D. 科目

112. 在用友 T3 总账管理系统中，通过余额表查询功能，可以查询的有(　　)。

A. 包含未记账凭证在内的科目最新发生额和余额

B. 本月总账科目的期初余额、本期发生额和期末余额

C. 本月明细科目的期初余额、本期发生额和期末余额

D. 连续几个月总账科目的期初余额、累计借方发生额、累计货方发生额和期末余额

113. 在用友 T3 报表管理系统中，如果报表数据有误，可能是由(　　)导致的。

A. 记账有误　　B. 期初余额输入有误

C. 报表公式有误　　D. 凭证输入有误

114. 在用友 T3 工资管理系统中，建立工资账套时，主要内容包括(　　)。

A. 参数设置　　B. 扣税设置　　C. 扣零设置　　D. 人员编码设置

115. 在用友 T3 固定资产管理系统中，下列选项中，属于固定资产非价值信息变更的有(　　)。

A. 使用部门变动　　B. 使用状况变动　　C. 资产价值变动　　D. 存放地点变动

三、判断题(本题包括 60 个小题，每小题 1 分，共 60 分。请判断下列说法的对错，正确在答题卡上填涂代码“A”，错误在答题卡上填涂代码“B”。)

(　　)116. 在编制总分类账户试算平衡表中，若期初余额、本期发生额、期末余额全部试算平衡，则表明全部总账账户记录一定正确。

(　　)117. 在三栏式账户的余额栏前未印明余额方向的，可用红色墨水在余额栏内登记负数余额。

(　　)118. 所有者权益是指企业所有者对企业全部资产的所有权。

(　　)119. 购入材料时，运输途中发生的合理损耗既不会影响材料的采购总成本，也不会影响其单位成本。

(　　)120. 活页式账簿便于账页的重新排列和记账人员的分工，但账页容易散失和被随意抽换。

(　　)121. 属于自然灾害造成的存货毁损，扣除保险公司赔款和残值后的净损失，应计入“管理费用”账户。

(　　)122. 先根据记账凭证编制汇总记账凭证，再根据汇总记账凭证登记总分类账是记账凭证账务处理程序的主要特点。

(　　)123. 资产负债表中的“应收账款”项目应根据“应收账款”和“应付账款”账户所属各明细账户的期末余额直接填列。

(　　)124. 如果在记账过程中出现了漏记某项业务的借方或贷方，这种差错适合的错账查找方法就是差数法。

(　　)125. 企业发生未达账项是由于企业和银行之间的记账时间不一致，造成一方已记账而另一方还没有记账的会计事项。

(　　)126. 累计凭证原始凭证的特点是填制手续分次完成，在一张凭证上累计登记同类经济业务。

(　　)127. “主营业务成本”账户的借方对应的账户是“本年利润”。

(　　)128. 资产是指企业现时的交易或者事项形成的、由企业拥有或者控制的、预期会

(　　)174. 在用友 T3 固定资产管理系统中，根据固定资产的使用状况，某一部门的固定资产折旧费用可以根据需要归入多个会计科目。

(　　)175. 在用友 T3 环境下，固定资产管理系统结账前必须与总账对账一致，否则不能结账。

四、不定项选择题(本题包括 17 个小题，每小题 2 分，共 34 分。在每小题给出的四个选项中，有一个或一个以上答案符合题目要求，请在答题卡相应位置用 2B 铅笔填涂相应答案代码。)

(一)

2023 年 5 月，某市财政部门对甲公司的会计工作进行检查时，发现存在以下问题：

(1) 甲公司有两套账簿，一套内账，供自己单位内部查阅；一套外账，以供对外报送。

(2) 甲公司 2022 年使用的计提折旧的方法为年限平均法，由于机器设备一直处于强震动状态，2023 年改为双倍余额递减法，甲公司在财务会计报告中明确写明了变更原因及相关信息。

(3) 由于资金紧张，甲公司需要向银行贷款，会计机构负责人李某授意账簿会计张某虚构营业收入，出纳刘某当时建议张某这是违法行为，劝其慎重，可张某一意孤行，按照领导的要求，将亏损调成盈利，由此甲公司取得贷款。单位负责人后将刘某辞退。

要求：根据上述资料，不考虑其他因素，分析回答下列问题。

176. 根据资料(1)，下列说法正确的有(　　)。

A. 甲公司的行为属于私设账簿的违法行为

B. 甲公司将被财政部门处以警告并罚款

C. 针对此行为财政部门可对甲公司罚款 3000 元以上 50000 元以下

D. 针对此行为财政部门可对相关会计人员罚款 2000 元以上 20000 元以下

177. 根据资料(2)，下列说法正确的有(　　)。

A. 为保持前后各项的会计处理方法一致性，甲公司不得变更折旧计提方法

B. 甲公司可以变更折旧计提方法，但不得随意变更

C. 甲公司此行为属于随意变更会计处理方法的违法行为

D. 针对此行为财政部门可责令甲公司限期改正并罚款

178. 根据资料(3)，针对会计机构负责人李某与账簿会计张某的行为，以下说法正确的有(　　)。

A. 李某的行为完全是为了公司利益，并不违法

B. 李某的行为违法，财政部门可对其处以 5000 元以上 50000 元以下的罚款

C. 张某的行为属于伪造行为，财政部门可对其处以 3000 元以上 50000 元以下的罚款

D. 张某五年内不得从事会计工作

179. 根据资料(3)，针对刘某与单位负责人的行为，下列说法正确的有(　　)。

A. 刘某的建议是正确的

B. 刘某的建议体现了坚持准则、客观公正的会计职业道德

C. 单位负责人的行为属于打击报复

D. 财政部门可对单位负责人处以 5000 元以上 50000 元以下的罚款

(二)

2023 年 9 月 1 日，甲公司需采购一批货物，用银行汇票支付。该公司财务人员张某遂到开户行 P 银行申请签发一张金额 100 万元的银行汇票，张某办妥手续后将汇票及相关联次交与业务员刘某到异地乙公司采购货物。经过洽谈，刘某采购的货物价值为 95 万元。于是刘某

把银行汇票填写完整后交与乙公司的经办人员。2023年9月10日，乙公司的财务人员赵某持该汇票到本公司的开户行Q银行提示付款。

180. 下列关于张某申请银行汇票的表述中，正确的是(　　)。

A. 在“银行汇票申请书”上填写申请人为张某

B. 在“银行汇票申请书”上填写收款人为乙公司

C. 张某可向银行申请签发现金银行汇票

D. 在“银行汇票申请书”上加盖甲公司预留银行签章

181. 下列各项中，属于乙公司财务人员接受银行汇票后应审查的事项的是(　　)。

A. 银行汇票的必须记载事项是否填写完整

B. 银行汇票的大小写金额是否一致

C. 银行汇票联与解讫通知联是否齐全一致

D. 银行汇票上填写的收款人是否为乙公司

182. 下列关于该银行汇票的金额，说法正确的是(　　)。

A. 该银行汇票的多余金额为5万元，由乙公司退回给甲公司

B. 该银行汇票的多余金额为5万元，由P银行退回给甲公司

C. 若乙公司转让该银行汇票，转让的金额为100万元

D. 若乙公司转让该银行汇票，转让的金额为95万元

183. 下列关于乙公司财务人员赵某办理该银行汇票提示付款业务的表述，下列说法正确的有(　　)。

A. 应填写进账单

B. 应将银行汇票联和解讫通知两联提交Q银行

C. 应出具购销合同

D. 应在银行汇票背面加盖乙公司预留Q银行签章

(三)

杨某2022年10月取得如下收入：

(1) 出租住房，取得租金收入3000元，发生相关税费168元，修缮费1000元。

(2) 出版自己的书稿，分2次取得收入，每次3000元。

(3) 转让境内上市公司股票，取得转让收入100000元；取得该上市公司股票股息收入1000元(该股票系杨某于2020年1月买入)。

(4) 杨某的汽车被盗，获得保险赔偿200000元。

(5) 取得国家发行金融债券利息收入1000元。

已知：个人出租住房适用的个人所得税税率为10%。

要求：根据上述资料，分析回答下列小题。

184. 下列说法中，正确的有(　　)。

A. 保险赔偿属于不征税收入　　B. 保险赔偿是免税收入

C. 国债利息收入是不征税收入　　D. 国债利息收入是免税收入

185. 杨某出租住房的个人所得税的算式正确的是(　　)。

A. (3000−168−1000)×10%　　B. (3000−168−800)×10%

C. (3000−168−1000−800)×10%　　D. (3000−168−800−800)×10%

186. 杨某获得稿酬应预扣预缴的个人所得税是(　　)。

A. 3000×2×(1−20%)×20%　　B. 3000×2×(1−20%)×70%×20%

13. 下列科目可能是收款凭证借方科目的是(　　)。

A. 在途物资　　B. 应收账款　　C. 银行存款　　D. 预付账款

14. 把现金存入银行的经济业务，应填制(　　)。

A. 一张转账凭证　　B. 一张收款凭证

C. 一张付款凭证　　D. 一张收款凭证和一张付款凭证

15. 记账凭证中不可能有(　　)。

A. 接受单位的名称　B. 记账凭证的编号　C. 记账凭证的日期　D. 记账凭证的名称

16. 原始凭证是(　　)。

A. 登记日记账的根据　　B. 编制记账凭证的根据

C. 编制科目汇总表的根据　　D. 编制汇总记账凭证的根据

17. 某企业用现金支付职工生活困难补助368元，会计人员编制的付款凭证为借记应付职工薪酬386元，贷记库存现金386元，并已登记入账。当年发现记账错误，更正时应采用的更正方法是(　　)。

A. 划线更正法　　B. 红字更正法

C. 补充登记法　　D. 重编正确的付款凭证

18. 在月末结账前发现所填制的记账凭证无误，根据记账凭证登记账簿时，将1568元误记为1586元，按照有关规定，更正时应采用的错账更正方法最好是(　　)。

A. 划线更正法　　B. 红字更正法　　C. 补充登记法　　D. 平行登记法

19. 从银行提取现金，登记现金日记账的依据是(　　)。

A. 现金收款凭证　　B. 银行存款收款凭证

C. 现金付款凭证　　D. 银行存款付款凭证

20. 用来记录某一特定种类经济业务发生情况的序时账簿是(　　)。

A. 普通日记账　　B. 明细分类账　　C. 专栏日记账　　D. 特种日记账

21. “未达账项”是指由于会计凭证传递引起的(　　)。

A. 双方登记金额不一致的账项

B. 一方重复记账的账项

C. 一方已经入账，而另一方尚未登记入账的账项

D. 双方均未入账的账项

22. 对于未达账项进行账务处理的时间是(　　)。

A. 收到银行转来对账单　　B. 银行存款余额调节表编制完毕

C. 收到相关的原始凭证　　D. 银行存款余额调节表编制前

23. 某企业2009年1月31日与开户银行对账时，企业银行存款日记账账面余额为14500元，银行对账单余额为18000元，查明的未达账项有两笔：一是银行已代收的外埠销货款4300元，企业尚未入账；二是企业存入的转账支票800元，银行尚未入账。则银行存款余额调节表中调节后的存款余额为(　　)元。

A. 19600　　B. 11000　　C. 18800　　D. 21500

24. 企业的会计凭证、会计账簿、会计报表相结合的方式称为(　　)。

A. 账簿组织　　B. 会计核算组织程序

C. 记账工作步骤　　D. 会计组织

25. 在各种账务处理程序下，不可以作为登记总分类账依据的是(　　)。

A. 记账凭证　　B. 科目汇总表　　C. 汇总原始凭证　　D. 汇总记账凭证

26. 资产负债表中，根据有关账户余额直接填列的项目有(　　)。

A. 长期借款　　B. 应付职工薪酬　　C. 货币资金　　D. 应收账款

27. 财务会计报告编制的根据是(　　)。

A. 原始凭证　　B. 记账凭证　　C. 科目汇总表

D. 记录完整、审核无误的账簿记录和其他有关资料

28. 资产负债表的(　　)项目应根据“预付账款”和“应付账款”科目所属明细账的期末借方余额合计填列。

A. 预付账款　　B. 应付账款　　C. 预收账款　　D. 应收账款

29. “预付账款”明细账期末如有贷方余额，应填于资产负债表的(　　)项目。

A. 预收账款　　B. 应收账款　　C. 应付账款　　D. 预付账款

30. 下列会计档案中，应当保管10年的是(　　)。

A. 会计档案移交清册　　B. 年度财务报表

C. 日记账　　D. 纳税申报表

31. 根据会计法律制度的规定，下列行为中属于伪造会计资料的是(　　)。

A. 用挖补的手段改变会计凭证和会计账簿的真实内容

B. 由于过失导致会计凭证与会计账簿记录不一致

C. 以虚假的经济业务编制会计凭证和会计账簿

D. 用涂改的手段改变会计凭证和会计账簿的真实内容

32. 在采购办公用品过程中，办公室主任赵某指使采购员孙某伪造购物发票，多报销800元。对该行为，县级以上财政部门可以对孙某进行的处罚是(　　)。

A. 责令限期改正，2000元以上20000元以下的罚款

B. 责令限期改正，3000元以上50000元以下的罚款

C. 通报，2000元以上20000元以下的罚款

D. 通报，3000元以上50000元以下的罚款

33. 会计档案不得借出，其他单位因特殊原因需要使用会计档案时，经本单位的(　　)批准，可以复制。

A. 会计机构负责人　　B. 总会计师　　C. 档案部门负责人　　D. 单位负责人

34. 根据会计法律制度的规定，下列企业会计档案中，应永久保管的是(　　)。

A. 会计档案移交清册　　B. 会计档案保管清册

C. 原始凭证　　D. 季度财务报告

35. 对随意变更会计处理方法的单位，县级以上人民政府财政部门责令限期改正，并可以处(　　)。

A. 2000元以上20000元以下的罚款　　B. 3000元以上50000元以下的罚款

C. 4000元以上50000元以下的罚款　　D. 5000元以上50000元以下的罚款

36. 某国有企业的下列任职情形，没有违背会计法律制度规定的回避制度的是(　　)。

A. 法人代表的妻子担任本单位财务部门经理　B. 会计科长的女儿担任本部门出纳员

C. 董事长的养子担任财务部门经理　　D. 财务处处长的同学担任本部门出纳员

37. 根据票据法律制度的规定，下列情形下取得的票据，不享有票据权利的是(　　)。

A. 甲单位依法接受出票人乙签发的票据

B. 双方具有真实交易关系，丙单位接受丁单位背书转让的票据

C. 某税务局因为税收原因无偿取得的票据

A. 国家税务总局　　B. 财政部
C. 省级人民政府　　D. 县级以上税务局(分局)局长

57. 根据税收征收管理法律制度的规定，下列说法正确的是(　　)。
A. 纳税人在账簿上多列支出，不缴或少缴应纳税款的行为，属于骗税
B. 纳税人经税务机关通知申报而拒不申报，不缴或者少缴应纳税款的行为，属于抗税
C. 纳税人以暴力、威胁的办法拒不缴纳税款的行为，属于抗税
D. 纳税人以假报出口手段骗取国家出口退税款的行为，属于逃税

58. 根据税收征收管理法律制度的规定，纳税人拒不提供纳税资料的，税务机关有权(　　)。
A. 责令提供纳税担保　　B. 采取税收保全措施
C. 核定应纳税额　　D. 采取强制执行措施

59. ERP 的核心思想是(　　)。
A. 经营管理　　B. 成本管理　　C. 财务管理　　D. 供应链管理

60. 关于会计档案的移交，表述错误的是(　　)。
A. 纸质会计档案移交时应当保持原卷的封装
B. 电子会计档案移交时应当将电子会计档案及其元数据一并移交，且文件格式应当符合国家档案管理的有关规定
C. 特殊格式的电子会计档案应当与其读取平台一并移交
D. 单位会计管理机构在办理会计档案移交时，应当编制会计档案移交清册，不需要办理移交手续

61. 企业在购买、实施会计软件时，应充分索取(　　)对于电子会计资料的归档范围、元数据项、归档后的存储位置、归档储存格式等方面的意见，使电子会计资料能够顺利归档。
A. 政府档案管理部门　　B. 财政局档案管理部门
C. 本企业档案部门　　D. 税务机关

62. 电子签名应当经第三方认证，提出第三方认证要求是为了(　　)。
A. 进一步提高电子会计资料的公信力　　B. 保证电子签名的有效性
C. 提高电子会计资料的真实性　　D. 保证电子会计资料的完整性

63. 提供合格的会计软件是软件供应商的责任，企业同样也负有使用合格软件的责任，两者(　　)。
A. 不能相互替代　　B. 职责一致
C. 供应商可以替代部分企业的职责　　D. 以上都不正确

64. 对会计软件的监督，地方财政部门不具有(　　)。
A. 检查权　　B. 调查权　　C. 处理权　　D. 反映权

65. 在用友 T3 环境下，建立账套时需要指定的账套信息中不包括(　　)。
A. 已存账套　　B. 启用会计期　　C. 账套号　　D. 账套存储路径

66. 在用友 T3 环境下，会计科目辅助核算一般要设置在(　　)会计科目上。
A. 一级　　B. 二级　　C. 总账　　D. 末级

67. 在用友 T3 软件设置付款条件时，系统最多同时支持(　　)个时间段的折扣。
A. 2　　B. 3　　C. 4　　D. 5

68. 在用友 T3 总账管理系统中，采用自定义转账分录生成机制凭证前，需做好(　　)工作。
A. 本月发生的经济业务已制成凭证，已审核但未记账
B. 本月发生的经济业务已制成凭证，已审核已记账

C. 本月发生的经济业务已制成凭证，已审核已记账已结账

D. 本月发生的经济业务已制成凭证，未审核记账

69. 在用友 T3 总账管理系统中填制凭证，输入方向和金额时，不正确的限制是(　　)。

A. 分录的每一条记录的金额方向唯一　　B. 金额不能为“零”

C. 红字以“—”号表示　　D. 不能有多借多贷的科目

70. 在用友 T3 总账管理系统中进行账簿查询时，可把查询条件保存到(　　)。

A. “我的条件”　　B. “我的账簿”　　C. “快速查询”　　D. “常用条件”

71. 在用友 T3 总账管理系统中，对应结转只结转(　　)。

A. 期初余额　　B. 本期发生额　　C. 期末余额　　D. 累计金额

72. 下列关于用友 T3 总账管理系统作废凭证的说法中错误的是(　　)。

A. 作废凭证仍保留凭证内容及编号，但显示“作废”字样

B. 在自动编号状态下，系统不对作废凭证整理断号

C. 作废凭证不能修改，不能进行出纳签字

D. 作废凭证不参与记账

73. 在用友 T3 总账管理系统中，日常账务处理最频繁的工作是(　　)凭证。

A. 修改　　B. 审核　　C. 输入　　D. 记账

74. 在用友 T3 报表管理系统中，下列操作中与定义单元公式没有先后顺序影响的是(　　)。

A. 插入图表　　B. 设置关键字　　C. 表页重算　　D. 透视

75. 在用友 T3 报表管理系统中，下列公式中表示从本表文件中取数的是(　　)。

A. QC("1001"，月)　　B. QM("1001"，月)

C. FS("1001"，月，"借")　　D. PTOTAL(B4：B5)

76. 在用友 T3 报表管理系统中，(　　)是实现计算机自动处理报表数据的关键步骤。

A. 报表编制　　B. 报表名称登记　　C. 报表公式设置　　D. 报表格式设置

77. 在用友 T3 工资管理系统中，对工资类别的维护不包括(　　)。

A. 新建工资类别　　B. 打开工资类别　　C. 修改工资类别　　D. 删除工资类别

78. 在用友 T3 工资管理系统中，如果设置某工资项目为数字型，长度为 8，小数位为 2，则该工资项目中最多可以输入(　　)位整数。

A. 4　　B. 5　　C. 6　　D. 8

79. 在用友 T3 工资管理系统中，下列描述中错误的是(　　)。

A. 建立工资账套时的扣税设置是指是否由系统代扣个人所得税。选择“是”，则系统会自动完成代扣个人所得税的计算；否则不计算个人所得税

B. 若选择代扣个人所得税参数，则工资项目中自动增加“代扣税”项目

C. “代扣税”项目是系统生成项目，不能删除

D. 在公式设置中，需要对“代扣税”项目设置公式

80. 下列关于用友 T3 工资管理系统的月末处理功能，说法正确的是(　　)。

A. 月末处理只有主管人员才能执行

B. 多工资类别下，应在关闭工资类别状态下进行月末处理

C. 多工资类别下，只需对汇总工资类别进行月末处理

D. 12 月不需要进行月末处理

81. 在用友 T3 固定资产管理系统中，资产类别编码方式设定以后，以下说法正确的是(　　)。

A. 在境内载运旅客、货物出境服务　　B. 国际货物运输代理服务

C. 在境外提供的研发服务　　D. 在境外提供的广播影视节目的播映服务

102. 甲卷烟厂2023年8月收购一批烟叶，并将之委托给乙公司加工成烟丝，收回后一半直接出售给丙企业，一半用于连续生产卷烟，并将生产出的卷烟销售给丁卷烟批发公司，丁公司又将卷烟销售给戊卷烟批发公司，戊公司又将其批发给多家卷烟零售企业，则下列关于消费税的说法中正确的有(　　)。

A. 在将烟叶委托给乙公司加工烟丝的业务中，甲公司是消费税的纳税人

B. 在用烟丝加工卷烟的活动中，甲公司是消费税的纳税人

C. 在向丁公司销售卷烟的业务中，甲公司是消费税的纳税人

D. 在向戊公司的销售业务中，丁公司是消费税的纳税人

103. 下列各项中，以企业所得税年度纳税申报表"销售(营业)收入"为基数计算扣除限额的有(　　)。

A. 广告费　　B. 业务招待费　　C. 业务宣传费　　D. 职工教育经费

104. 根据个人所得税法律制度的规定，下列各项所得中，属于综合所得的有(　　)。

A. 工资、薪金所得　　B. 特许权使用费所得

C. 财产租赁所得　　D. 劳务报酬所得

105. 根据税收征收管理法律制度的规定，下列情形中，税务机关有权核定纳税人应纳税额的有(　　)。

A. 纳税人依照法律、行政法规的规定可以不设置账簿的

B. 纳税人依照法律、行政法规的规定应当设置但未设置账簿的

C. 纳税人申报的计税依据明显偏低，又无正当理由的

D. 纳税人发生纳税义务，未按照规定的期限办理纳税申报，经税务机关责令限期申报，逾期仍不申报的

106. 根据税收征收管理法律制度的规定，下列情形中，税务机关有权责令纳税人提供纳税担保的有(　　)。

A. 税务机关有根据认为从事生产、经营的纳税人有逃避纳税义务行为的

B. 欠缴税款、滞纳金的纳税人或者其法定代表人需要出境的

C. 纳税人同税务机关在纳税上发生争议而未缴清税款，需要申请行政复议的

D. 纳税人发生纳税义务，未按照规定的期限办理纳税申报，经税务机关责令限期申报，逾期仍不申报的

107. 会计电算化的特征包括(　　)。

A. 人机结合　　B. 数据处理及时准确

C. 会计核算自动化、集中化　　D. 内部控制多样化

108. 下列关于企业开展会计信息化工作的说法，正确的有(　　)。

A. 企业通过委托外部单位开发、购买等方式配备会计软件，应当在关于合同中约定操作培训、软件升级、故障解决等服务事项以及软件供应商对企业信息安全的责任

B. 企业应当促进会计信息系统与业务信息系统的一体化，通过业务的处理直接驱动会计记账，减少人工操作，提高业务数据与会计数据的一致性，实现企业内部信息资源共享

C. 企业应当根据实际情况，开展本企业信息系统与银行、供应商、客户等外部单

位信息系统的互联，实现外部交易信息的集中自动处理

D. 企业进行会计信息系统前端系统的建设和改造，应当安排负责会计信息化工作的专门机构或者岗位参与，充分考虑会计信息系统的数据需求

109. 在用友 T3 环境下，关于设置基础档案的说法，正确的有(　　)。

A. 如果企业需要进行客户往来账管理，必须设置客户档案

B. 如果企业需要进行供应商往来账管理，必须设置供应商档案

C. 企业如果有外币业务，应当进行外币及汇率的设置

D. 制单时使用固定汇率还是浮动汇率取决于“外币种类”处汇的率方式设置

110. 在用友 T3 环境下，总账管理系统是各子系统的(　　)。

A. 数据传输中心　B. 信息存储中心　C. 信息汇总中心　D. 财务中心

111. 在用友 T3 账务处理模块中，常见的参数设置包括(　　)。

A. 是否允许操作人员修改他人凭证　B. 出纳凭证是否必须经过出纳签字

C. 凭证编号方式　D. 是否对资金及往来科目实行赤字提示

112. 在用友总账管理系统中，出纳管理的主要工作包括(　　)。

A. 库存现金日记账、银行存款日记账的管理

B. 资金日报表的管理

C. 支票管理

D. 银行对账并输出银行存款余额调节表

113. 在用友 T3 报表管理系统中，报表结构包括(　　)。

A. 报表标题　B. 报表表头　C. 报表表体　D. 报表表尾

114. 在用友 T3 工资管理系统中，关于工资账套参数的修改的说法错误的有(　　)。

A. 只有账套主管人员才可以修改工资账套参数

B. 在未设置工资类别的情况下，修改账套参数将对未来设置的所有工资类别有效

C. 在打开工资类别的状态下，修改账套参数仅对打开的工资类别有效

D. 工资账套参数的修改只允许在工资类别关闭状态下进行

115. 在用友 T3 固定资产管理系统中，折旧要素的变更包括(　　)。

A. 类别调整　B. 使用年限调整　C. 净残值(率)调整　D. 累计折旧调整

三、判断题(本题包括 60 个小题，每小题 1 分，共 60 分。请判断下列说法的对错，正确在答题卡上填涂代码“A”，错误在答题卡上填涂代码“B”。)

(　　)116. 某票据的出票日期为“2023 年 3 月 15 日”，其规范写法是：贰零贰叁年叁月壹拾伍日。

(　　)117. 在会计核算的基本前提中，规定会计核算空间范围的是会计主体。

(　　)118. 付款凭证左上角的会计科目为借方科目。

(　　)119. 会计信息质量的谨慎性，要求企业对交易或者事项进行会计确认、计量和报告时应当保持应有的谨慎，不应高估资产或者收益、低估负债或者费用。

(　　)120. 货币计量假设要求会计核算以货币作为唯一计量单位。

(　　)121. 会计凭证的保管期限：原始凭证、记账凭证保管 15 年，期满前不得销毁。

(　　)122. 在借贷记账法下余额试算平衡理论依据是借贷记账法的记账规则。

(　　)123. 银行存款日记账必须使用订本式账簿，其格式通常采用三栏式账页。

(　　)124. 利润表反映企业一定会计期间的经营成果，是一张静态报表。

(　　)125. 凡是存放在企业的财产物资，都应作为企业的资产核算。

个期间内只能计提一次折旧。

四、不定项选择题(本题包括 17 个小题，每小题 2 分，共 34 分。在每小题给出的四个选项中，有一个或一个以上答案符合题目要求，请在答题卡相应位置用 2B 铅笔填涂相应答案代码。)

(一)

甲公司是一家国有企业，吴某是单位负责人。2023 年 1 月，甲公司有以下情形：

(1) 由于原会计机构负责人刘某辞职，吴某的侄女吴言接任了刘某的工作。两人办理了会计工作交接手续。吴言在其他公司从事会计工作 6 年，已考取了注册会计师证书，具有扎实的工作经验。

(2) 公司已经对 2022 年的会计资料进行归档，由于需要在会计机构内保管一段时间，任命由出纳同时负责会计档案的保管工作。

(3) 公司对已到保管期限的会计档案进行鉴定，并形成会计档案鉴定意见书。

要求：根据上述资料，不考虑其他因素，分析回答下列小题。

176. 关于会计机构负责人的任职资格，以下说法正确的有(　　)。

A. 从事会计 3 年以上才可以担任会计机构负责人

B. 取得会计师以上的专业技术职务资格才可以担任会计机构负责人

C. 从事会计工作 3 年以上且取得会计师以上的专业技术职务资格才可以担任会计机构负责人

D. 从事会计工作 3 年以上或者取得会计师以上的专业技术职务资格就可以担任会计机构负责人

177. 关于吴言是否可以担任甲公司的会计机构负责人，下列说法正确的有(　　)。

A. 吴言符合会计机构负责人的任职资格，可以担任甲公司的会计机构负责人

B. 吴言没有会计师以上的会计专业职务资格，不得担任甲公司的会计机构负责人

C. 吴言是甲公司单位负责人的直系亲属，不得担任甲公司的会计机构负责人

D. 吴言取得了注册会计师证书，可以担任甲公司的会计机构负责人

178. 根据资料(2)，以下说法正确的有(　　)。

A. 当年形成的会计档案，只能由会计机构保管 1 年

B. 当年形成的会计档案，可由会计机构保管 1 年，最长不超过 3 年

C. 出纳不得兼管会计档案的保管

D. 出纳可兼管会计档案的保管

179. 关于会计档案的鉴定工作，以下说法正确的有(　　)。

A. 经鉴定，只要保管期满的会计档案就应销毁

B. 会计档案鉴定工作由单位会计机构负责

C. 会计档案鉴定工作由单位档案管理机构负责

D. 会计档案鉴定工作由单位档案管理机构牵头，组织单位会计、审计、纪检监察等机构或人员共同进行

(二)

2023 年 7 月 1 日，甲公司在 Q 银行开立了基本存款账户，资信状况良好。2023 年 8 月 2 日，甲公司需要购买生产物资，由于资金紧张，甲公司签发了一张出票金额为 80 万元的银行承兑汇票给乙公司，该汇票到期日为 2023 年 12 月 25 日，承兑行为 Q 银行并已承兑。2023 年 12 月 25 日汇票到期，乙公司委托自己的开户银行 M 银行收取汇票款项，并依法办理了相关手续。乙公司当日得知甲公司账户余额只有 60 万元。

要求：根据上述资料，不考虑其他因素，分析回答下列小题。

180. 根据支付结算法律制度的规定，甲公司签发银行承兑汇票应具备的条件有(　　)。

A. 在开户银行Q银行开立存款账户　　B. 资信状况良好

C. 与Q银行具有真实的委托付款关系　　D. 不存在任何的违法行为

181. 下列关于Q银行承兑的说法，正确的有(　　)。

A. Q银行承兑该汇票应向甲公司收取承兑手续费

B. Q银行承兑该汇票应向乙公司收取承兑手续费

C. Q银行承兑该汇票不得附条件，如附条件，则条件无效，承兑依然有效

D. Q银行承兑该汇票之后，就成为票据的主债务人

182. 乙公司委托M银行收取汇票款项，应当办理的手续有(　　)。

A. 将填写好的委托收款凭证与该汇票一并提交给M银行

B. 在委托收款凭证上记载付款人为Q银行

C. 在委托收款凭证上记载收款人为乙公司

D. 在委托收款凭证上签章

183. 2023年12月25日，乙公司的开户行M行收取汇票款项时，Q银行应(　　)。

A. 拒绝付款，待甲公司交足票款后再向乙公司付款

B. 提示付款当日即向乙公司付款80万元

C. 提示付款当日向乙公司付款60万元

D. 拒绝付款，并向乙公司出具拒绝证明

(三)

甲汽车贸易公司为增值税一般纳税人，2023年8月经营业务如下：

(1) 从某汽车制造厂购进小轿车8辆，不含税价格为10万元/辆。甲汽车贸易公司本月销售2辆，取得含税销售收入16.95万元/辆；另外1辆对外投资，1辆供本公司内部使用。

(2) 以分期收款方式销售外购的10辆小汽车给M公司，含税总价款为339万元。按照合同约定，M企业应于本月支付总价款的50%，余款下月末结清。但截至本月底甲汽车贸易公司实际仅收到113万元。

(3) 销售外购的超豪华小汽车3辆，取得含增值税销售额508.5万元。

(4) 进口5辆越野车，海关完税价格为214万元。

已知：小汽车、越野车消费税税率为12%，超豪华小汽车零售环节消费税税率为10%，进口关税税率为40%。

要求：根据上述资料，不考虑其他因素，分析回答下列小题。

184. 甲汽车贸易公司从长安汽车制造厂购进8辆小汽车后再处置过程中应缴纳消费税的金额，下列计算正确的是(　　)。

A. 0　　B. $8\times10\times12\%=9.6$(万元)

C. $16.95\div(1+13\%)\times2\times12\%=3.6$(万元)　　D. $16.95\div(1+13\%)\times4\times12\%=7.2$(万元)

185. 计算甲汽车贸易公司以分期收款的方式销售小汽车当月应缴纳增值税税额的下列算式中，正确的是(　　)。

A. $339\div(1+13\%)\times13\%=39$(万元)　　B. $113\div(1+13\%)\times13\%=13$(万元)

C. $339\div(1+13\%)\times50\%\times13\%=19.5$(万元)　　D. $339\times50\%\times13\%=22.035$(万元)

186. 计算甲汽车贸易公司销售超豪华小汽车应缴纳消费税的下列算式中，正确的是(　　)。

A. $508.5\div(1+13\%)\times10\%=45$(万元)　　B. $508.5\div(1+13\%)\times12\%=54$(万元)

A. 117.5　　B. 50　　C. 67.5　　D. 140

13. 关于会计凭证的保管，下列说法不正确的是(　　)。

A. 会计凭证应定期装订成册，防止散失

B. 会计主管人员和保管人员应在封面上签章

C. 原始凭证不得外借，如有特殊原因确需使用，经本单位负责人批准，可复制

D. 经单位领导批准，会计凭证在保管期满前可以销毁

14. 将记账凭证分为收款凭证、付款凭证、转账凭证的依据(　　)。

A. 凭证填制的手续　　B. 凭证的来源

C. 凭证所反映经济业务内容　　D. 所包括会计科目是否单一

15. 会计人员审核原始凭证时发现其金额有差错，应由(　　)。

A. 原制单人员重开　　B. 经办人员更正　　C. 会计人员更正　　D. 审批人员更正

16. 填制原始凭证时应做到大小写数字符合规范，填写正确。如大写金额“壹仟零壹元伍角整”，其小写应为(　　)。

A. 1001.50 元　　B. ¥1001.50　　C. ¥1001.50 元　　D. ¥1001.5

17. “生产成本”明细账应该采用(　　)。

A. 三栏式　　B. 多栏式　　C. 数量金额式　　D. 任意格式

18. “应交税金——应交增值税”明细账应采用的格式是(　　)。

A. 借方多栏式　　B. 贷方多栏式　　C. 借方贷方多栏式　　D. 三栏式

19. 总分类账与特种日记账的外表形式应采用(　　)。

A. 活页式　　B. 卡片式　　C. 订本式　　D. 任意外表形式

20. 企业开出转账支票 1690 元购买办公用品，编制记账凭证时，误记金额为 1960 元，并已记账，应采用的更正方法是(　　)。

A. 补充登记 270 元　　B. 红字冲销 270 元

C. 在凭证中划线更正　　D. 把错误凭证撕掉重编

21. 单位财产清查中查明的固定资产盘盈，应通过下列(　　)账户核算。

A. 待处理财产损溢　　B. 营业外支出

C. 其他应收款　　D. 以前年度损益调整

22. 某单位盘亏固定资产一项，账面原价为 30000 元，累计折旧为 14000 元，则经批准后记入“营业外支出”账户的金额应为(　　)元。

A. 30000　　B. 16000　　C. 14000　　D. 0

23. “待处理财产损溢”账户年末一般(　　)。

A. 可能有借方余额　　B. 可能有贷方余额　　C. 无余额　　D. 以上都不对

24. 科目汇总表账务处理程序的优点是(　　)。

A. 反映的内容不详细　　B. 程序复杂，不易掌握

C. 不便于查账对账　　D. 简化登记总分类账的工作量

25. 科目汇总表账务处理程序下，在科目汇总表和总分类账中(　　)。

A. 能清晰地反映各科目间的对应关系

B. 不能清晰地反映各科目间的对应关系

C. 在多数情况下反映各科目间的对应关系

D. 虽不反映各科目的对应关系，但可以看出经济业务的来龙去脉

26. 资产负债表中“预收账款”项目应根据“预收账款”和(　　)账户所属明细账户的期末贷方余额合计数填列。

A. 预收账款　　B. 预付账款　　C. 应收账款　　D. 应付账款

27. 资产负债表的左方结构中反映的是(　　)。

A. 流动资产和固定资产　　B. 流动资产和非流动资产

C. 流动资产和流动负债　　D. 固定资产和所有者权益

28. 会计报表是根据(　　)资料编制的。

A. 日记账、总账和明细账　　B. 日记账和明细账

C. 日记账和总账　　D. 明细账和总账

29. 会计人员办理交接手续，必须有监交人员负责监交，其中会计机构负责人办理交接手续，其监交人是(　　)。

A. 单位负责人　　B. 会计机构负责人　　C. 财政部门领导　　D. 其他会计人员

30. 当年形成的会计档案，在会计年度终了后，可暂由会计机构保管(　　)，期满之后当由会计机构编制移交清册，移交本单位档案机构统一保管。

A. 1 年　　B. 半年　　C. 一个季度　　D. 1 个月

31. 下列关于会计机构设置的表述中，不正确的是(　　)。

A. 不具备设置条件的，应当委托经批准从事会计代理记账业务的中介机构代理记账

B. 企业必须设置会计机构

C. 企业可以不设置会计机构，在有关机构中设置会计人员并指定会计主管人员

D. 各单位根据业务的需要，设置会计机构

32. 根据会计法律制度的规定，下列各项中，不属于会计核算内容的是(　　)。

A. 购入原材料　　B. 处置固定资产　　C. 签订购销合同　　D. 非货币资产交换

33. 根据会计法律制度的规定，下列会计档案中，保管期限最短的是(　　)。

A. 年度财务会计报告　　B. 银行存款日记账

C. 会计档案销毁清册　　D. 纳税申报表

34. 根据会计法律制度的规定，下列各项中，不属于代理记账业务范围的是(　　)。

A. 对外提供财务会计报告　　B. 向税务机关提供纳税资料

C. 负责委托人的日常货币收支与保管　　D. 审核委托人提供的原始凭证

35. 会计工作交接时，接替人员在交接时因疏忽没有发现所接替的会计资料存在真实性、合法性方面的问题。如事后发现，该问题应由(　　)负责。

A. 接替人员和原移交人员共同　　B. 原移交人员

C. 接替人员　　D. 会计机构负责人

36. 下列会计人员中，5 年内不得从事会计工作的有(　　)。

A. 因私设会计账簿且情节严重，被行政处罚的会计人员张某

B. 因伪造会计凭证情节严重被追究刑事责任的会计人员李某

C. 因故意销毁会计资料被追究刑事责任的会计人员赵某

D. 因挪用公款被判处 5 年有期徒刑的会计人员刘某

37. 某支票的出票日期为 2023 年 2 月 10 日，下列书写正确的是(　　)。

A. 贰零贰叁年贰月拾日　　B. 贰零贰叁年零贰月拾日

C. 贰零贰叁年贰月壹拾日　　D. 贰零贰叁年零贰月零壹拾日

60. 下列模块中，不需要为账务处理模块传递凭证的是(　　)模块。

A. 薪资管理　　B. 存货核算　　C. 报表管理　　D. 成本管理

61. 软件供应商在(　　)情况下可以对客户提出的软件升级服务收取费用。

A. 客户对功能的要求进一步完善，提高使用便利性

B. 对影响客户按照会计准则制度核算的问题的修正

C. 由于供应商的问题导致客户资料安全受到威胁

D. 国家财经政策的调整导致原有软件部分功能不再适用

62. “会计软件和服务”主要从保障国家统一会计准则制度的执行，便于(　　)的角度，对会计软件应当具有和不得提供的功能进行规定。

A. 国家管理　　B. 政府监督　　C. 会计监督　　D. 会计核算

63. 下列关于会计软件要求的说法中，不正确的是(　　)。

A. 会计软件应当保障企业按照国家统一会计准则制度开展会计核算，不得有违背国家统一会计准则制度的功能设计

B. 会计软件的界面应当使用中文并且提供对中文处理的支持，可以同时提供外国或者少数民族文字界面对照和处理支持

C. 会计软件可以不提供符合国家统一会计准则制度的会计科目分类和编码功能

D. 会计软件应当提供符合国家统一会计准则制度的会计凭证、账簿和报表的显示和打印功能

64. 下了不属于《企业会计信息化工作规范》的规范对象的是(　　)。

A. 企业　　B. 行政事业单位　　C. 会计软件供应商　　D. 代理记账机构

65. 在用友 T3 环境下，下列关于会计科目的说法不正确的有(　　)。

A. 企业增加会计科目时，会计科目编码、会计科目名称不能为空

B. 增加的会计科目编码必须遵循会计科目编码方案

C. 增加二级或其以下会计科目时，系统将自动与其上一级科目类型保持一致，用户可进行更改

D. 辅助核算一般设置在末级科目上

66. 在用友 T3 环境下，关于建立账套时“基础信息”选择的说法，错误的是(　　)。

A. 存货、客户、供应商是否分类核算，根据企业的具体情况进行设置

B. 如果选择了存货、客户、供应商分类，那么在进行基础信息设置时，必须先设置存货、客户、供应商分类，然后才能设置存货、客户、供应商档案

C. 无论存货、客户、供应商是否选择分类，在进行基础信息设置时，必须先设置存货、客户、供应商分类，然后才能设置存货、客户、供应商档案

D. 存货、客户、供应商如不需分类核算，那么在编码方案设置中则不能进行存货、客户、供应商的分类编码设置

67. 在用友 T3 环境下，明细科目的设置要求是(　　)。

A. 可以随意设置　　B. 按企业具体要求设置

C. 按现行会计准则制度要求设置　　D. 由财政部设置

68. 在用友 T3 环境下，总账管理系统以(　　)为数据的起点。

A. 会计账簿　　B. 会计凭证　　C. 会计科目　　D. 会计报表

69. 在用友 T3 总账管理系统中，下列关于期初余额的说法，错误的是(　　)。

A. 期初余额录入完要进行期初对账和试算平衡，以检查录入余额有无错误

B. 在录入期初余额时，可以删除不需要的会计科目

C. 只需要录入末级科目余额，上级科目余额由系统汇总产生

D. 年初建账，只需要录入各科目期初余额即可

70. 在用友 T3 总账管理系统中，如果要求操作员只能使用具有相应制单权限的会计科目填制凭证，则需要在总账管理系统选项中选择(　　)。

A. 制单权限控制到科目　　B. 可以使用其他系统受控科目

C. 明细账查询权限控制到科目　　D. 资金及往来赤字控制

71. 在用友 T3 账务处理系统中，凭证的无痕迹修改只能在(　　)前进行。

A. 审核　　B. 记账　　C. 结账　　D. 打印

72. 在用友 T3 总账管理系统中，在查询明细账时，可以查询的科目范围(　　)。

A. 包括总账会计科目　　B. 包括明细会计科目

C. 只能是明细会计科目　　D. 包括总账科目和明细科目

73. 在用友 T3 环境下，月末结账时，一般最后执行月结的系统是(　　)。

A. 总账管理系统　　B. 应收款管理系统

C. 固定资产管理系统　　D. 薪酬管理子系统

74. 在用友 T3 报表管理系统中，以下公式中属于合法的舍位平衡公式的是(　　)。

A. D4＝D1+D2-D3　　B. D4＝D3+D2/2　　C. D4＝D4@ 1+D3　　D. D4＝D1 * D2-D3

75. 在用友 T3 报表管理系统中，取数公式 WFS("2202"，月,"贷",)，表示的正确含义为(　　)。

A. 取“应收账款”科目本月贷方发生额

B. 取“应付账款”科目本月外币贷方发生额

C. 取“应收账款”科目本月外币贷方发生额

D. 取“应付账款”科目本月贷方发生额

76. 在用友 T3 报表管理系统中，运算公式的设置应在(　　)之后完成。

A. 报表格式定义　　B. 报表打印　　C. 报表输出　　D. 报表编辑

77. 在用友 T3 工资管理系统中，下列各项中属于期末处理的有(　　)。

A. 结账　　B. 工资分摊

C. 工资表的查询输出　　D. 生成记账凭证

78. 在用友 T3 工资管理系统中，下列关于多个工资类别的说法不正确的是(　　)。

A. 打开工资类别状态下，不能新建工资类别，只有关闭工资类别才能新建工资类别

B. 打开工资类别状态下，可以删除工资类别

C. 在不同的工资类别里，可以设置不同的工资项目和计算公式

D. 在关闭工资类别状态下，“工资项目设置”对话框只有“工资项目设置”；而打开工资类别状态下不仅有“工资项目设置”，还有“公式设置”功能

79. 在用友 T3 工资管理系统中，工资项目计算公式输入的方法不包括(　　)。

A. 直接输入公式　　B. 复制输入公式

C. 参照输入公式　　D. 函数向导输入公式

80. 在用友 T3 工资管理系统分摊类型设置中，不可以设置的分摊类型的是(　　)。

A. 制造费用　　B. 应付福利费　　C. 职工教育经费　　D. 工会经费

100. 根据支付结算法律制度的规定，下列关于商业汇票的表述中，正确的有(　　)。

A. 单位或个人的各种款项都可以使用商业汇票

B. 商业承兑汇票可以由付款人签发，也可以由收款人签发

C. 商业汇票必须经承兑人承兑后才可以提示付款

D. 银行承兑汇票由承兑行承兑并付款

101. 根据支付结算法律制度的规定，关于票据追索权行使的下列表述中，正确的有(　　)。

A. 持票人行使追索权必须是在提示付款被拒绝之后

B. 持票人可以向票据的出票人、背书人、承兑人和保证人同时追索

C. 持票人行使追索权时，应当提供被拒绝承兑或拒绝付款的有关证明

D. 持票人行使追索权，不受时间限制

102. 下列各项中，属于增值税视同销售的有(　　)。

A. 服装公司将外购的小汽车投资入股给机械制造公司

B. 餐饮公司无偿为客户提供晚宴

C. 广告公司无偿为客户提供广告设计服务

D. 律师事务所定期无偿为社会公众提供法律援助服务

103. 根据增值税法律制度的规定，境内单位发生的下列行为，除另有规定外适用零税率的有(　　)。

A. 出口货物　　B. 提供航空运输服务

C. 提供国际货物运输服务　　D. 提供航天运输服务

104. 某白酒生产厂(增值税一般纳税人)销售一批白酒时收取的下列款项中，应并入销售额计缴消费税的有(　　)。

A. 增值税销项税额　　B. 优质费

C. 包装物押金　　D. 包装物租金

105. 根据企业所得税法律制度的规定，下列行业中，不适用研究开发费用税前加计扣除政策的有(　　)。

A. 娱乐业　　B. 烟草制造业　　C. 房地产业　　D. 新能源汽车行业

106. 根据税收征收管理法律制度的规定，下列各项中，属于税务机关派出人员在税务检查中应履行的职责有(　　)。

A. 出示税务检查通知书　　B. 出示税务机关组织机构代码证

C. 为被检查人保守秘密　　D. 出示税务检查证

107. 会计信息化是指企业利用(　　)等现代信息技术手段开展会计核算，以及利用上述技术手段将会计核算与其他经营管理活动有机结合的过程。

A. 微电子技术　　B. 网络通信　　C. 计算机　　D. 光电子技术

108.《企业会计信息化工作规范》与之前的相关政策法规相比取得了哪些突破(　　)。

A. 会计凭证审核环节的取消

B. 会计软件云服务的规定

C. 对集团企业信息化提出了更多的要求，如财务共享

D. 企业内外部信息集成的问题

109. 在用友 T3 环境下，在会计科目的辅助核算中，客户往来与(　　)有互斥关系。

A. 个人往来　　B. 供应商往来　　C. 项目核算　　D. 部门核算

110. 在用友 T3 环境下，下列关于手工会计核算与会计信息化核算流程区别的说法，正确的有(   )。

A. 二者会计信息载体不同，手工会计核算信息存储主要以纸质介质为载体，会计信息化核算主要以电子文件的形式，存储在光、电、磁等存储介质上

B. 二者会计核算工具不同，手工会计核算以算盘、计算器等为核算工具，会计信息化核算以计算机等信息化技术为核算工具

C. 二者记账规则不完全相同，手工会计核算可以采用划线更正法，但会计信息化核算不能采用划线更正法

D. 二者账务处理流程类型存在差异，手工会计核算需要账证核对、账账核对、账实核对，而会计信息化核算不需要账证核对、账账核对、账实核对

111. 在用友 T3 总账管理系统中，支票管理功能主要包括支票的(   )。

A. 收到　　B. 领用　　C. 报销　　D. 背书

112. 在用友 T3 总账管理系统中，结账前要进行的检查包括(   )。

A. 检查本月记账凭证是否已经全部记账，如有未记账凭证，则不能结账

B. 检查上月是否已经结账，如上月未结账，则本月不能结账

C. 检查总账与明细账、总账与辅助账是否对账正确，如果对账不正确则不能结账

D. 对账户余额进行试算平衡，如试算不平衡将不能结账

113. 在用友 T3 报表管理系统中，有的类型的单元其内容既可以直接录入也可以根据单元公式生成，这样的单元类型包括(   )。

A. 数值单元　　B. 表样单元　　C. 字符单元　　D. 日期单元

114. 在用友 T3 工资管理系统中，在工资变动录入中，为缩小人员档案的查询范围，系统提供以下哪些功能？(   )。

A. 过滤　　B. 定位　　C. 替换　　D. 筛选

115. 在用友 T3 固定资产管理系统中，固定资产增加方式包括(   )。

A. 直接购买　　B. 接受捐赠　　C. 盘盈　　D. 经营租入

三、判断题(本题包括 60 个小题，每小题 1 分，共 60 分。请判断下列说法的对错，正确在答题卡上填涂代码“A”，错误在答题卡上填涂代码“B”。)

(   )116. 固定资产因损耗而减少的价值，应贷记固定资产账户。

(   )117. 资产负债表是反映企业一定时期内全部资产、负债和所有者权益情况的会计报表。

(   )118. 所得税费用账户借方登记期末转入本年度利润账户的金额。

(   )119. 各种账簿必须按编定的页次顺序连续登记，不得跳行、隔页。如果发生跳行、隔页，应当将空行、空页用红色墨水划线注销，或注明“此行空白”“此页空白”字样，并由记账人员签名或者盖章。

(   )120. 会计信息质量的可比性要求同一会计主体在不同时期发生的相同交易尽量采用相同的会计处理方法，以利于不同会计期间会计信息的纵向比较。

(   )121. 编制试算平衡表的作用是检验总账和明细账的正确性。

(   )122. 开出商业汇票偿还欠款时将使企业的资产总额减少。

(   )123. 科目汇总表是根据一定时期内的全部记账凭证，按总账科目进行汇总编制的，用以登记总账和明细账。

四、不定项选择题(本题包括17个小题，每小题2分，共34分。在每小题给出的四个选项中，有一个或一个以上答案符合题目要求，请在答题卡相应位置用2B铅笔填涂相应答案代码。)

(一)

2023年7月10日，甲公司为支付给冯龙一笔劳务费，向其签发一张转账支票，收款人为冯龙，出票金额为20万元。7月15日，冯龙委托自己的开户银行M向甲公司的开户银行N银行提示付款，被告知甲公司账户余额仅为10万元。

要求：根据上述资料，不考虑其他因素，分析回答下列问题。

176. 根据支付结算法律制度的规定，下列各项属于甲签发支票时必须记载的事项的是(　　)。

A. 出票日期　B. 金额　C. 出票人签章　D. 付款地

177. 收款人冯龙需要在何期限内向付款人提示付款(　　)。

A. 2023年7月20日前　B. 2023年8月10日前

C. 2023年9月20日前　D. 2023年8月1日前

178. 7月15日冯龙委托自己的开户行向付款人提示付款时，以下说法正确的有(　　)。

A. N银行拒绝付款　B. N银行付款10万元

C. 该支票成为空头支票　D. 冯龙应行使票据追索权

179. 冯龙行使票据追索权，以下说法正确的有(　　)。

A. 冯龙可向M银行行使追索权

B. 冯龙可向N银行行使追索权

C. 冯龙可向甲公司行使追索权

D. 冯龙只能在2023年10月15日前行使票据追索权

(二)

甲公司为居民企业，在境内南京市注册成立，企业所得税实行按季预缴。2022年度有关财务收支情况如下：

(1)销售商品收入2000万元，取得债务重组收入200万元，接受乙公司投资款800万元，确实无法偿付的应付款项60万元。

(2)7月8日与丙公司签订捐赠协议，约定丙公司于7月20日向甲公司捐赠一批材料，8月1日丙公司发出货物，8月5日甲公司收到该批材料，并取得对方开具的增值税专用发票，注明金额为100万元，增值税税额为13万元。

(3)向其母公司支付管理费28万元；支付税收滞纳金5万元；支付环保部门罚款10万元；发生劳动保护支出50万元。

(4)其他可在企业所得税前扣除的成本、费用、税金合计2200万元。

已知：2021年度甲公司会计利润为-150万元，经纳税调整后当年应纳税所得额为-50万元。甲公司2022年度共预缴企业所得税30万元。

要求：根据上述资料，不考虑其他因素，分析回答下列小题。

180. 甲公司取得的下列各项资金中，应计入企业所得税收入总额的是(　　)。

A. 销售商品收入2000万元　B. 取得债务重组收入200万元

C. 接受乙公司投资款800万元　D. 确实无法偿付的应付款项60万元

181. 甲公司接受材料捐赠的下列涉税处理中，正确的是(　　)。

A. 作为捐赠收入计入应纳税所得额的金额为 100 万元

B. 作为捐赠收入计入应纳税所得额的金额为 113 万元

C. 确认该项捐赠收入实现的日期是 8 月 1 日

D. 确认该项捐赠收入实现的日期是 8 月 5 日

182. 甲公司 2022 年度企业所得税应纳税所得额是(　　)。

A. -77 万元　　B. 73 万元　　C. 723 万元　　D. 873 万元

183. 下列关于甲公司的企业所得税征收管理表述中，正确的是(　　)。

A. 如果 2022 年度税前不足以弥补 2021 年度亏损，甲公司无须办理 2022 年度企业所得税汇算清缴

B. 甲公司应当于季度终了后 15 日内，向税务机关预缴企业所得税

C. 甲公司 2022 年度的汇算清缴期为 2023 年 1 月 1 日至 2023 年 5 月 1 日

D. 甲公司的企业所得税纳税地点为南京市

(三)

居民个人刘某为某高校教授，2022 年刘某有关收支情况如下：

(1) 每月工资、薪金收入 15000 元，每月取得规定的政府特殊津贴 5000 元，每月缴纳的基本养老保险费、基本医疗保险费、失业保险费、住房公积金 3000 元。

(2) 将自己的一项专利权许可他人使用，取得收入 100000 元。

(3) 出租一套住房，每月租金 3000 元，每月缴纳房产税 120 元。

(4) 获得“全国教学名师”荣誉称号，取得教育部颁发的奖金 50000 元。

(5) 取得一年期定期储蓄存款利息收入 5000 元。

(6) 转让家中第二套住房，取得转让收入 500000 元。

已知：刘某单身，为家中独生子，其父亲 61 周岁，母亲 59 周岁。

要求：根据上述资料，不考试其他因素，分析回答下列问题。

184. 刘某将专利权许可他人使用获得的收入属于(　　)所得。

A. 财产转让　　B. 财产租赁　　C. 特许权使用费　　D. 劳务报酬

185. 刘某 2022 年综合所得的应纳税所得额计算正确的是(　　)。

A. 15000×12+100000-60000-3000×12-2000×12=160000(元)

B. 15000×12+100000×(1-20%)-60000-3000×12-2000×12=140000(元)

C. (15000+5000)×12+100000×(1-20%)-60000-3000×12-2000×12=200000(元)

D. 15000×12+100000×(1-20%)-60000-3000×12-2000×2×12=116000(元)

186. 刘某的下列所得中，不需要缴纳个人所得税的是(　　)。

A. 教育部颁发的奖金 50000 元　　B. 储蓄存款利息收入 5000 元

C. 政府特殊津贴 5000 元/月　　D. 转让住房收入 500000 元

187. 计算刘某出租住房每月租金收入应缴纳个人所得税税额正确的是(　　)。

A. 3000×10%　　B. (3000-800)×10%

C. (3000-800-120)×10%　　D. (3000-120)×10%

(四)

甲公司是一般纳税人单位，该公司于 2021 年 2 月 10 日成立，2022 年 4 月 1 日开始使用用友 T3 会计软件开展会计信息化工作，并同时启用总账、工资、固定资产等子系统。

要求：根据上述资料分析回答下列 188~192 题。

13. (　　)是记录经济业务发生或完成情况的书面证明，也是登记账簿的依据。

A. 科目汇总表　　B. 原始凭证　　C. 会计凭证　　D. 记账凭证

14. 会计凭证按其(　　)不同，可以分为原始凭证和记账凭证两类。

A. 反映业务的方法　　B. 填制方式

C. 取得来源　　D. 填制的程序和用途

15. 会计凭证保管期限一般为(　　)年。

A. 10年　　B. 15年　　C. 20年　　D. 30年

16. 下列不能作为会计核算的原始凭证的是(　　)。

A. 发货票　　B. 银行存款余额调节表

C. 入库单　　D. 领料单

17. 期末根据账簿记录，计算并记录出各账户的本期发生额和期末余额，在会计上称为(　　)。

A. 对账　　B. 结账　　C. 调账　　D. 查账

18. 对于某些在序时账簿和分类账簿中未能记载的经济业务进行补充登记的账簿是(　　)。

A. 序时账簿　　B. 分类账簿　　C. 联合账簿　　D. 备查账簿

19. 将账簿划分为序时账、分类账、备查账的依据是(　　)。

A. 账簿的登记方式　　B. 账簿的用途

C. 账簿登记的内容　　D. 账簿的外表形式

20. 总账、部分明细账都可以采用的格式是(　　)。

A. 三栏式　　B. 二栏式　　C. 单栏式　　D. 数量金额式

21. 为了记录、反映财产物资的盘盈、盘亏和毁损情况，应当设置(　　)科目。

A. 固定资产清理　　B. 待处理财产损溢　　C. 长期待摊费用　　D. 营业外支出

22. 对财产物资的增减根据凭证连续记载并随时结出余额的制度是(　　)。

A. 应收应付制　　B. 实地盘存制　　C. 永续盘存制　　D. 实收实付制

23. 盘亏及毁损财产物资的数额中属于责任者个人赔偿的，应计入(　　)。

A. “其他应收款”的贷方　　B. “营业外支出”的借方

C. “管理费用”的借方　　D. “其他应收款”的借方

24. 各种账务处理程序中，最基本的是(　　)。

A. 日记总账账务处理程序　　B. 汇总记账凭证账务处理程序

C. 记账凭证账务处理程序　　D. 科目汇总表账务处理程序

25. 根据科目汇总表登记总账，起到简化总账的记账工作，同时起到(　　)作用。

A. 简化明细账记账工作　　B. 反映账户对应关系

C. 科目对应关系　　D. 发生额试算平衡

26. 年末资产负债表中“未分配利润”项目应根据(　　)账户期末余额填列。

A. 本年利润　　B. 利润分配

C. 本年利润和利润分配　　D. 应付利润

27. 利润表一般根据各个损益类科目(　　)填列。

A. 余额　　B. 净额　　C. 本期发生额　　D. 累计金额

28. 下列不属于资产负债表中“存货”项目的是(　　)。

A. 原材料　　B. 生产成本　　C. 固定资产　　D. 库存商品

29. 如果企业月末资产负债表中，固定资产原价为100万元，累计折旧40万元，计提固定资产减值准备10万元，固定资产净额应填列(　　)。

A. 100万元　　B. 60万元　　C. 50万元　　D. 160万元

30. 各单位保存的会计档案不得借出，如有特殊需要，经(　　)批准，可以提供查阅或者复制，并办理登记手续。

A. 会计主管　　B. 本单位负责人　　C. 财务总监　　D. 会计人员

31. 下列单位的会计行为中，符合会计核算要求的是(　　)。

A. 甲外商投资企业的会计记录文字只使用了英文

B. 乙外商投资企业的财务会计报告以美元折算

C. 丙中外合作企业根据实际发生的经济业务进行核算

D. 丁合伙企业的账簿只设置了明细账与日记账

32. 单位会计管理机构临时保管会计档案期限最长为(　　)年。

A. 1　　B. 2　　C. 3　　D. 5

33. 单位内部会计监督的对象是(　　)。

A. 本单位的单位负责人　　B. 本单位的会计人员

C. 本单位的会计机构　　D. 本单位的经济活动

34. 根据会计法律制度的规定，原始凭证的金额有错误时，应当采取的正确做法是(　　)。

A. 由出具单位重开　　B. 由出具单位更正并加盖出具单位印章

C. 由接受单位更正并加盖接受单位印章　　D. 由经办人员更正并加盖经办人员印章

35. 会计档案的鉴定工作由(　　)牵头组织进行。

A. 单位档案管理机构　　B. 单位会计管理机构

C. 单位审计机构　　D. 单位纪检监察机构

36. 对某公司实施的下列行为中，属于社会监督的是(　　)。

A. 所在市财政部门对该公司开展会计信息质量检查

B. 聘请的会计师事务所对该公司进行年度财务会计报告进行审计

C. 该公司的会计人员对发生的经济业务进行审核

D. 所在市税务局对该公司开展企业所得税专项税务稽查

37. 会计职业的特殊性要求会计人员客观公正，当发生道德冲突时要坚持准则，把(　　)放在第一位。

A. 个人利益　　B. 单位利益　　C. 国家利益　　D. 社会公众利益

38. 会计职业道德的精髓是(　　)。

A. 强化服务　　B. 爱岗敬业　　C. 坚持准则　　D. 诚实守信

39. 努力钻研业务，熟悉财经法规和相关制度，提高业务技能，是(　　)坚实的基础。

A. 参与管理　　B. 廉洁自律　　C. 诚实守信　　D. 强化服务

40. 某公司因长期经营不善被迫宣告破产，则撤销该公司的单位银行结算账户时，其应当最后撤销的是(　　)。

A. 基本存款账户　　B. 一般存款账户　　C. 专用存款账户　　D. 临时存款账户

41. 根据支付结算法律制度的规定，下列各项中，不属于支票的基本当事人的是(　　)。

A. 出票人　　B. 收款人　　C. 付款人　　D. 保证人

42. 下列当事人取得的票据，持票人不享有票据权利的是(　　)。

是(　　)。

A. 大型集团企业　　B. 刚起步的小微企业

C. 有较多特殊业务的中小企业　　D. 没有或较少特殊业务的企事业单位

61.《企业会计信息化工作规范》“总则”对工作范围中使用的术语进行了定义，并对管理部门的职责进行了(　　)界定。

A. 规范性　　B. 概括性　　C. 强制性　　D. 总括性

62. 软件供应商应当努力提高会计软件相关服务质量，按照合同约定及时解决用户使用中的故障问题，这是对供应商的(　　)要求。

A. 一般性　　B. 特殊性　　C. 其他性　　D. 个别性

63.《企业会计信息化工作规范》中对记账的规范不包括(　　)。

A. 软件要提供不同的记账程序

B. 不可逆的记账功能

C. 对记账顺序的保护

D. 对记账内容的保护，禁止对已记账凭证关键信息的修改

64. 从表现形式来看，下了不属于会计软件的是(　　)。

A. 单机运行的软件　　B. 云服务软件

C. 软件系统中的某些模块　　D. Word、Excel 等通用软件

65. 在用友 T3 环境下，设置编码方案的目的在于方便企业对基础数据的编码进行(　　)。

A. 综合管理　　B. 分类管理　　C. 分级管理　　D. 统一管理

66. 在用友 T3 环境下，关于删除会计科目的说法不正确的是(　　)。

A. 会计科目建立后，不能删除

B. 科目输入余额后，可通过将余额置零后删除

C. 科目的删除应自下而上进行

D. 已有发生额的科目不能删除

67. 在用友 T3 环境下，在系统管理模块中增加操作员时，(　　)不能重复。

A. 编码　　B. 姓名

C. 口令　　D. 编码，姓名，口令

68. 在用友 T3 总账管理系统中，下列各项不属于本系统日常业务的是(　　)。

A. 凭证录入　　B. 凭证审核　　C. 凭证记账　　D. 基础档案设置

69. 在用友 T3 总账管理系统中，记账凭证的编号应(　　)。

A. 编号必须连续　　B. 可以由计算机自动编号

C. 如果分类，应分类编号　　D. 以上全部

70. 在用友 T3 总账管理系统中，下列关于记账操作的说法中错误的是(　　)。

A. 未经审核的凭证也可记账

B. 记账工作由计算机自动进行数据处理

C. 记账一般采用向导方式，使记账过程更加明确

D. 第一次记账时，若期初余额试算不平衡，不能记账

71. 在用友 T3 总账管理系统中，银行对账单录入内容一般不包括(　　)。

A. 结算方式　　B. 业务摘要　　C. 结算单据字号　　D. 借方发生额

72. 在用友 T3 总账管理系统中，下列关于结账操作的说法中错误的是(　　)。

A. 结账后，不能输入凭证

B. 结账只能由有结账权限的人进行

C. 本月还有未记账凭证时，本月不能结账

D. 结账必须按月连续进行，上月未结账，则本月不能结账

73. 在用友 T3 总账管理系统总账查询窗口下，系统一般允许联查当前会计科目当前月份的(　　)。

A. 总账　　B. 明细账　　C. 多栏账　　D. 辅助账

74. 在用友 T3 报表管理系统中，一个报表文件中同一单元不同表页的单元公式(　　)。

A. 各不相同　　B. 部分相同　　C. 完全相同　　D. 基本相同

75. 在用友 T3 报表管理系统中，依据报表审核公式进行审核时，正确的说法是(　　)。

A. 只要定义了审核公式，就可以随时进行审核，来检验报表数据正确与否

B. 只要定义了单元公式，就可以随时进行审核，来检验报表数据正确与否

C. 只有生成了报表数据，才能够进行审核，否则无法检验数据正确与否

D. 只有录入了关键字的值，才能够进行审核，否则无法检验数据正确与否

76. 在用友 T3 报表管理系统中，关于固定区和可变区的说法错误的是(　　)。

A. 固定区是指组成一个区域的行数和列数的数量是固定数目的区域

B. 一旦设定好，在固定区域内其单元总数是不变的

C. 可变区是指屏幕显示一个区域的行数和列数都是不固定的数字，可变区的最大行数或最大列数在格式设计中设定

D. 在一个报表中只能设置一个可变区，或是行可变区或是列可变区

77. 用友 T3 工资管理系统传递到总账管理系统中的凭证，在总账管理系统中可以直接进行(　　)。

A. 修改　　B. 删除　　C. 冲销　　D. 审核

78. 在用友 T3 工资管理系统多工资类别情况下，以下基础信息中必须在打开工资类别时才能设置的是(　　)。

A. 人员档案设置　　B. 部门设置　　C. 人员类别设置　　D. 银行名称设置

79. 工资管理系统的特点不包括(　　)。

A. 具有很强的综合性　　B. 精确性要求高

C. 具有很强的政策性　　D. 具有很强的时间限制

80. 下列关于用友 T3 工资管理系统反结账处理的说法(　　)。

A. 总账管理系统中存在工资管理系统本月生成的未被冲销的凭证，工资管理系统不能进行反结账

B. 本月固定资产管理系统已结账，工资管理系统不能进行反结账

C. 本月总账管理系统已结账，工资管理系统不能进行反结账

D. 只有账套主管可以进行工资管理系统反结账处理

81. 在用友 T3 固定资产管理系统中，(　　)任务不能通过“处理”|“凭证查询”功能完成。

A. 制作凭证　　B. 查询凭证　　C. 修改凭证　　D. 删除凭证

82. 在用友 T3 固定资产管理系统中，本月购进材料一批，会计误作为固定资产，已制作相关凭证。下列(　　)方式能删除该固定资产。

102. 根据增值税法律制度的规定，一般纳税人发生的下列应税行为中，可以选择简易计税方法计算增值税的有(　　)。

A. 电影院提供电影放映服务　　B. 住房租赁企业向个人出租住房

C. 运输公司提供的公交客运服务　　D. 快递公司提供收派服务

103. 根据消费税法律制度的规定，下列关于消费税纳税地点的说法，不正确的有(　　)。

A. 纳税人销售应税消费品，应当在销售行为发生地的主管税务机关申报纳税

B. 纳税人总分机构不在同一县(市)的，可以选择由总机构汇总向总机构所在地的主管税务机关申报缴纳消费税

C. 委托加工应税消费品，受托方为个人的，由委托方向其机构所在地的主管税务机关申报纳税

D. 进口应税消费品，由进口人或由其代理人向其机构所在地或住所地主管税务机关申报纳税

104. 某居民企业在计算上一年度的企业所得税应纳税所得额时，下列各项中，应纳税调增的有(　　)。

A. 直接向某养老院捐赠的 50 万元

B. 取得的国债利息收入 1 万元

C. 向市场监督管理部门缴纳的罚款 5 万元

D. 从未上市的居民企业取得的股息 10 万元

105. 根据个人所得税法律制度的规定，下列情形中，应征收个人所得税的有(　　)。

A. 张某取得甲商场按消费积分回馈的夏凉被

B. 企业对累计消费达到一定额度的顾客，给予额外的抽奖机会，李某获得一台空调

C. 刘某参加客户公司周年庆典时获赠一套高档化妆品

D. 王某购入一台洗衣机时享受 20%的价格折扣

106. 税收强制执行措施可适用于(　　)。

A. 纳税人　　B. 纳税担保人　　C. 扣缴义务人　　D. 纳税人的亲属

107. 软件的售后服务情况，可以从以下(　　)方面分析。

A. 日常维护　　B. 用户培训　　C. 版本升级　　D. 软件价格下降

108. 企业内部生成的会计凭证、账簿和辅助性会计资料，同时满足一定条件的，可以不输出纸面资料。这些条件包括(　　)。

A. 所记载的事项属于本企业重复发生的日常业务

B. 由企业信息系统自动生成

C. 可及时在企业信息系统中以人类可读的形式查询和输出

D. 企业信息系统具有防止相关数据被篡改的有效机制

109. 在用友 T3 环境下，下列说法正确的是(　　)。

A. 账套主管由系统管理员指定

B. 系统管理员负责整个系统的安全和维护工作

C. 账套主管只负责所管辖账套的维护工作

D. 以“系统管理员”身份注册进入系统，可以进行账套管理以及操作员及权限的设置

110. 在用友 T3 环境下，下列关于业务日常处理工作的说法中，正确的有(　　)。

A. 输入的数据量大　　B. 业务重复发生

C. 业务发生频繁　　D. 业务金额不尽相同

111. 在用友 T3 总账管理系统中，下列关于期初余额的说法中正确的有(　　)。

A. 红字余额应输入负号

B. 所有科目都必须输入期初余额

C. 如果已经记过账，则还可以修改期初余额

D. 期初余额试算不平衡，不能记账，但可以填制凭证

112. 在用友 T3 总账管理系统中，基本会计核算账簿查询包括(　　)的查询及打印。

A. 客户往来账　　B. 明细账　　C. 总账　　D. 余额表

113. 用友 T3 报表管理系统具有以下(　　)功能。

A. 表页排序　　B. 从总账管理系统中取数

C. 生成图表　　D. 设计报表格式

114. 在用友 T3 工资管理系统中，在处理工资分摊业务时需要选择的内容有(　　)。

A. 计提费用的类型　　B. 核算部门

C. 人员类别　　D. 计提会计月份

115. 在用友 T3 固定资产管理系统中，下列选项中属于固定资产非价值信息变更的有(　　)。

A. 使用部门变动　　B. 使用状况变动

C. 资产价值变动　　D. 存放地点变动

三、判断题(本题包括 60 个小题，每小题 1 分，共 60 分。请判断下列说法的对错，正确在答题卡上填涂代码“A”，错误在答题卡上填涂代码“B”。)

(　　)116. 在财产清查中，编制的“账存实存对比表”是用以调整账簿记录的重要原始凭证，也是分析产生差异的基础，明确经济责任的依据。

(　　)117. 专利权、非专利技术、商标权、著作权、土地使用权均属于无形资产。

(　　)118. 按净利润的 10%计提盈余公积会引起所有者权益减少。

(　　)119. 企业记账时将应记入“库存商品——A 商品”科目借方 10000 元误记入贷方，查错时应采用尾数法。

(　　)120. 会计信息质量的及时性，要求企业对已经发生的交易或者事项，应当及时进行确认、计量和报告，不得延后，但可以适当提前。

(　　)121. 用银行存款上缴税金会引起资产和负债同时增加。

(　　)122. 将现金送存银行的业务需编制现金付款凭证。

(　　)123. 会计机构和会计人员对于审核无误的原始凭证，应当及时据以编制记账凭证登记入账。

(　　)124. 企业的资金来源渠道有两个方面：一是企业所有者投入的资本，二是企业的借入资金。

(　　)125. 8 月 31 日“本年利润”账户有借方余额 5000 元，表示 8 月实现利润 5000 元。

(　　)126. “永续盘存制”对日常发生的财产物资增加或减少，都必须根据会计凭证在财产物资明细账中进行连续登记，并随时在账面上结出结存数的一种盘存制度。

四、不定项选择题(本题包括17个小题，每小题2分，共34分。在每小题给出的四个选项中，有一个或一个以上答案符合题目要求，请在答题卡相应位置用2B铅笔填涂相应答案代码。)

(一)

暮雨公司是一家2023年3月1日在上海成立的外商投资企业，使用电子计算机进行会计核算，业务收支以欧元为主，兼有少量的人民币业务。2023年5月23日，会计人员王某在审核采购员贾某报销差旅费的原始凭证时，发现其中一张原始凭证金额错误。

要求：根据上述资料，不考虑其他因素，分析回答下列问题。

176. 暮雨公司使用电子计算机进行会计核算，下列各项中，应当符合国家统一的会计制度规定的有(　　)。

A. 会计软件

B. 使用计算机生成的会计凭证

C. 对使用计算机生成的会计账簿的登记和更正

D. 计算机操作系统

177. 暮雨公司的记账本位币的选择，下列说法正确的是(　　)。

A. 可同时选择欧元和人民币作为记账本位币

B. 可从欧元和人民币中选择一种作为记账本位币

C. 只能选择人民币作为记账本位币

D. 只能选择欧元作为记账本位币

178. 关于王某发现贾某提供的差旅费原始凭证金额错误的问题，以下做法正确的有(　　)。

A. 要求贾某退回原出具单位更正并加盖印章

B. 在原始凭证上更正并加盖暮雨公司印章

C. 报单位负责人审批后在原始凭证上注明正确金额

D. 要求贾某退回原出具单位重新开具

179. 暮雨公司2023年的会计年度为(　　)。

A. 公历2023年1月1日至2023年12月31日

B. 公历2023年3月1日至2024年2月28日

C. 公历2023年3月1日至2023年12月31日

D. 农历2023年3月1日至2023年12月31日

(二)

2023年4月1日，永嘉房地产开发公司(以下简称永嘉公司)依法成立，刘某为法定代表人，王某为财务人员。4月3日，王某携带相关资料到P银行申请开立了基本存款账户。4月15日，永嘉公司在Q银行申请开立了政策性房地产开发资金专户。4月20日，因支付工程款，永嘉公司签发一张金额为500万元、到期日为6月20日、承兑行为P银行的电子商业汇票交付收款人乙公司。5月9日，乙公司因急需资金，向M银行申请办理了贴现业务。

要求：根据上述资料，不考虑其他因素，分析回答下列问题。

180. 关于永嘉公司在P银行开立银行账户的下列表述中，不正确的是(　　)。

A. 永嘉公司应填制开立银行结算账户申请书

B. P银行应报经当地中国人民银行分支机构核准

C. 该账户4月3日不能办理对外付款业务

D. 永嘉公司与P银行应签订银行结算账户管理协议

181. 关于永嘉公司在Q银行开立账户，下列表述正确的是(　　)。

A. 永嘉公司应向Q银行出具主管部门批文

B. 永嘉公司应向Q银行出具基本存款账户开户许可证

C. Q银行应向中国人民银行当地分支行备案

D. 该账户支取现金在开户时报经中国人民银行当地分支行批准

182. P银行承兑该电子商业汇票应当办理的手续是(　　)。

A. 审查永嘉公司的资格与资信　　B. 与永嘉公司签订承兑协议

C. 收取永嘉公司承兑手续费　　D. 对汇票真实交易关系进行审核

183. 乙公司到M银行办理贴现必须记载的事项是(　　)。

A. 贴出人乙公司签章　　B. 实付金额

C. 贴现利率　　D. 贴入人M银行名称

(三)

甲公司为居民企业，主要从事电子产品生产与销售业务。2022年有关收支情况如下：

(1) 取得销售货物收入4500万元、从直接投资的未上市居民企业分回股息收益500万元、出售闲置厂房收入800万元，接受捐赠100万元。

(2) 按规定提取的折旧费用180万元，其中机器设备折旧费50万元、运输设备折旧费40万元、厂房折旧费80万元、未投入使用机械设备折旧费10万元。

(3) 发生业务招待费30万元，公益性捐赠支出50万元，全年实现会计利润1500万元。

要求：根据上述资料，不考虑其他因素，分析回答下列小题。

184. 甲公司取得各项收入中，应计入企业所得税应纳税所得额的是(　　)。

A. 销售货物收入4500万元

B. 接受捐赠100万元

C. 从事直接投资的未上市居民企业分得股息收益500万元

D. 出售闲置厂房收入800万元

185. 甲公司下列折旧费中，在计算2022年度企业所得税应纳税所得额时，准予扣除的是(　　)。

A. 运输设备折旧费40万元

B. 未投入使用机械设备折旧费10万元

C. 机器设备折旧费50万元

D. 厂房折旧费80万元

186. 甲公司在2022年度企业所得税应纳税所得额时，准予扣除的业务招待费是(　　)。

A. 21.5万元　　B. 18万元　　C. 22.5万元　　D. 29万元

187. 甲公司2022年度企业所得税应纳税所得额为(　　)。

A. 1500万元　　B. 1517.5万元　　C. 1017.5万元　　D. 1022万元

(四)

甲公司在建设银行开立了一个美元账户，2022年1月开始实行会计信息化，选择了用友T3通用会计软件，先启用了总账管理系统，随后又启用了工资和固定资产管理系统，但由于会计人员首次使用会计软件进行核算，对系统不太熟悉，在操作时遇到诸多困难，请同学们

12. 企业销售商品取得20万元，出租厂房收租金5万元，出售不需用的机器设备取得8万元，出售多余原材料3万元，转让商标使用权取得15万元，则企业本期应确认的收入金额是(　　)万元。

A. 28　　B. 23　　C. 51　　D. 43

13. 在审核原始凭证时，对于内容不完整填写有错误或手续不完备的原始凭证，应该(　　)。

A. 拒绝办理，并向本单位负责人报告

B. 予以抵制，对经办人员进行批评

C. 由会计人员重新编制或予以更正

D. 予以退回，要求更正补充，以至重新编制

14. 下列属于累计凭证的是(　　)。

A. 领料单　　B. 限额领料单　　C. 材料耗用汇总表　　D. 工资汇总表

15. 会计分录的载体是(　　)。

A. 原始凭证　　B. 记账凭证　　C. 原始凭证汇总　　D. 总账

16. 下列既属于自制原始凭证又属于一次原始凭证的是(　　)。

A. 购货发票　　B. 销货合同　　C. 累计销货发票　　D. 产品入库单

17. 下列各项不能作为登记总账的依据的是(　　)。

A. 记账凭证　　B. 记账凭证汇总表　　C. 原始凭证　　D. 汇总记账凭证

18. (　　)账簿在使用结束，不再继续登记时，必须装订成册，妥善保管。

A. 分类账　　B. 活页账　　C. 明细账　　D. 订本账

19. 登记明细账的依据(　　)。

A. 一定是记账凭证　　B. 一定是原始凭证

C. 一定是汇总记账凭证　　D. 是记账凭证和原始凭证

20. 年度结账时，除结算出本年四个季度的发生额合计数，记入第四季度季结的下一行，在摘要栏注明“本年合计”字样外，还应在该行下划(　　)红线。

A. 一道　　B. 双道　　C. 三道　　D. 四道

21. 实地盘存制的优点是(　　)。

A. 有利于财产物资的管理　　B. 可以简化存货明细分类账的登记工作

C. 能及时提供存货的收、发、存信息　　D. 不必进行定期盘点

22. 需要通过“待处理财产损溢”账户核算的会计事项是(　　)。

A. 原材料盘亏或毁损　　B. 无法支付的应付账款

C. 固定资产盘盈　　D. 无法收回的应收账款

23. 下列各项目在财产清查时，通过实地盘点法进行的是(　　)。

A. 银行存款　　B. 应收账款　　C. 库存现金　　D. 应付账款

24. 规模较小、业务量较少、记账凭证数量不多的企业一般适用(　　)。

A. 科目汇总表账务处理程序　　B. 汇总记账凭证账务处理程序

C. 日记总账账务处理程序　　D. 记账凭证账务处理程序

25. 科目汇总表账务处理程序的主要缺点在于(　　)。

A. 登记总分类账的工作量较大　　B. 不能反映科目之间的对应关系

C. 登记明细分类账的工作量较大　　D. 编制会计报表的方法较复杂

26. 下列选项中，(　　)的保管期限是 10 年。

A. 会计凭证　B. 会计移交清册　C. 会计账簿　D. 银行对账单

27. 下列选项中，(　　)希望通过财务报告了解企业的资本结构、资产状况和盈利能力等方面的信息，便于他们做出正确的信贷决策。

A. 债权人　B. 相关政府机关　C. 投资者　D. 企业管理人员

28. 2021 年年初“未分配利润”借方余额 10000 元，12 月 31 日“本年利润”账户贷方余额 80000 元，则当年累计实现的利润为(　　)。

A. 70000 元　B. 90000 元　C. 80000 元　D. 10000 元

29. 关于资产负债表中的未分配利润项目的说法，正确的有(　　)。

A. 不属于所有者权益项目　B. 属于资产项目

C. 表示累积的未分配利润　D. 负数金额表示累积的未弥补亏损

30. 财政部和国家档案局修订通过的《会计档案管理办法》公布，自(　　)起施行。

A. 2015 年 1 月 1 日　B. 2016 年 6 月 1 日

C. 2015 年 6 月 1 日　D. 2016 年 1 月 1 日

31. 现阶段我国初级、中级会计专业技术资格的取得实行(　　)制度。

A. 地方统一考试　B. 考试与评审相结合

C. 全国统一考试　D. 评审

32. 下列人员中，不需要在企业对外提供的财务会计报告上签章的是(　　)。

A. 会计档案保管员　B. 单位负责人　C. 会计机构负责人　D. 会计主管人员

33. 我国会计工作行政管理的主管部门是(　　)。

A. 国务院财政部门　B. 国家统计局　C. 审计署　D. 国家税务总局

34. 下列人员中，(　　)应当对致远公司的会计工作和会计资料的真实性、完整性负责。

A. 致远公司的控股股东　B. 致远公司的法定代表人

C. 致远公司的会计人员　D. 致远公司的内部审计人员

35. 根据会计法律制度的规定，企业下列会计档案中，需要永久保管的是(　　)。

A. 半年度财务报告　B. 年度财务报告

C. 纳税申报表　D. 银行存款余额调节表

36. 甲企业李某主要负责合同签订、业务经办等事项，按照会计内部控制制度的要求，李某可以兼任的岗位是(　　)。

A. 合同审批　B. 稽核检查　C. 财产保管　D. 账目的登记

37. 下面关于会计职业道德和会计法律的说法中不正确的是(　　)。

A. 会计法律侧重调整会计人员的外在行为和结果的合法化

B. 会计职业道德调整会计人员内心世界，不管会计人员的外在行为

C. 会计法律具有较强的客观性

D. 受到会计职业道德谴责的，不一定受到会计法律制裁

38. (　　)是人们最基本的道德规范，也是会计职业道德的精髓。

A. 爱岗敬业　B. 诚实守信　C. 廉洁自律　D. 客观公正

39. 甲企业向乙企业签发商业承兑汇票，该票据的出票日期为 2023 年 10 月 30 日，其规范写法是(　　)。

A. 贰零贰叁年壹拾月叁拾日　B. 贰零贰叁年零壹拾月零叁拾日

A. 操作人员　　B. 操作时间　　C. 操作地点　　D. 操作内容

62. (　　)，财政部在《关于全面推进我国会计信息化的指导工作意见》中将 XBRL 纳入会计信息化的标准。

A. 2008 年 11 月　　B. 2009 年 4 月　　C. 2010 年 10 月　　D. 2005 年 4 月

63. 会计软件可以不具备的功能是(　　)。

A. 具备符合国家统一标准的数据接口　　B. 归档会计资料

C. 记录生成用户操作日志　　D. 集成 XBRL

64. 在用友 T3 环境下，若科目编码方案为 4-2-1，则下列科目编码不正确的是(　　)。

A. 102103　　B. 2312031　　C. 10142113　　D. 210003

65. 在用友 T3 环境下，下列属于不可直接修改的会计科目的是(　　)。

A. 未使用的会计科目　　B. 已经被指定的会计科目

C. 设置辅助核算的会计科目　　D. 已制单的会计科目

66. 在用友 T3 总账系统中进行自动转账设置时，无须定义的项目是(　　)。

A. 凭证类别　　B. 金额的计算公式　　C. 借贷方向　　D. 凭证号

67. 在报表系统中，下列说法正确的是(　　)。

A. 数值单元在格式状态下使用，输入的内容必须是数字

B. 字符单元在数据状态下使用，输入的内容可以是汉字、字符、数字

C. 表样单元在数据状态下使用，输入的内容对所有表页都有效

D. 报表的行高、列宽和关键字的偏移量单位是一样的

68. 下列关于 ERP 系统的说法，错误的是(　　)。

A. ERP 是企业资源计划的简称

B. ERP 可以实现“四流一体化”管理

C. ERP 的核心思想是财务管理

D. ERP 包括人力资源、质量管理、决策支持等企业其他管理功能

69. (　　)是指所记载内容需要企业外部人员或机构认可的会计资料。

A. 内部获取会计资料　　B. 外部获取会计资料

C. 局部获取会计资料　　D. 部分获取会计资料

70. 影响企业会计信息化工作的环境因素不包括(　　)。

A. 法律和监管要求　　B. 企业的员工素质和信息水平

C. 企业的内部文化和组织架构　　D. 企业发展所处阶段和企业规模

71. 关键字偏移量的单位是(　　)。

A. 毫米　　B. 厘米　　C. 磅　　D. 像素

72. 固定资产账套的启用月份应和(　　)保持一致。

A. 系统日期　　B. 建账日期

C. 固定资产模块启用日期　　D. 总账启用日期

73. 在报表系统中，含位公式中的“舍位位数”是指(　　)。

A. 小数点向左移动的位数　　B. 小数点向右移动的位数

C. 小数点后需要保留的位数　　D. 以上选项均不正确

74. 下列属于工资管理系统特点的是(　　)。

A. 涉及面广，数据量大　　B. 规范性强，一致性好

C. 综合性强，正确性要求高　　　　　　D. 图表并用，进行报表分析

75. 在用友 T3 软件“项目目录维护”对话框中，(　　)为空时，表示该项目尚未完工。

A. 项目编码　　B. 项目名称　　C. 是否结算　　D. 所属分类码

76. 在用友 T3 环境下，关于不同类别记账凭证限制条件的说法，错误的是(　　)。

A. 收款凭证的限制类型为“借方必有”，限制科目为“库存现金”“银行存款”

B. 付款凭证的限制类型为“贷方必有”，限制科目为“库存现金”“银行存款”

C. 现金凭证的限制类型为“凭证必有”，限制科目为“库存现金”“银行存款”

D. 转账凭证的限制类型为“凭证必无”，限制科目为“库存现金”“银行存款”

77. 资产类别编码的总长度不能超过(　　)。

A. 6　　B. 8　　C. 3　　D. 10

78. 在用友 T3 财务报表系统中，函数 LFS(“1403”，月“借”……)表示的含义是(　　)。

A.“原材料”科目本月累计入库的材料金额

B.“原材料”科目本月累计发出的材料金额

C.“原材料”科目本月累计入库的材料数量

D.“原材料”科目本月累计发出的材料数量

79. 下列不适合在总账模块系统中采用自动转账方式处理的业务是(　　)。

A. 结转期间损益　　B. 结转汇兑损益　　C. 计提借款利息　　D. 计算销售收入

80. 在报表管理系统中，关于固定区和可变区的说法，错误的是(　　)。

A. 固定区是组成一个区域的行数和列数的数量，是固定数目的区域

B. 可变区是屏幕显示一个区域的行数和列数，是不固定的数字

C. 在一个报表中，只能设置一个可变区

D. 有可变区的报表被称为可变表，没有可变区的表被称为固定表

81. 在用友 T3 报表中，单元名用所在的行和列的坐标表示，列标用表示(　　)。

A. 1-999　　B. 1-9999　　C. A-IV　　D. A-IU

82. 工资管理模块中，如果需要按某个条件统一调整数据，可通过(　　)功能完成。

A. 替换　　B. 过滤　　C. 筛选　　D. 汇总

83. 在用友 T3 环境下，当固定资产的类别编号级次为 2112 时，下列资产类别设置结果正确的是(　　)。

A. 01 交通运输设备　　　　B. 2 电子设备及其他通讯设备

C. 10101 经营用设备　　　　D. 1010101 非经营用设备

84. 固定资产变动后的净值必须(　　)变动后的净残值。

A. 小于等于　　B. 小于　　C. 大于　　D. 等于

二、多项选择题(本题包括 31 个小题，每小题 2 分，共 62 分。在每小题给出的四个选项中，有两个或两个以上答案符合题目要求，请在答题卡相应位置用 2B 铅笔填涂相应答案代码。)

85. 下列关于总账与明细账之间关系的叙述正确的是(　　)。

A. 总账对所属明细账起统驭、控制作用

B. 明细账对总账起补充和具体说明的作用

C. 二者反映经济业务的详细程度不同

D. 二者登记的原始依据不同

D. 核对总账与其所属明细账的数据是否一致，如不一致则不能结账

108. 下列关于会计软件功能的说法，正确的有(　　)。

A. 为会计核算直接采集数据

B. 为财务管理直接采集数据

C. 生成会计凭证、账簿、报表等会计资料

D. 对会计资料进行转换、输出、分析、利用

109. 在用友 T3 财务报表系统编制财务报表时，报表单元的数据来源包括(　　)。

A. 从账务系统取数　　B. 从应收款系统取数

C. 从报表系统自身取数　　D. 从系统外部取数

110. 生成凭证日期必须(　　)当前总账系统会计期的同类凭证的最大凭证日期。

A. 小于　　B. 大于　　C. 等于　　D. 以上都不是

111. 如果将有误的固定资产卡片删除，下列关于固定资产卡片编号的说法，正确的有(　　)。

A. 如果删除的卡片不是最后一张，后面的卡片将自动补齐编号

B. 卡片编号由系统根据初始化时定义的编码方案自动设定，不能修改

C. 如果删除的卡片不是最后一张，系统将保留空号

D. 以上说法都不对

112. 在工资管理系统中，账套参数设置包括(　　)。

A. 编码方式　　B. 扣税设置　　C. 扣零设置　　D. 财务接口

113. 固定资产增加的途径有(　　)。

A. 购建　　B. 外单位转入　　C. 毁损　　D. 盘盈

114. 工资项目计算公式输入的方法有(　　)。

A. 直接输入公式　　B. 复制输入公式

C. 参照输入公式　　D. 函数向导输入公式

115. 期末会计业务处理包括(　　)。

A. 期末转账业务　　B. 凭证汇总　　C. 试算平衡　　D. 结账

三、判断题(本题包括 60 个小题，每小题 1 分，共 60 分。请判断下列说法的对错，正确在答题卡上填涂代码“A”，错误在答题卡上填涂代码“B”。)

(　　)116. 会计的对象是指能够以货币表现的经济活动，即资金运动或价值运动。

(　　)117. 用银行存款偿还前欠货款后，资产总额不变。

(　　)118. 所有总分类账的期末余额之和与所有明细账的期末余额合计数相等。

(　　)119. 签发支票购进材料只能编转账凭证的业务。

(　　)120. 会计人员根据记账凭证登账时，错把贷方发生额写在借方，更正方法是划线更正。

(　　)121. 资产账户，都是借方登记增加，贷方登记减少。

(　　)122. 对于不真实不合法的原始凭证，会计人员按规定有权不予接受，并向单位负责人报告。

(　　)123. 会计账户的设置与会计科目的分类密切相关，即根据总分类会计科目和明细分类科目分别设置总分类账户和明细分类账户。

(　　)124. 利润表是反映企业在某一特定日期经营成果的报表。

(   )125. 货币计量是会计核算的基本前提，也是会计的主要特点。

(   )126. 设置会计科目和账户是会计核算的工作起点。

(   )127. 企业的财务报表应当以持续经营为基础编制。

(   )128. 备查账簿登记可能不需要记账凭证，甚至不需要一定意义上的原始凭证。

(   )129. 企业在采购材料时，料到款未付，若材料发票凭证已收到，可通过预付账款核算。

(   )130. 记账凭证、科目汇总表，汇总记账凭证均可作为登记总分类账的依据。

(   )131. 对发生自然灾害等意外损失的财产清查，通常采用局部清查。

(   )132. 登记明细账的依据可能有原始凭证、汇总原始凭证、记账凭证。

(   )133. 所得税费用账户的贷方登记转入本年利润账户的所得税。

(   )134. 发料凭证汇总表是一种累计凭证。

(   )135. 企业借入短期借款承担的利息费用，每月预提利息，按季与银行结算，体现了权责发生制原则。

(   )136. 资本公积与盈余公积属于留存收益。

(   )137. 科目汇总表减轻了登记总分类账的工作量，并可做到试算平衡。

(   )138. 会计档案鉴定工作应当由单位档案管理机构单独进行，其他机构或人员不能参与。

(   )139. 现金日记账和银行存款日记账必须采用订本式账簿，不得用银行对账单或者其他方法代替日记账。

(   )140. 代理记账机构为委托人编制的财务会计报告，经代理记账机构负责人和委托人负责人签名后即可对外提供。

(   )141. 参加继续教育当年度取得的学分可以结转以后年度。

(   )142. 会计人员继续教育是强化会计职业道德教育的有效形式。

(   )143. 会计法律制度是依靠社会舆论和良心来实现的。

(   )144. 单位、个人和银行办理支付结算，必须使用按中国人民银行统一规定印制的票据凭证和结算凭证。

(   )145. 企业银行结算账户自正式开立之日起 3 个工作日后，方可办理收付款业务。

(   )146. 支票的金额、收款人名称，可以由出票人授权补记，未补记前不得背书转让和提示付款。

(   )147. 商业汇票背书转让的金额，以不超过出票金额的实际结算金额为准。

(   )148. 发卡机构调整信用卡利率至少提前 30 个自然日通知持卡人。

(   )149. 将自产、委托加工或购进的货物无偿赠送给其他单位或个人视同销售，但用于公益事业或者以社会公众为对象的除外。

(   )150. 烟草批发企业将卷烟销售给其他烟草批发企业的，照章缴纳消费税。

(   )151. 企业的不征税收入用于支出所形成的费用或者财产，准予在计算应纳税所得额时扣除。

(   )152. 非居民个人取得的劳务报酬所得、稿酬所得、特许权使用费所得，属于一次性收入的，以取得该项收入为一次；属于同一项目连续性收入的，以一个月内取得的收入为一次。

(   )153. 纳税人取得经营所得，按年计算个人所得税，由纳税人在月度或者季度终了

要求：根据上述资料，分析回答下列180-183题。

180. 甲公司签发商业汇票时必须在汇票上记载的事项是(　　)。

A. 无条件支付的委托　　B. 确定的金额

C. 付款人名称　　D. 出票人签章

181. 该汇票未记载保证日期，保证日期是(　　)。

A. 2023年6月8日　　B. 2023年9月8日

C. 2023年7月8日　　D. 2022年8月10日

182. 下列关于D公司记载“不得转让”字样法律效力的表述中，正确的是(　　)。

A. 丁公司记载“不得转让”字样导致票据无效

B. 丁公司记载“不得转让”字样导致背书无效

C. 丁公司对己公司不负保证责任

D. 丁公司对戊公司不负保证责任

183. 下列关于己公司行使追索权的表述中，不正确的是(　　)。

A. 己公司有权向甲公司行使追索权　　B. 己公司有权向乙公司行使追索权

C. 己公司有权向丙公司行使追索权　　D. 己公司有权向丁公司行使追索权

(三)

中国公民苗某任职于国内甲公司，其独生子正在上高中。2021年苗某有关收支情况如下。

(1) 全年工资、薪金160000元，缴纳的基本养老保险费、基本医疗保险费、失业保险费、住房公积金30000元。

(2) 为出版社提供一次审稿服务，取得劳务报酬3000元。

(3) 取得全年一次性奖金60000元，选择不并入当年综合所得计算纳税。

(4) 因持有境内上市公司股票，取得股息5000元，该股票系苗某3年前从公开发行和转让市场购入。

(5) 取得国债利息3000元。

(6) 在商场购买洗衣机，获赠价值100元的洗衣凝珠。

(7) 继承一套房产，价值1900000元。

已知：综合所得减除费用60000元/年。劳务报酬所得以收入减除20%的费用后的余额为收入额；劳务报酬所得个人所得税预扣率为20%，每次收入不超过4000元的，减除费用按800元计算；子女教育专项附加扣除标准为1000元/月，苗某夫妻选择由双方分别按扣除标准的50%扣除。

个人所得税税率表(综合所得适用)

级数	应纳税所得额	税率/%	速算扣除数/元
1	不超过3000元的	3	0
2	超过3000元至12000元的部分	10	210
3	超过12000元至25000元的部分	20	1410
4	超过25000元至35000元的部分	25	2660
5	超过35000元至55000元的部分	30	4410
……	……	……	……

全年一次性奖金适用按月换算后的综合所得税率表

级数	全年应纳税所得额	税率/%	速算扣除数/元
1	不超过 36000 元的	3	0
2	超过 36000 元至 144000 元的部分	10	2520
3	超过 144000 元至 300000 元的部分	20	16920
……	……	……	……

要求：根据上述资料，分析回答下列 184~187 题。

184. 计算苗某提供审稿服务应预扣预缴个人所得税税额的下列算式中，正确的是(　　)。

A. (3000−800)×(1−20%)×20%＝352(元)

B. (3000−800)×20%＝440(元)

C. 3000÷(1−20%)×20%＝750(元)

D. 3000×(1−20%)×20%＝480(元)

185. 计算苗某 2021 年度综合所得应缴纳个人所得税税额的下列算式中，正确的是(　　)。

A. [160000+3000×(1−20%)−60000−12×1000×2]×10%−2520＝5320(元)

B. [160000+(3000−800)−60000−12×1000]×10%−2520＝6520(元)

C. [160000+(3000−800)−60000−30000−12×1000]×10%−2520＝3520(元)

D. [160000+3000×(1−20%)−60000−30000−12×1000×50%]×10%−2520＝4120(元)

186. 计算苗某 2021 年取得全年一次性奖金应缴纳个人所得税税额的下列算式中，正确的是(　　)。

A. (60000÷12×10%−210)×12＝3480(元)　B. 60000÷12×10%−210＝290(元)

C. 60000×30%−4410＝13590(元)　D. 60000×10%−210＝5790(元)

187. 苗某取得的下列收入中，不缴纳个人所得税的是(　　)。

A. 境内上市公司股息 5000 元　B. 继承价值 1900000 元的房产

C. 获赠价值 100 元的洗衣凝珠　D. 国债利息 3000 元

(四)

以账套主管李明(密码：无)登录(999)“新乐食品公司”，按下述资料建立固定资产子账套。

(1) 固定资产账套启用月份：2022 年 6 月。

(2) 固定资产折旧信息：采用平均年限法按月计提折旧，折旧汇总分配周期为 1 个月；当月初已计提月份＝可使用月份−1 时，要求将剩余折旧全部提足。

(3) 固定资产编码方式：固定资产类别编码方式为“2−1−1−2”；固定资产编码方式采用自动编码，编码方式为按“类别编码+序号”；序号长度为 5。

(4) 固定资产与财务接口：要求与总账系统进行对账；固定资产对账科目为“1501 固定资产”，累计折旧对账科目为“1502 累计折旧”；对账不平衡的情况下允许月末结账；月末结账前一定要完成制单登账业务。

要求：根据上述资料分析回答下列 188~192 题。

188. 固定资产管理系统初始化完成后，下列系统的选项功能中属于不可修改部分的是(　　)。

A. 主要折旧方法　B. 本账套是否计提折旧

入银行；(4)收到A投资人追加投资5000元存入银行。根据上述经济业务，账户对应关系正确的是(　　)。

A. 原材料和应付账款　　B. 银行存款和短期借款

C. 固定资产和实收资本　　D. 固定资产和银行存款

12. 4月30日甲公司"无形资产"账户余额100万元，"累计摊销"账户余额20万元，"无形资产减值准备"账户余额10万元。则4月末资产负债表无形资产项目应填列的金额为(　　)。

A. 100万元　B. 80万元　C. 70万元　D. 90万元

13. 增值税专用发票是一种(　　)。

A. 记账凭证　B. 汇总凭证　C. 一次凭证　D. 累计凭证

14. 原始凭证不得外借，其他单位如有特殊原因确实需要使用时，经(　　)批准，可以复制。

A. 会计档案保管人员、单位负责人　　B. 总会计师、单位负责人

C. 总经理、会计主管人员　　D. 会计机构负责人、会计主管人员

15. 会计人员对真实合法但小写金额错误的原始凭证应(　　)。

A. 直接据以编制记账凭证　　B. 将金额更正后据以编制记账凭证

C. 退回出具单位重新开具　　D. 不予受理，并向单位负责人报告

16. 下列表示方法不正确的是(　　)。

A. ￥508.00　　B. ￥86.00

C. 人民币伍拾陆元捌角伍分整　　D. 人民币柒拾陆元整

17. 下列(　　)属于按账簿的用途分类。

A. 序时账簿　B. 三栏式账簿　C. 订本式账簿　D. 数量金额式账簿

18. 不适合采用三栏式格式的账簿是(　　)。

A. 日记账　B. 债权债务明细账　C. 总分类账　D. 制造费用明细账

19. 银行存款日记账是由(　　)登记的。

A. 总账会计　　B. 业务经办单位或人员

C. 会计主管　　D. 出纳人员

20. 下列账簿中属于按经济用途分类的是(　　)。

A. 订本账　B. 备查账　C. 卡片账　D. 活页账

21. 计入生产成本的人工费应包括(　　)。

A. 保卫科人员工资　B. 财务科人员工资　C. 车间人员工资　D. 厂办人员工资

22. 对企业冬季取暖用煤的实物数量进行清查，常用的方法是(　　)。

A. 核对法　B. 永续盘存制　C. 技术测算盘点法　D. 实地盘点法

23. 现金清查的主要内容不包括(　　)。

A. 未达账项　B. 白条抵库　C. 超限额留存现金　D. 坐支现金

24. 记账凭证账务处理程序和科目汇总表核算程序的共同点是(　　)。

A. 都能反映账户的对应关系　　B. 都能简化登记总账的工作量

C. 都要根据收付款凭证登记日记账　　D. 都需要根据记账凭证登记总账

25. 会计核算程序揭示了会计核算的(　　)。

A. 工作内容　B. 工作重点　C. 工作范围　D. 工作步骤

26. 下列报表项目中不可能出现负数金额的有(　　)。

A. 货币资金　　B. 应付账款　　C. 应交税费　　D. 利润总额

27. 某企业12月末原材料账户借方余额100万元，生产成本借方余额10万元，库存商品借方余额50万元，工程物资借方余额150万元，在途物资借方余额5万元，则12月资产负债表中“存货”项目的金额为(　　)万元。

A. 150　　B. 160　　C. 165　　D. 315

28. 每月的资产负债表应该在月度终了后(　　)日内对外提供。

A. 6　　B. 15　　C. 10　　D. 7

29. 下列对净利润产生影响的项目有(　　)。

A. 管理费用　　B. 投资收益　　C. 坏账准备　　D. 所得税费用

30. 依据注册登记制度的要求，会计人员因离退、解聘、停薪留职、辞职等原因离开单位的，应由本人或所在单位在(　　)日内向原发证机关申请备案。

A. 30　　B. 20　　C. 15　　D. 10

31. 根据会计法律制度的规定，单位会计管理机构临时保管会计档案最长不得超过一定期限，该期限为(　　)。

A. 4年　　B. 2年　　C. 5年　　D. 3年

32. 对甲市A公司实施的下列会计监督中，属于社会监督的是(　　)。

A. 市财政局对A公司开展会计信息质量检查

B. A公司的审计部门审核本公司会计账簿

C. 市税务局对A公司开展增值税专项税务检查

D. B会计师事务所接受委托审计A公司的年度财务会计报告

33. 根据会计法律制度的规定，下列各项中，不属于代理记账业务范围的是(　　)。

A. 出具审计报告　　B. 填制记账凭证

C. 编制财务会计报告　　D. 登记会计账簿

34. 根据会计法律制度的规定，下列关于会计专业技术人员继续教育的表述中，正确的是(　　)。

A. 具有会计专业技术资格的人员，应当自取得资格的次年开始参加继续教育

B. 参加继续教育当年度取得的学分可以结转以后年度

C. 用人单位不得将参加继续教育的情况作为会计专业技术人员岗位聘用的依据

D. 每年参加继续教育取得的学分应不少于120学分

35. 下列规范性文件中，属于会计行政法规的是(　　)。

A. 国务院发布的《企业财务会计报告条例》

B. 全国人民代表大会通过的《香港特别行政区基本法》

C. 全国人民代表大会常务委员会通过的《票据法》

D. 财政部发布的《企业会计准则——基本准则》

36. 根据会计法律制度的规定，下列关于记账凭证填制基本要求的表述中，不正确的是(　　)。

A. 结账的记账凭证可以不附原始凭证

B. 应当根据审核无误的原始凭证填制记账凭证

C. 可以将若干张同类原始凭证汇总后填制记账凭证

D. 一张原始凭证所列支出需要几个单位共同负担的，应当由原始凭证保存单位将原

A. 查账征收　　B. 查定征收　　C. 定期定额征收　　D. 查验征收

57. 国家税务总局E县税务局决定对纳税人武某采取税收保全措施。下列财产中，可以适用税收保全的是(　　)。

A. 武某代赵某保管的一辆汽车　　B. 武某价值3000元的一部手机

C. 武某维持生活必需的唯一住房　　D. 武某价值相当于应纳税款的金条

58. 根据税收征收管理法律制度的规定，下列各项中，不属于纳税担保范围的是(　　)。

A. 罚款　　B. 滞纳金

C. 税款　　D. 实现税款、滞纳金的费用

59. 会计电算化发展过程中，关于模拟手工记账的探索起步阶段描述不正确的是(　　)。

A. 此阶段实现业财一体化　　B. 本阶段可以模拟手工记账

C. 本阶段可以模拟手工环境的输出形式　　D. 计算机可以完成单项会计核算任务

60. 会计信息系统的构成要素不包括(　　)。

A. 会计人员　　B. 会计规范　　C. 会计系统　　D. 会计软件

61.《企业会计信息化工作规范》规定会计软件应当保障(　　)。

A. 企业按照国家统一会计准则制度开展会计核算

B. 企业按照国家统一财务通则开展财务管理

C. 企业按照国家统一规范开展会计信息化工作

D. 企业按照国家统一规范开展会计监管

62. 分公司、子公司数量多、分布广的大型企业、企业集团应当探索利用信息技术促进会计工作的集中，逐步建立(　　)。

A. 财务共享服务中心　　B. 资金集中管理中心

C. 预算管理中心　　D. 核算中心

63. 以下哪项不是系统管理员的权限(　　)。

A. 建立账套　　B. 修改账套　　C. 设置操作员　　D. 指定账套主管

64. 某企业使用了3222的会计科目的编码方案，则7891123科目是(　　)。

A. 一级科目　　B. 二级科目　　C. 三级科目　　D. 四级科目

65. 对于会计科目编码的说法，以下哪一个描述是正确的(　　)。

A. 一级会计科目不允许增加和修改　　B. 会计科目的级数是一定的

C. 会计制度规定的科目代码不能改动　　D. 科目编码根据企业情况可随意设置

66. 使用会计软件在年初建账，我们事先需要做的工作是(　　)。

A. 整理各账户期初余额　　B. 整理各账户借贷方发生额

C. 整理各账户期末余额　　D. 整理各账户借贷方累计发生额

67. 计算机环境下的账务处理的起点可以是(　　)。

A. 原始凭证　　B. 记账凭证　　C. 日记账　　D. 明细账

68. 账务处理系统中，凭证输入与审核应由(　　)完成。

A. 一个人　　B. 两个具有不同权限的操作员

C. 会计主管　　D. 系统管理员

69. 在设置会计科目时，为能够查询到现金及银行日记账，应设置的是(　　)。

A. 增加科目　　B. 修改科目　　C. 指定会计科目　　D. 设置辅助核算

70. 对于账务处理系统凭证记账功能，下列说法中不正确的是(　　)。

A. 未审核凭证和作废凭证不能记账

B. 上月未结账本月不能记账

C. 第一次记账时，如果期初余额试算不平衡，不能记账

D. 只能对未记账凭证进行凭证整理

71. 账务处理系统制单时，会计科目编码必须是(　　)。

A. 最高级科目编码　B. 上级科目编码　C. 末级的科目编码　D. 本级科目编码

72. 在账务处理系统制单且已经记过账的凭证，发现错误可用来改正错误的是(　　)。

A. 红字凭证冲销或补充凭证法　B. 审核

C. 校对　D. 直接修改

73. 企业基础信息的设置，一般在(　　)模块中进行。

A. 账套设置

B. 可以在公共管理模块，也可以在各子系统

C. 各子系统

D. 公共管理

74. 下列哪项不是单元属性的内容(　　)。

A. 行高　B. 表线　C. 对齐方式　D. 字体颜色

75. 报表生成与汇总模块的主要数据源来自(　　)。

A. 账务处理模块产生的数据　B. 成本核算模块

C. 往来账款核算模块　D. 固定资产模块

76. 报表数据处理必须在(　　)状态下进行。

A. 数据　B. 其他状态

C. 格式　D. 格式或数据状态均可

77. 会计报表的审核依据(　　)。

A. 报表勾稽关系　B. 报表与记账凭证　C. 报表与总分类账　D. 报表与明细账

78. 报表汇总是指(　　)。

A. 不同报表不同单位汇总　B. 不同报表不同时期汇总

C. 不同报表不同单位和不同时期汇总　D. 同一报表不同时期汇总

79. 报表数据处理中，追加表页是在(　　)追加N张表页。

A. 当前表页后面　B. 最后一张表页后　C. 一张表页后面　D. 第一张表页前

80. 关于固定资产管理系统，下列说法正确的是(　　)。

A. 结账前一定要进行数据备份

B. 不与系统管理共享基础数据

C. 为库存管理系统提供折旧有关费用的数据

D. 初始设置不包括录入期初固定资产卡片

81. 如果固定资产系统与总账连接，则固定资产系统的启用月份应在总账系统的启用月份之(　　)。

A. 前　B. 后　C. 同时　D. 不论何时

82. 在固定资产系统中，(　　)是必须设置的基础信息。

A. 部门档案　B. 资产分类　C. 人员类别　D. 项目大类

83. 资产在使用过程中，因内部调配而发生的部门变动，需填制(　　)。

C. 以自产应税消费品继续生产应税消费品

D. 以自产应税消费品换取生产资料

103. 根据企业所得税法律制度的规定，下列各项中，在计算企业所得税应纳税所得额时准予扣除的有(　　)。

A. 差旅费　　B. 诉讼费用

C. 企业之间支付的管理费　　D. 违约金

104. 根据个人所得税法律制度的规定，个人因任职取得的下列收入中，应缴纳个人所得税的有(　　)。

A. 年终加薪　　B. 托儿补助费　　C. 季度奖金　　D. 劳动分红

105. 下列行为中属于虚开发票的有(　　)。

A. 为他人开具与实际经营业务情况不符的发票

B. 让他人为自己开具与实际经营业务情况不符的发票

C. 介绍他人开具与实际经营业务情况不符的发票

D. 为自己开具与实际经营业务情况不符的发票

106. 纳税人存在下列情形，税务机关有权核定其应纳税额的有(　　)。

A. 依照法律、行政法规的规定可以不设置账簿的

B. 依照法律、行政法规的规定应当设置但未设置账簿的

C. 擅自销毁账簿或者拒不提供纳税资料的

D. 纳税人申报的计税依据明显偏低，又无正当理由的

107. 报表数据来源主要有以下(　　)途径。

A. 从账务处理模块取数　　B. 会计凭证

C. 从会计报表自身取数　　D. 从外部会计报表取数

108. 下列自动转账分录中，不属于独立自动转账分录的是(　　)。

A. 固定资产计提折旧自动转账分录　　B. 期间损益结转自动转账分录

C. 销售成本结转自动转账分录　　D. 制造费用结转自动转账分录

109. 增加工资类别下的工资项目时，不可以采用下面哪种方法？(　　)。

A. 只能从名称参照中选择工资项目

B. 可以新增工资项目

C. 自动带入工资账套中已经建立的全部工资项目，不允许修改和删除

D. 既可以从名称参照中选择工资项目，也可以自己新增工资项目

110. 下列关于 XBRL 描述正确的是(　　)。

A. 能够提供更精确的财务报告与更具有可信度和相关性的信息

B. 提高数据采集成本，提高数据流转及交换效率

C. 能够帮助数据使用者更快捷方便地调用、读取和分析数据

D. 能够使财务数据具有更广泛的可比性

111. 在工资管理系统中，以下哪项内容使用后能修改(　　)。

A. 银行名称　　B. 人员附加信息　　C. 人员类别名称　　D. 工资项目

112. 工资系统正常使用之前必须做好以下哪些设置(　　)。

A. 部门设置　　B. 项目大类设置　　C. 人员类别设置　　D. 收发类别设置

113. 以下哪项操作必须在打开工资类别的情况下才能进行(　　)。

A. 增加部门　　B. 增加人员档案　　C. 关闭工资类别　　D. 增加人员类别

114. 会计信息系统与业务信息系统的一体化可以达到(　　)。

A. 通过业务的处理直接驱动会计记账　　B. 减少人工操作

C. 提高业务数据与会计数据的一致性　　D. 实现企业内部信息资源共享

115. 固定资产模块中，折旧的计提方法内置有以下哪几种(　　)。

A. 平均年限法　　B. 年数总和法　　C. 双倍余额递减法　　D. 工作量法

三、判断题(本题包括60个小题，每小题1分，共60分。请判断下列说法的对错，正确在答题卡上填涂代码“A”，错误在答题卡上填涂代码“B”。)

(　　)116. 委托外单位待销售的产品属于企业存货。

(　　)117. 企业外购存货运输途中的合理损耗就由运输单位赔偿。

(　　)118. 对于长期挂账的应收账款，在批准转销时，应记入账户营业外支出。

(　　)119. 会计期间是人为划分的，在持续经营假设的基础上，对会计主体时间范围具体划分进一步细化，是持续经营假设的补充。

(　　)120. “销售费用”账户，用来核算企业销售商品和材料、提供劳务的过程中发生的各种费用，其不包括专设销售机构人员工资。

(　　)121. 登记银行存款支出业务的日记账的依据是银行存款付款凭证。

(　　)122. 煤炭等大宗物资是采用技术推算法进行清查的财产物资。

(　　)123. 资产负债表中的其他应收款项目，应根据应收利息、应收股利和其他应收款账户的期末余额合计数填列。

(　　)124. 对期末存货采用成本与可变现净值孰低计价，其所体现的会计信息质量的基本要求是可比性原则。

(　　)125. 在利润表中，其他收益、营业外收入不影响企业营业利润。

(　　)126. 明细分类账簿是按照经济业务发生时间的先后顺序逐日逐笔进行登记的账簿。

(　　)127. 科目汇总表不能反映各个账户之间的对应关系，不利于对账目进行检查。

(　　)128. 现金收款凭证上填写的日期应当是编制收款凭证的日期。

(　　)129. 固定资产计提折旧体现的会计假设前提是货币计量。

(　　)130. 工资结算汇总表属于外来原始凭证。

(　　)131. 自制原始凭证中，一次凭证只能反映一项经济业务，累计原始凭证可以反映若干项不同内容的经济业务。

(　　)132. 借贷记账法起源于13世纪的意大利，20世纪初传入我国。

(　　)133. 生产车间管理人员的工资及福利费用应记入“管理费用”账户的借方。

(　　)134. 在1~11月的“本年累计”下应当划双红线。

(　　)135. 外购材料的采购成本是由买价、运杂费、增值税构成。

(　　)136. 会计决策方法是整个会计方法体系的基础。

(　　)137. 应交税费账户期末余额如果在借方，反映企业多交或尚未抵扣的税费。

(　　)138. 会计账簿记录与记账凭证记录核对属于账账核对。

(　　)139. 不同内容和类别的原始凭证可以汇总填制在一张记账凭证上。

(　　)140. 单位内部会计监督的对象是本单位的经济活动。

(　　)141. 启用订本式会计账簿，应当从第一页到最后一页顺序编号，不得跳页、缺号。

(1) 销售E型彩电，取得含增值税价款7864800元，另收取包装物租金56500元。

(2) 采取以旧换新方式销售F型彩电500台，F型彩电同期含增值税销售单价4520元/台，旧彩电每台折价3200元。

(3) 购进生产用液晶面板，取得增值税专用发票注明税额520000元。

(4) 购进劳保用品，取得增值税普通发票注明税额800元。

(5) 购进一辆销售部门和职工食堂混用的货车，取得税控机动车销售统一发票注明税额81000元。

(6) 组织职工夏季旅游，支付住宿费，取得增值税专用发票注明税额1000元。

(7) 将自产H型彩电无偿赠送给某医院150台，委托某商场代销800台，作为投资提供给某培训机构400台，购进50台计算机奖励给业绩突出的职工。

已知：增值税税率为13%；取得的扣税凭证已通过税务机关认证。

要求：根据上述资料，分析回答下列180-183题。

180. 计算甲公司当月销售E型彩电增值税销项税额的下列计算中，正确的是(　　)。

A. (7864800+56500)÷(1+13%)×13%=911300(元)

B. 7864800÷(1+13%)×13%=904800(元)

C. 7864800×13%=1022424(元)

D. (7864800+56500)×13%=1029769(元)

181. 计算甲公司当月采取以旧换新方式销售F型彩电增值税销项税额的下列计算中，正确的是(　　)。

A. 500×[4520÷(1+13%)-3200]×13%=52000(元)

B. 500×(4520-3200)÷(1+13%)×13%=75929(元)

C. 500×4520÷(1+13%)×13%=260000(元)

D. 500×(4520-3200)×13%=85800(元)

182. 甲公司的下列进项税额中，准予从销项税额中抵扣的是(　　)。

A. 支付住宿费的进项税额1000元

B. 购进货车的进项税额81000元

C. 购进劳保用品的进项税额800元

D. 购进生产用液晶面板的进项税额520000元

183. 甲公司的下列业务中，属于增值税视同销售货物行为的是(　　)。

A. 将自产的800台H型彩电委托某商场代销

B. 将自产的400台H型彩电作为投资提供给某培训机构

C. 将购进的50台计算机奖励给业绩突出的职工

D. 将自产的150台H型彩电无偿赠送给某医院

(三)

大远公司为中国居民企业，主要从事空调的生产和销售业务：大远公司2022年度有关经营情况如下：

(1) 取得国债利息收入15万元，乙煤炭公司债券利息收入9万元，2021年度发行的地方政府债券利息收入80万元。

(2) 持有居民企业丙公司公开发行并上市流通的股票，取得股息18万元。该股票系大远公司当年5月购入。

（3）直接向丁小学捐赠5万元。通过市科技局向科学事业捐赠20万元，通过市政府用于目标脱贫地区的扶贫捐赠支出30万元。

（4）缴纳增值税110万元，预缴企业所得税75万元。

（5）向投资者支付股息、红利30万元。

（6）发生合理的会议费支出7万元。

（7）实现利润总额350万元。

已知：企业当年发生以及以前年度结转的公益性捐赠支出，不超过年度利润总额12%的部分，准予在计算企业所得税应纳税所得额时扣除。

要求：根据上述资料，分析回答下列184~187题。

184. 大远公司2022年度取得的下列收入中，属于企业所得税免税收入的是(　　)。

A. 国债利息收入15万元　　B. 从丙公司取得股息18万元

C. 乙煤炭公司债券利息收入9万元　　D. 地方政府债券利息收入80万元

185. 计算大远公司2022年度企业所得税应纳税所得额时，准予税前扣除的公益性捐赠支出是(　　)。

A. 25万元　　B. 42万元　　C. 50万元　　D. 55万元

186. 下列各项中，在计算大远公司2022年度企业所得税应纳税所得额时不得扣除的是(　　)。

A. 预缴的企业所得税75万元　　B. 向投资者支付股息、红利30万元

C. 合理的会议费支出7万元　　D. 缴纳的增值税110万元

187. 计算大远公司2022年度企业所得税应纳税所得额的下列算式中，正确的是(　　)。

A. 350−9−18+(20+80+5−350×12%)−110−75=201(万元)

B. 350−15−80+5=260(万元)

C. 350−15−80+5−110=150(万元)

D. 350−80−18+(20+50+5−350×12%)−75−30+7=187(万元)

(四)

亮晶晶公司会计主管张路路根据如下信息建立公司账套：

账套号：999；账套名称：亮晶晶有限公司；启用期间：2022年6月；单位名称：亮晶晶有限公司。

企业类型：工业；行业性质：2007年新会计准则；账套主管：王明明；按行业性质预置科目。

基础信息：存货、供应商、客户有分类，无外币核算。

分类编码方案：科目编码级次4-2-2-2，部门编码级次1-1，客户分类编码级次2-2，供应商分类编码级次2-2，其他编码规则默认。数据精度：均为两位小数。启用模块：总账、固定资产、薪资管理。

要求：根据上述资料分析回答下列188~192题。

188. 建立账套时，需要以(　　)的身份注册系统管理。

A. 张路路　　B. admin　　C. 王明明　　D. 财务总监

189. 建立账套时，需要设置的信息包括(　　)。

A. 设置账套信息　　B. 设置凭证类别　　C. 设置启用日期　　D. 录入期初余额

190. 建立账套完成后，(　　)不能修改。

下经济业务：(1)以银行存款归还前欠A公司货款10000元；(2)从B公司购入原材料一批，货款及税款15000元，尚未支付；(3)收到C公司预付的购货款12000元存入银行。则甲公司“应付账款”总账期末余额为(　　)万元。

A. 25000　　B. 10000　　C. 13000　　D. 37000

12. 甲公司4月初结存原材料500千克，单位成本100元/千克，4月1日购入原材料2000千克，单位成本105元/千克，4月30日经实地盘点查明该原材料结存250千克。原材料核算采用实地盘存制，发出材料按月末一次加权平均法计算。则本月发出存货的成本为(　　)元。

A. 312000　　B. 228500　　C. 26000　　D. 234000

13. 付款凭证左上角的“贷方科目”可能登记的科目是(　　)。

A. 预付账款　　B. 银行存款　　C. 预收账款　　D. 其他应付款

14. 填制凭证时发生错误，应当(　　)。

A. 采用划线更正法　　B. 采用补充登记法　　C. 采用重新填制　　D. 采用红字更正法

15. (　　)是用来记录货币资金付款业务的凭证，它是由出纳人员根据审核无误的原始凭证填制的。

A. 收款凭证　　B. 付款凭证　　C. 转账凭证　　D. 累计凭证

16. 某单位会计部门第6号经济业务的一笔分录需填制两张记账凭证，则这两张凭证的编号为(　　)。

A. 6，7　　B. 7(1/2)，7(2/2)　　C. 6(1/2)，6(2/2)　　D. 6(1/2)，7(2/2)

17. 适用于采用三栏式明细账格式登记的账户是(　　)。

A. 库存商品　　B. 制造费用　　C. 生产成本　　D. 应收账款

18. 偿还短期借款10000元，编制记账凭证为“借：短期借款10000，贷：银行存款10000”，并据此登记入账，但账簿中所记金额为1000元，则采用(　　)更正。

A. 划线更正法　　B. 红字冲销法　　C. 补充登记法　　D. 以上均可

19. 如果在记账过程中出现将记账方向记反了，即借方记入贷方，或贷方记入借方，这种差错适合的错账查找方法是(　　)。

A. 差数法　　B. 尾数法　　C. 除2法　　D. 除9法

20. 根据记账凭证登记账簿后发现记账凭证错误，不适用于采用红字更正法的是(　　)。

A. 科目用错　　B. 借贷方向记错　　C. 金额少记　　D. 金额多记

21. 永续盘存制的优点是(　　)。

A. 简化了存货的日常核算工作　　B. 有利于加强存货的日常管理

C. 省去了存货发出经济业务的记录　　D. 减少了存货明细记录的工作量

22. 根据科目汇总表可以登记(　　)。

A. 总账　　B. 日记账　　C. 明细账　　D. 备查账

23. 在财产清查中，发现库存现金短缺50元，根据库存现金盘点报告表，应做的会计分录为(　　)。

A. 借：管理费用　　50
　　贷：待处理财产损溢　　50

B. 借：管理费用　　50
　　贷：库存现金　　50

C. 借：其他应收款——出纳员　　50
　　贷：库存现金　　50

D. 借：待处理财产损溢　　50
　　贷：库存现金　　50

24. 汇总记账凭证账务处理程序下，登记总账的依据是(　　)。

A. 原始凭证　　B. 记账凭证　　C. 汇总记账凭证　　D. 科目汇总表

25. 科学适用的账务处理程序不能做到的是(　　)。

A. 减少会计人员工作量　　B. 不需登记总账

C. 节约人力和物力　　D. 提高会计工作的质量和效率

26. “预付账款”所属明细账中若有期末借方余额，应将其计入资产负债表的(　　)项目。

A. 应收账款　　B. 预付款项　　C. 应付账款　　D. 预收款项

27. 公司某月营业收入为120万元，营业成本为70万元，管理费用为10万元，销售费用为2万元，投资损失为10万元，营业外收入为5万元，营业外支出为1万元。如果不考虑其他因素，当月的营业利润为(　　)万元。

A. 50　　B. 40　　C. 32　　D. 28

28. 公司某月末部分账户余额资料为：原材料账户借方余额80000元，生产成本账户借方余额10000元，库存商品账户借方余额59000元，工程物资账户借方余额13000元。根据以上资料，月末资产负债表中存货项目的金额为(　　)元。

A. 149000　　B. 147000　　C. 160000　　D. 162000

29. 企业本月利润表中的营业收入为450000元，营业成本为216000元，税金及附加为9000元，管理费用为10000元，财务费用为5000元，销售费用为8000元，则其营业利润为(　　)。

A. 217000　　B. 225000　　C. 234000　　D. 202000

30. 下列各项中，不属于会计档案保管期限的有(　　)。

A. 5年　　B. 30年　　C. 10年　　D. 永久

31. 下列关于宁夏某自治区甲公司会计记录使用文字的表述中，正确的是(　　)。

A. 可以任意选择使用一种文字

B. 经当地财政部门批准后可以只使用当地通用的民族文字

C. 应当使用中文并可以同时使用一种当地通用的民族文字

D. 只能使用中文

32. 根据会计法律制度的规定，下列关于会计凭证保管的表述中，不正确的是(　　)。

A. 会计凭证登记完毕后，应当按照分类和编号顺序保管，不得散乱丢失

B. 数量过多的原始凭证，可以单独装订保管

C. 存出保证金收据等重要原始凭证，应当另编目录，单独登记保管

D. 原始凭证可以外借

33. 根据会计法律制度的规定，担任单位会计机构负责人的，应当具备(　　)以上专业技术职务资格或者从事会计工作不少于(　　)。

A. 助理会计师　1年　　B. 助理会计师　3年

C. 会计师　1年　　D. 会计师　3年

34. 根据会计法律制度的规定，因提供虚假财务会计报告被依法追究刑事责任的人员，特定期限内不得从事会计工作。该期限为(　　)。

A. 1年　　B. 3年　　C. 4年　　D. 终身

35. 会计专业技术人员参加继续教育实行学分制管理，每年参加继续教育取得的学分不少于(　　)。

A. 30学分　　B. 60学分　　C. 90学分　　D. 120学分

36. 下列关于填制记账凭证的说法中，不正确的是(　　)。

A. 一笔经济业务需要填制两张以上记账凭证的，可以采用分数编号法编号

B. 一张原始凭证所列的支出需要几个单位共同负担的，应当将其他单位负担的部分，

按规定设置账簿

B. 生产、经营规模小又确无建账能力的纳税人，可以聘请经批准从事会计代理记账业务的专业机构代为建账和办理账务

C. 纳税人使用计算机记账的，无须向主管税务机关备案

D. 账簿、记账凭证、报表、完税凭证、发票、出口凭证以及其他有关涉税资料应当保存10年

56. 下列税款征收方式中，适用于生产经营规模小、产品零星、税源分散、会计账册不健全，但能控制原材料或进销货的小型厂矿和作坊的是(　　)。

A. 查账征收　　B. 查定征收　　C. 查验征收　　D. 定期定额征收

57. 某公司未缴纳税款和滞纳金共计150万元，其法定代表人需要出境参加重要会议，税务机关责令其提供纳税担保但该公司拒绝提供担保，则税务机关可以采取的税款征收保障措施是(　　)。

A. 直接阻止该公司法定代表人出境

B. 扣押该公司相当于应纳税款的商品

C. 通知出入境管理机关阻止该公司法定代表人出境

D. 书面通知该公司开户银行冻结相当于应纳税款的存款

58. 纳税人有骗税行为，由税务机关追缴其骗取的退税款，并处骗取税款一定倍数的罚款，该倍数为(　　)。

A. 5倍以上10倍以下　　B. 1倍以上5倍以下

C. 10倍　　D. 10倍以上15倍以下

59. 会计软件的功能不包括(　　)。

A. 为财务管理采集数据　　B. 生成报表资料

C. 生成统计数据　　D. 会计资料的输出

60. 会计软件按照功能和管理层次分类不包括(　　)。

A. 核算型会计软件　　B. 管理型会计软件

C. 决策型会计软件　　D. 分析型会计软件

61. “会计软件应当具有会计资料归档功能”是对(　　)的一个呼应。

A. 第四十条、第四十一条会计资料无纸化　　B. 第三十条、第三十一条会计资料无纸化

C. 第二十条、第二十一条会计资料无纸化　　D. 第十条、第十一条会计资料无纸化

62.《企业会计信息化工作规范》第一章内容为(　　)。

A. 总则　　B. 会计软件和服务　　C. 企业会计信息化　　D. 监督管理

63. 在用友T3软件中，操作员启用后不能(　　)操作员。

A. 增加操作员　　B. 修改操作员　　C. 删除操作员　　D. 注销操作员

64. 下列叙述正确的是(　　)。

A. 一个账套可以定义多个账套主管，一个用户也可以担任多个账套的账套主管

B. 一个账套只能定义一个套主管

C. 一个用户只可以担任一个账套的账套主管

D. 一个账套可以定义多个账套主管，一个用户只可以担任一个账套的账套主管

65. 在用友T3软件中，年度账管理中的清空年度数据，是指(　　)。

A. 将账套数据全部清空　　B. 保留一些信息，如账套基本信息等

C. 将年度账的发生额删除，保留余额　　D. 将年度账数据全部清空

66. 相对于手工环境，计算机环境的会计信息系统需要注意的问题是(　　)。

A. 记账工作量大　　B. 错误率高

C. 集中化处理产生的内部控制问题　　D. 及时性差

67. 在用友 T3 软件中，系统自动以(　　)作为新建工资类别的启用日期。

A. 系统日期　　B. 登录日期

C. 用户自己录入的日期　　D. 工资账套的启用日期

68. 下列关于会计科目的描述，不正确的是(　　)。

A. 已使用的会计科目在会计年中不能删除

B. 如果会计科目已经使用，可以增设下级科目

C. 只有末级科目才允许有余额

D. 上级科目的余额是由下级科目的余额自动计算得出

69. 在用友 T3 总账系统中，真正删除一张凭证的方法是(　　)。

A. 将此凭证进行作废操作

B. 将此凭证进行作废操作，然后进行整理操作

C. 将此凭证进行删除操作

D. 将此凭证进行删除操作，然后进行整理操作

70. 在用友 T3 软件中，对于已记账的凭证，下面的回答正确的是(　　)。

A. 可以修改　　B. 取消记账后，可以修改

C. 不能修改　　D. 只能部分修改

71. 在用友 T3 软件中，外部系统传过来的凭证(　　)。

A. 不能审核　　B. 只能在生成该凭证的系统中修改

C. 可以在总账系统中修改　　D. 在总账系统中可做部分修改

72. 在用友 T3 软件中，指定会计科目是指定(　　)专管科目。

A. 会计　　B. 账套主管　　C. 出纳　　D. 系统管理员

73. 下列关于会计报表叙述不正确的是(　　)。

A. 所有的会计报表中，月报、季报和年报是会计核算工作中需要编制的最基本的报表

B. 会计报表的编制过程，就是对有关会计信息进行集中、整理和再加工的过程

C. 会计报表是对会计核算工作的总结

D. 会计报表是会计工作成果的体现

74. 固定资产管理系统中资产的增加、减少以及原值和累计折旧的调整、折旧计提都要将有关数据通过记账凭证的形式传输到(　　)。

A. 报表系统　　B. 工资管理系统　　C. 总账系统　　D. 往来管理系统

75. UFO 报表调整关键字位置的设置中，在需要调整的位置“年”后面输入的偏移量为负 120 时，这里的调整指的是(　　)。

A. 表示向上移动　　B. 表示向左移动　　C. 表示向右移动　　D. 表示向下移动

76. 在会计报表子系统提供的功能中，每个月都需要调用的功能是(　　)。

A. 报表公式定义　　B. 报表格式定义　　C. 定义报表名称　　D. 报表编制

77. 编制报表有关“确定单元的数据来源于报表系统自身取数”叙述不正确的有(　　)。

A. 从软件其他模块的取数　　B. 从同一报表的不同表页取数

C. 从同一表页的不同单元取数　　D. 从系统中其他报表取数

78. 关于用友 T3 工资管理系统的描述，以下哪种说法不正确(　　)。

A. 被保证人名称　　B. 保证人签章
C. 保证日期　　D. 表明“保证”的字样

101. 根据增值税法律制度的规定，纳税人发生的下列行为中，应按照“建筑服务”计缴增值税的有(　　)。
A. 销售公寓楼　B. 平整土地　C. 装修办公楼　D. 转让海域使用权

102. 根据消费税法律制度的规定，下列属于消费税纳税人的有(　　)。
A. 委托加工白酒的酒厂　　B. 进口葡萄酒的贸易商
C. 销售果酒的商场　　D. 生产销售白酒的厂商

103. 根据企业所得税法律制度的规定，下列收入中，应计入企业所得税应纳税所得额的有(　　)。
A. 接受捐赠收入
B. 转让国债收入
C. 依法收取并纳入财政管理的行政事业性收费
D. 符合免税条件的股息、红利等权益性投资收益

104. 根据个人所得税法律制度的规定，下列各项中，属于专项附加扣除的有(　　)。
A. 继续教育　　B. 3 岁以下婴幼儿照护
C. 基本养老保险　　D. 子女教育

105. 根据税收征收管理法的规定，下列行为属于发票使用中禁止行为的有(　　)。
A. 转借、转让、介绍他人转让发票、发票监制章和发票防伪专用品
B. 以其他凭证代替发票使用
C. 拆本使用发票
D. 扩大发票使用范围

106. 根据税收征收管理法律制度的规定，下列情形中，税务机关有权责令纳税人提供纳税担保的有(　　)。
A. 税务机关有根据认为从事生产、经营的纳税人有逃避纳税义务行为的
B. 欠缴税款、滞纳金的纳税人或者其法定代表人需要出境的
C. 纳税人同税务机关在纳税上发生争议而未缴清税款，需要申请行政复议的
D. 从事生产、经营的纳税人未按规定期限缴纳税款，税务机关责令限期缴纳，逾期仍未缴纳的

107. 企业配备会计软件的方式主要有(　　)。
A. 购买　　B. 定制开发
C. 购买与开发相结合　　D. 委托外单位开发

108. 企业开展会计信息化工作，应当(　　)。
A. 根据发展目标和实际需要　　B. 合理确定建设内容
C. 避免投资浪费　　D. 尽量多地投资

109. 在账务处理系统中进行删除会计科目，下列描述正确的是(　　)。
A. 会计科目建立后，不能删除
B. 科目的删除应自下而上进行
C. 科目输入余额后，可通过将余额置零后删除
D. 已有发生额的科目不能删除

110. 黎明公司在建设银行开立了一个日元账户，公司对该账户进行银行存款日记账管

理，并定期进行银行对账，则在设置会计科目时，应选择的选项是(　　)。

A. 外币核算　　B. 项目核算　　C. 日记账　　D. 银行账

111. 黎明公司财务部于2023年5月启用总账系统，则其建账时需要输入的各科目期初余额数据有(　　)。

A. 2022年全年借、贷方累计发生额　　B. 2023年年初余额

C. 2023年1~4月借、贷方累计发生额　　D. 2023年5月月初余额

112. 关于UFO报表关键字，下列说法正确的是(　　)。

A. 关键字的值只能在格式状态录入　　B. 关键字的值只能在数据状态下录入

C. 关键字只能在格式状态下设置　　D. 关键字只能在数据状态下设置

113. 为缩小人员档案的查询范围，系统提供以下哪些功能(　　)。

A. 导入导出　　B. 定位　　C. 数据替换　　D. 筛选

114. 关于薪资系统月末结转以下说法正确的是(　　)。

A. 月末结转在会计年度的1月到11月进行

B. 如果本月工资数据未汇总，系统将不允许进行月末结转

C. 月末处理功能唯独主管人员才可执行

D. 月末处理后，当月数据将再也不允许改动

115. 设置部门对应折旧科目的作用有(　　)。

A. 生成相对应的凭证　　B. 生成相对应的报表

C. 便于会计人员的业务处理　　D. 减少错误

三、判断题(本题包括60个小题，每小题1分，共60分。请判断下列说法的对错，正确在答题卡上填涂代码“A”，错误在答题卡上填涂代码“B”。)

(　　)116. 根据仓库保管员填制的发料单或发料凭证汇总表，通常应编制转账凭证。

(　　)117. 在对账中有关债权债务明细账账面余额与对方单位的账面记录核对属于账实核对。

(　　)118. 专设销售机构人员的工资及福利费用应记入“管理费用”账户的借方。

(　　)119. 记账凭证是登记账簿的直接依据，因而具有法律的证明效力。

(　　)120. 现值就是按照现行市场价格进行计量的价值。

(　　)121. 如果某个总分类账户余额为零，则其所属的各明细账户的余额也分别为零。

(　　)122. 各种会计报表报送时间月报、半年报、年报分别为15天、60天、4个月。

(　　)123. “生产成本”总账应采用数量金额式。

(　　)124. 汇总付款凭证根据“库存现金”和“银行存款”账户的贷方进行编制。

(　　)125. 在借贷记账法下，“应付账款”账户的贷方发生额表示偿还的债务。

(　　)126. 不定期清查一定是局部清查，定期清查一定是全面清查。

(　　)127. 登记账簿时，若不慎出现空行或空页，为了连续、工整，一定要补充完整，不得空白或划线注销。

(　　)128. 支付产品展览费、销售产品的广告费时，应记入销售费用账户。

(　　)129. 应收账款明细账户的期末余额可能在借方也可能在贷方。

(　　)130. 法律主体必然是会计主体，而会计主体不一定是法律主体。

(　　)131. 企业应付行政管理部门职工的社会保险费，贷方记入“应付职工薪酬——工资”。

(　　)132. 试算平衡是根据资产和权益的平衡关系，按照记账规则的要求，通过汇总、

A. 在原更正处，补充加盖魏某个人印章和公司印章

B. 将错误数字“86900”全部重新划红线更正，并在更正处加盖魏某个人印章

C. 在原更正处，补充加盖魏某个人印章

D. 将错误数字“86900”全部消除字迹后填上正确数字，加盖魏某个人印章

179. 下列关于甲公司会计机构移交会计档案的表述中，错误的是(　　)。

A. 会计机构应编制会计档案移交清册

B. 纸质会计档案移交时应重新封装

C. 公司档案管理机构接收电子会计档案时，应对其准确性、完整性、可用性和安全性进行检测

D. 电子会计档案移交时应将电子会计档案及其元数据一并移交

(二)

雅美化妆品公司为增值税一般纳税人，主要从事各类化妆品的生产、销售和加工业务。2023 年 6 月有关经营情况如下：

(1) 进口一批高档粉底液，海关核定的关税完税价格为 100 万元，已缴纳关税 5 万元。

(2) 销售自产 C 型高档美容类化妆品，取得含增值税价款 452 万元，同时收取包装费 4.52 万元，收取包装物押金 5.65 万元。

(3) 受托为乙公司加工 D 型高档修饰类化妆品，乙公司提供原材料成本 95 万元，甲化妆品公司收取含增值税加工费 16.95 万元。甲化妆品公司无同类高档修饰类化妆品销售价格。

(4) 购进作为产品赠品用的化妆刷，取得增值税专用发票注明税额 13 万元，支付其运输费，取得增值税专用发票注明税额 0.9 万元，因管理不善该批化妆刷全部丢失。

(5) 委托加工高档口红，支付加工费取得增值税专用发票注明税额 30 万元。

(6) 购进护发精油用于发放职工福利，取得增值税专用发票注明税额 1.3 万元。

已知：消费税税率为 15%，增值税税率为 13%；取得增值税扣税凭证均符合抵扣规定。

要求：根据上述资料，分析回答下列 180-183 题。

180. 计算雅美化妆品公司当月进口高档粉底液应缴纳增值税税额的下列算式中，正确的是(　　)。

A. 100×13%　　B. 100+5÷(1-15%)×13%

C. (100+5)÷(1-15%)×13%　　D. (105+4.25)×13%

181. 计算雅美化妆品公司当月销售自产 C 型高档美容类化妆品应缴纳消费税税额的下列算式中，正确的是(　　)。

A. (452+4.52)÷(1+13%)×15%　　B. 452×15%

C. (452+5.65)÷(1+13%)×15%　　D. (452+4.52+5.65)÷(1+13%)×15%

182. 计算雅美化妆品公司当月受托加工 D 型高档修饰类化妆品应代收代缴消费税税额的下列算式中，正确的是(　　)。

A. (95+16.95)÷(1-15%)×15%

B. 95÷(1-15%)×15%

C. [95+16.95÷(1+13%)]÷(1-15%)×15%

D. (95+16.95)×15%

183. 雅美化妆品公司的下列进项税额中，不得从销项税额中抵扣的是(　　)。

A. 购进化妆刷的进项税额 13 万元　　B. 支付运输费的进项税额 0.9 万元

C. 支付加工费的进项税额 30 万元　　D. 购进护发精油的进项税额 1.3 万元

（三）

中国公民黄某为甲公司员工，有一个1岁的儿子；黄某为独生子，父母已年满60岁。2022年1-10月黄某的有关收支情况如下：

（1）每月取得工资17000元。每月缴纳的基本养老保险费、基本医疗保险费、失业保险费、住房公积金3700元；每月偿还享受首套住房贷款利率的住房贷款本息4800元。1-9月工资、薪金所得累计已预扣预缴个人所得税税额1602元。

（2）发表文章取得稿酬3500元。

（3）购买体育彩票一次中奖收入20000元，购买彩票支1000元，将其中5000元通过国家机关向农村义务教育捐赠。

（4）收到汽车保险理赔款项30000元。

（5）获赠父母名下价值3000000元的住房一套。

（6）在电信公司购买手机获赠话费800元。

（7）取得国债利息收入15000元。

已知：黄某决定将公益捐赠支出在"偶然所得"中扣除。相关专项附加扣除由黄某按扣除标准的100%扣除。

个人所得税预扣率表一（居民个人工资、薪金所得预扣预缴适用）

级数	累计预扣预缴应纳税所得额	预扣率（%）	速算扣除数
1	不超过36000元的部分	3	0
2	超过36000元至144000元的部分	10	2520
3	超过144000元至300000元的部分	20	16920
4	超过300000元至420000元的部分	25	31920
5	超过420000元至660000元的部分	30	52920
6	超过660000元至960000元的部分	35	85920
7	超过960000元的部分	45	181920

要求：根据上述资料，分析回答下列184~187题。

184. 计算黄某10月份工资应预扣预缴个人所得税税额的下列算式中，正确的是（　　）。

A.（17000×10－5000×10－3700×10－1000×10－1000×10）×10%－2520

B.（17000×10－5000×10－3700×10－1000×10－2000×10）×10%－2520－1602

C.（17000×10－5000×10－1000×10－1000×10－2000×10）×10%－2520－1602

D.（17000×10－5000×10－3700×10－1000×10－1000×10－2000×10）×10%－2520－1602

185. 计算黄某取得稿酬所得应预扣预缴个人所得税税额的下列算式中，正确的是（　　）。

A.（3500－800）×70%×20%　　B. 3500×20%

C.（3500－800）×20%　　D. 3500×70%×20%

186. 计算黄某中奖收入应缴纳个人所得税税额的下列算式中，正确的是（　　）。

A.（20000－5000）×20%　　B. 20000×20%

C.（20000－1000）×20%　　D.（20000－1000－5000）×20%

187. 黄某取得的下列收入中，不缴纳个人所得税的是（　　）。

A. 汽车保险理赔款项30000元　　B. 购买手机获赠的话费800元

C. 获赠父母名下价值3000000元的住房　　D. 取得国债利息收入15000元

11. 下列账户中，年终结转后可能有余额的是(　　)。

A. 本年利润　　B. 利润分配——未分配利润

C. 利润分配——提取法定盈余公积　　D. 利润分配——应付利润

12. 某企业购入钢材 20 吨，单价 3000 元，增值税 7800 元，运杂费 500 元，经验收实收 19.9 吨，短缺数量为运输途中的合理损耗，则该批钢材入库时的单位成本是(　　)元。

A. 3040.20　　B. 3000　　C. 3015.08　　D. 3432.16

13. 某单位购入设备一台，价款为 100 万元，用银行存款支付 60 万元，另 40 万元则签发了商业汇票。对这一经济业务，单位应编制的记账凭证为(　　)。

A. 编制一张转账凭证　　B. 编制一张收款凭证

C. 编制一张付款凭证　　D. 编制一张转账凭证和一张付款凭证

14. 原始凭证是由(　　)取得或填制的。

A. 总账会计　　B. 业务经办单位或人员

C. 会计主管　　D. 出纳人员

15. 销售产品收到商业汇票一张，应该填制(　　)。

A. 银收字记账凭证　　B. 现付字记账凭证　　C. 转账凭证　　D. 单式凭证

16. (　　)是会计核算工作的起点和关键。

A. 填制和审核会计凭证　　B. 编制会计分录

C. 登记会计账簿　　D. 编制财务报表

17. 下列各项明细账中采用数量金额式明细账格式登记的是(　　)。

A. 其他应收款明细账　　B. 在产品明细账

C. 生产成本明细账　　D. 实收资本明细账

18. 账账核对是指核对不同会计账簿之间的账簿记录是否正确，下列不属于账账核对内容的是(　　)。

A. 总分类账簿与所属明细分类账簿核对

B. 总分类账簿与序时账簿核对

C. 各项财产物资明细账余额与财产物资实有数额核对

D. 会计部门实物资产明细账与财产物资保管部门明细账核对

19. 银行存款日记账的保管期限为(　　)。

A. 3 年　　B. 5 年　　C. 15 年　　D. 30 年

20. 明细账的格式有：①数量金额式；②横线登记式；③三栏式；④多栏式等。应收账款明细账、库存商品明细账、在途物资明细账格式的选择顺序是(　　)。

A. ①②③　　B. ③①②　　C. ②①③　　D. ②①④

21. 关于永续盘存制，下列说法不正确的是(　　)。

A. 便于加强会计监督　　B. 工作简单，工作量小

C. 可随时结出账面结存数　　D. 能及时发现账实不符的情况

22. 以下(　　)情况不需要进行全面清查。

A. 编制年度财务会计报告前　　B. 清产核资

C. 企业改变隶属关系　　D. 更换出纳员

23. 当财产物资发生的盘亏和损失在报经批准后，不应转入的账户有(　　)。

A. 管理费用　　B. 营业外支出　　C. 其他应收款　　D. 应收账款

24. 记账凭证账务处理程序和科目汇总表账务处理程序，说法错误的是(   )。

A. 根据原始凭证、汇总原始凭证和记账凭证登记各明细分类账

B. 根据记账凭证逐笔登记总分类账

C. 期末，现金日记账、银行存款日记账和明细账的余额与有关总账的余额核对相符

D. 根据总分类账和明细分类账的记录，编制会计报表

25. 在各种会计核算形式下，明细分类账不可以根据(   )登记。

A. 原始凭证　B. 原始凭证汇总表　C. 记账凭证　D. 科目汇总表

26. 公司期末负债合计为 8555 万元，非流动资产合计为 7798 万元，所有者权益合计为 7000 万元，则该企业的期末流动资产合计应当为(   )万元。

A. 7757　B. 15555　C. 9353　D. 6243

27. 下列各项中，(   )不会影响企业利润总额增减变化。

A. 销售费用　B. 管理费用　C. 所得税费用　D. 营业外支出

28. 某公司本会计期间的主营业务收入为 1700 万元，主营业务成本为 1190 万元，税金及附加为 170 万元，销售费用为 110 万元，管理费用为 100 万元，财务费用为 19 万元，营业外收入为 16 万元，营业外支出为 25 万元，其他业务收入为 200 万元，其他业务成本为 100 万元，应交所得税按利润总额的 25%计算，其营业利润、利润总额、企业净利润分别为(   )。

A. 111 万元，232 万元，174 万元　B. 211 万元，202 万元，151. 5 万元

C. 356 万元，232 万元，74 万元　D. 111 万元，202 万元，151. 5 万元

29. 下列各项中，不会影响营业利润金额的是(   )。

A. 资产减值损失　B. 财务费用　C. 投资收益　D. 营业外收入

30. 下列关于会计档案销毁的说法中，不正确的有(   )。

A. 正在项目建设期间的建设单位，其保管期满的会计档案不得销毁

B. 单位负责人应当在会计档案销毁清册上签署意见

C. 单独抽出立卷的会计档案，只需要在会计档案销毁清册中列明

D. 对于保管期满但未结清的债权债务原始凭证，不可以销毁

31. 根据会计法律制度的规定，下列各项中，不属于会计工作岗位的是(   )。

A. 出纳岗位　B. 会计机构中的会计档案保管岗位

C. 财产物资核算岗位　D. 仓库保管员岗位

32. 根据会计法律制度的规定，应当至少每年一次向本企业的职工代表大会公布财务会计报告的企业不包括(   )。

A. 国有企业　B. 国有控股企业

C. 国有参股企业　D. 国有占主导地位的企业

33. 根据会计法律制度的规定，中级会计师资格的取得实行(   )。

A. 全国统一考试制度　B. 考试和评审相结合制度

C. 地方统一考试制度　D. 评审制度

34. 根据会计法律制度的规定，在我国，单位内部会计监督的对象是(   )。

A. 本单位的单位负责人　B. 本单位的会计人员

C. 本单位的会计机构　D. 本单位的经济活动

35. 根据会计法律制度的规定，A 公司的下列会计工作中，出纳人员柳某可以兼任的是(   )。

A. (3900-152-700-800)×10%=224.8(元) B. (3900-800)×10%=310(元)

C. 3900×10%=390(元) D. (3900-152-700)×10%=304.8(元)

55. 下列各项中，属于税收程序法的是(　　)。

A. 企业所得税法　B. 个人所得税法　C. 税收征管法　D. 车辆购置税法

56. 根据税收征管法律制度的规定，关于发票开具和保管的下列表述中，正确的是(　　)。

A. 销售货物开具发票时，可按付款方要求变更品名和金额

B. 经单位财务负责人批准后，可拆本使用发票

C. 已经开具的发票存根联保存期满后，开具发票的单位可直接销毁

D. 收购单位向个人支付收购款项时，由付款方向收款方开具发票

57. 纳税人未按照规定期限缴纳税款的，税务机关可责令限期缴纳，并从滞纳之日起，按日加收滞纳税款一定比例的滞纳金，该比例为(　　)。

A. 万分之一　B. 万分之三　C. 万分之五　D. 万分之七

58. 根据税收征管法律制度的规定，下列各项中，不属于纳税担保方式的是(　　)。

A. 保证　B. 扣押　C. 质押　D. 抵押

59. 关于企业资源计划的说法正确的是(　　)。

A. 企业资源计划简称为 REP

B. 企业资源计划的核心思想销售链的管理

C. 企业资源计划核心功能是财务、分销和生产管理

D. 企业资源计划集成人力资源、物质资源、管理资源合一

60.《企业会计信息化工作规范》第三章的内容为(　　)。

A. 总则　B. 会计软件和服务　C. 企业会计信息化　D. 监督管理

61.《企业会计信息化工作规范》规定会计软件的界面应当使用(　　)。

A. 中文并且提供对中文处理的支持　B. 中英文并且提供对中文英处理的支持

C. 英文并且提供对英文处理的支持　D. 外文并且提供对外文处理的支持

62. 下列各项中，不属于基础档案设置内容的是(　　)。

A. 机构设置　B. 操作员权限设置　C. 会计科目设置　D. 编码方案设置

63. 如若某企业账套编码方案中部门编码级次为 2-2-2，则下列部门编码中正确的是(　　)。

A. 办公室 789　B. 办公室 56789

C. 办公室 7890　D. 办公室 01020103

64. 用友 T3 软件系统中的部门档案，主要用于设置(　　)的信息。

A. 会计科目　B. 凭证类别　C. 各个职员　D. 各个职能部门

65. 在“创建账套——单位信息”对话框中，必须输入的内容是(　　)。

A. 单位名称　B. 单位简称　C. 单位地址　D. 法人代表

66. 关于凭证的修改说法错误的是(　　)。

A. 未审核的机内凭证，可以直接修改任何项目

B. 已审核的凭证先取消审核再进行修改

C. 已记账的凭证，可以用红字凭证冲销法进行更正

D. 已记账的凭证，可以采用补充凭证法进行更正

67. 账务处理系统中，(　　)的凭证可以登账。

A. 已审核　B. 未审核　C. 已存盘　D. 无错误

68. 日常处理银行对账的第一步工作通常是输入(　　)。

A. 银行日记账　　B. 余额调节表　　C. 银行对账单　　D. 已达账项

69. 一般账务处理系统在自动银行对账时的对账方式包括(　　)。

A. 金额　　B. 金额与方向　　C. 方向　　D. 都不是

70. 在账务处理系统中设置自动转账分录时，无须设置的项目是(　　)。

A. 凭证号　　B. 凭证类别　　C. 摘要　　D. 借贷方向

71. 如果总核算账套的科目为新会计制度科目，且账套性质为工业企业，用报表模板生成财务报表时，应选择以下哪种模板(　　)。

A. 工业企业下的报表　　B. 外商投资企业下的报表

C. 新会计制度科目行业下的报表　　D. 对外合作行业的报表

72. UFO 报表的正确的基本操作流程是(　　)。

A. 设计格式→定义公式→数据处理→图形处理→打印

B. 设计格式→图形处理→数据处理→定义公式→打印

C. 定义公式→设计格式→数据处理→图形处理→打印

D. 设计格式→定义公式→图形处理→数据处理→打印

73. 欲将关键字位置向左调整时，需输入以下哪种形式的数据(　　)。

A. 左 10　　B. -10　　C. 10　　D. 0

74. 选出正确格式的审核公式(　　)。

A. C43=G43 MESS　'期初资产总计与负债及权益总计不等!'

B. C43=G43 MESS　期初资产总计与负债及权益总计不等!

C. C43=G43 MESS　[期初资产总计与负债及权益总计不等!]

D. C43=G43 MESS　"期初资产总计与负债及权益总计不等!"

75. 修改固定资产卡片时，下列(　　)内容不允许修改。

A. 资产名称　　B. 增加方式　　C. 卡片编号　　D. 原值变动

76. 在固定资产卡片录入中，下列哪一个项目是自动给出的，不能修改(　　)。

A. 存放地点　　B. 录入人　　C. 固定资产名称　　D. 对应折旧科目

77. 某企业固定资产管理系统初始化完成后，发现误将本账套计提折旧参数设置为否，则应采用哪种方法进行更改(　　)。

A. 用"上一步"到折旧信息中修改　　B. 重新初始化账套

C. 以后在录入固定资产卡片时修改　　D. 在"设置""选项"中进行重新设置

78. 关于固定资产卡片录入的说法，不正确的选项是(　　)。

A. 删除非末张卡片，该卡片编号将保存空号，不能再运用

B. 使用年限可以是非整数年，但必须是整数月

C. 资产通过原始卡片录入还是通过资产增加录入，在于资产的开始使用日期

D. 原始卡片的录入必须在第一个期间结账前

79. 工资核算系统与账务处理系统不能共享的信息是(　　)。

A. 部门代码　　B. 凭证类型　　C. 会计科目　　D. 计算公式

80. 工资系统的账表输出模块主要功能是(　　)。

A. 自动转账　　B. 录入基础信息

C. 输出各种统计和分析报表　　D. 工资汇总处理

A. 汽油　　B. 卷烟　　C. 啤酒　　D. 白酒

104. 下列各项中，在计算企业所得税应纳税所得额时，应计入收入总额的有(　　)。

A. 转让专利权收入　　C. 接受捐赠收入

B. 债务重组收入　　D. 确实无法偿付的应付款项

105. 根据个人所得税法律制度的规定，个人发生的下列公益救济性捐赠支出，准予税前全额扣除的有(　　)。

A. 通过国家机关向红十字事业的捐赠

B. 通过国家机关向农村义务教育的捐赠

C. 通过非营利社会团体向公益性青少年活动场所的捐赠

D. 通过非营利社会团体向贫困地区的捐赠

106. 下列关于税务机关核定应纳税额的方法中，不正确的有(　　)。

A. 参照当地同类行业中经营规模和收入水平相近的纳税人的税负水平核定

B. 按照营业收入核定

C. 按照成本加合理的费用的方法核定

D. 税务机关可以同时采用上述三种方法核定

107. 购买通用会计软件从(　　)考虑软件的功能。

A. 企业所在行业的需求分析　　B. 企业运行环境的分析

C. 会计核算与管理的特殊需求分析　　D. 企业会计工作发展的需求分析

108. XBRL 具有的优势有(　　)。

A. 高效　　B. 低成本　　C. 可靠　　D. 可跨平台使用

109. 在用友 T3 软件中，收款凭证借方限制科目为(　　)。

A. 银行存款　　B. 库存现金　　C. 应收账款　　D. 预收账款

110. 下列哪些情况可以实现凭证的无痕迹修改(　　)。

A. 审核并经过记账的凭证

B. 凭证输入后，未审核或审核未通过的凭证

C. 已审核但未记账的凭证

D. 经过结账后的凭证

111. 下列关于记账处理的叙述，正确的是(　　)。

A. 每月可以结多次账

B. 只能对本月的凭证进行记账处理

C. 有不平衡凭证或未审核的凭证不能进行记账处理

D. 记账过程中不能随意关机

112. 在 UFO 报表系统中，下列哪些是正确的操作(　　)。

A. 在格式状态下向单元格输入的数据是表样类型数据

B. 对于字符型单元只能在数据状态下输入数据

C. 需要设置组合的单元必须具有相同的单元类型

D. 各表页同样位置上的表样单元的内容和显示方式都相同

113. 固定资产系统建账完成后，在“设置”“选项”中可以进行修改的账套参数为(　　)。

A. 与账务系统进行对账　　B. 对账科目

C. 主要折旧方法　　D. 折旧汇总分配周期

114. 固定资产在使用过程中，下列情况下可以调整其原值的有(　　)。

A. 根据国家规定对固定资产重新估价

B. 增加补充设备或改良设备

C. 将固定资产的一部分拆除

D. 根据实际价值调整原来的暂估价值

115. 下列(　　)不属于变动工资项目。

A. 基本工资　　B. 岗位工资　　C. 岗位补贴　　D. 应扣款项

三、判断题(本题包括60个小题，每小题1分，共60分。请判断下列说法的对错，正确在答题卡上填涂代码“A”，错误在答题卡上填涂代码“B”。)

(　　)116. “待处理财产损溢”属于损益类。

(　　)117. 实地盘存制是平时只登记收入数，不登记发出数，期末结账时，根据实地盘点的实存数额倒挤出发出数的盘存制度。

(　　)118. 总分类账科目统驭下的二级科目和三级科目等均称为明细分类账科目。

(　　)119. 企业临时租入的固定资产应在明细分类账簿中登记。

(　　)120. 对应收账款可按规定的标准计提坏账准备金，其根据是谨慎性原则。

(　　)121. 企业在与外单位发生经济业务时，取得的各种书面证明不一定都是原始凭证。

(　　)122. 进行清产核资时适合采用局部清查的方法进行财产清查。

(　　)123.“有借必有贷，借贷必相等”是进行发生额试算平衡的依据。

(　　)124. 开出转账支票支付股东股利应填制付款凭证。

(　　)125.“管理费用”明细账适用于三栏式明细分类账。

(　　)126. 电力局传来的电费发票是自制原始凭证的。

(　　)127. 会计分录的三要素：应借应贷方向、相互对应的账户名称、确定的金额。

(　　)128. 未达账项是指企业与银行之间由于核算时间不同而形成的双方均未入账的款项。

(　　)129. 会计部门的财产物资明细账与保管部门的财产物资明细账之间的核对是账实核对。

(　　)130. 期末结转应交的所得税费用应编制转账凭证。

(　　)131. 利润表是以“资产=负债+所有者权益”的平衡式为依据的。

(　　)132. 企业在选择会计核算程序时，应根据单位规模大小、业务繁简、工作基础强弱、经营业务特点而定。

(　　)133. 账簿按经济用途分为序时账簿、分类账簿和备查账簿。备查账簿中所记载的信息资料与序时账簿、分类账簿一样，必须根据有关记账凭证登记。

(　　)134. 银行存款余额调节表不能作为对银行存款日记账余额进行调整的原始凭证。

(　　)135. 资金的分配不属于资金运动的环节。

(　　)136. 职工福利费可以用以发放职工生活困难补助。

(　　)137. 流动资产是指可以在一年(含一年)或短于一年的一个正常营业周期内变现或耗用的资产。

(　　)138. 单位负责人对本单位的会计工作和会计资料的真实性、完整性负责。

(　　)139. 会计专业技术人员参加继续教育情况，应当作为聘任会计专业技术职务或者申报评定上一级资格的重要条件。

D. 对汇票真实交易关系进行在线审核

179. 乙公司到D银行办理贴现必须记载的事项是(　　)。

A. 实付金额　　B. 贴现利率

C. 贴入人D银行名称　　D. 贴出人乙公司签章

(二)

万吉公司是制造业企业，2022年度会计报表上的利润总额为300万元，已累计预缴企业所得税60万元。该企业2022年度其他有关情况如下：

(1) 通过省政府向灾区进行公益性捐赠20万元，通过乡政府向灾区捐赠5万元。

(2) 开发新技术的研究开发费用30万元。

(3) 实际发生合理的劳动保护支出12万元。

(4) 直接向某足球队进行赞助25万元。

(5) 支付经营过程中发生的诉讼费4.6万元。

(6) 支付企业车队因违反交通法规的罚款1.6万元。

已知：上述款项均已列入费用支出扣除。该企业适用企业所得税税率为25%。上年度结转的符合条件的公益性捐赠支出4万元。

180. 在计算该企业2022年度企业所得税应纳税所得额时，准予扣除的公益性捐赠支出是(　　)万元。

A. 24　　B. 20　　C. 25　　D. 36

181. 在计算该企业2022年度企业所得税应纳税所得额时，研究开发费用应纳税调减的金额是(　　)万元。

A. 60　　B. 30　　C. 15　　D. 45

182. 在计算该企业2022年度企业所得税应纳税所得额时，下列支出不得扣除的是(　　)。

A. 合理的劳动保护支出12万元

B. 直接向某足球队进行赞助30万元

C. 支付经营过程中发生的诉讼4.6万元

D. 支付企业车队因违反交通法规的罚款1.6万元

183. 计算该企业2022年度应补缴的企业所得税的下列计算列式中，正确的是(　　)。

A. [300-(24-20)+5-30+25+1.6]×25%-60

B. (300+25)×25%-60

C. (300-30+25+1.6)×25%-60

D. [300-(24-20)+5+25]×25%-60

(三)

金润卷烟厂为增值税一般纳税人，主要从事卷烟和电子烟产品的生产和销售，持有电子烟注册商标。2023年6月发生如下经济业务：

(1) 将库存成本100万元的烟叶委托乙厂加工成烟丝，支付不含税加工费10万元；已知金润卷烟厂同类烟丝不含税售价220万元，乙厂同类烟丝不含税售价210万元。

(2) 领用收回的全部烟丝继续加工生产卷烟300箱；当月卷烟全部对外销售，取得不含税销售额1000万元。

(3) 销售持有商标的电子烟给丙电子烟批发企业，不含增值税销售额为100万元；销售给丁电子烟批发企业不含增值税销售额为120万元。

已知：卷烟消费税定额税率为每箱150元，比例税率为56%，电子烟消费税税率为36%；烟丝消费税税率为30%。

要求：根据上述资料，分析回答下列184~187题。

184. 金润卷烟厂委托加工烟丝，受托方应当代收代缴的消费税的下列算式中，正确的是(　　)。

A. 220×30%　　B. (100+10)÷(1−30%)×30%

C. 210×30%　　D. (100+10)÷(1+30%)×30%

185. 金润卷烟厂销售卷烟，当月应当缴纳的消费税的下列计算列式中，正确的是(　　)。

A. 1000×56%+150×300÷10000

B. 1000×56%+150×300÷10000−(100+10)+(1−30%)×30%

C. 1000×56%+150×300÷10000−210×30%

D. 1000×56%+150×300÷10000−220×30%

186. 金润卷烟厂当月的各项业务中，下列表述正确的是(　　)。

A. 委托加工收回的已税烟丝用于连续生产卷烟可以抵扣已纳的消费税

B. 委托加工收回的已税烟丝用于连续生产卷烟不得抵扣已纳的消费税

C. 委托加工收回的烟丝继续生产的卷烟对外销售时不征收消费税

D. 烟叶不属于消费税的征税范围

187. 关于金润卷烟厂销售电子烟缴纳消费税的下列计算列式中，正确的是(　　)。

A. 100×36%　　B. (100+100)×36%

C. 120×36%　　D. (100+120)×36%

(四)

A公司是一家涉外经济的工业企业，客户很多，需要分类核算。2022年成立，2023年1月启用会计信息系统，执行2007年《企业会计准则》，每个会计期间都有涉外经济业务，业务简单，只设置一种凭证类别。2023年4月30日，本公司的出纳员小王，在进行银行对账时，发现银行存款日记账上有一笔金额与银行对账单上不符，经核实，是A公司记录出了问题：2023年4月18日张会计误将10000元记录为1000元。

要求：根据上述资料分析回答下列188~192题。

188. 该企业在建账时，基础设置中应采用的凭证类别为(　　)。

A. 记账凭证

B. 收款凭证 付款凭证 转账凭证

C. 现金凭证 银行凭证 转账凭证

D. 现金收款 凭证 现金付款凭证 银行收款凭证 银行付款证转账凭证

189. 关于该企业建立账套时的说法，错误的是(　　)。

A. 本币代码为USD

B. 企业类型选择“工业”

C. 行业性质选择“2007年新会计准则”

D. 必须选择“按行业性质预置科目”

190. 该企业在会计科目设置时，“应收账款”科目通常设置(　　)辅助核算。

A. 数量核算　　B. 外币核算　　C. 个人往来　　C. 客户往来

191. A公司出纳员小王发现的错误会导致哪些数据出现错误(　　)。

A. 增加记借方　　B. 增加记贷方　　C. 减少记贷方　　D. 期末无余额

10. “应收账款”明细账户的期末余额(　　)。

A. 一定在借方　　B. 一定在贷方

C. 可能在借方也可能在贷方　　D. 一定为零

11. 公司某月份的会计资料为：A 产品的期初在产品成本为 100000 元，当月发生生产费用共计 300000 元，月末，完工产品数量 200 件，在产品数量 100 件，在产品成本按单位定额成本 500 元计算，月末结转完工产品成本的会计分录为(　　)。

A. 借：生产成本　350000
　　贷：制造费用　350000

B. 借：库存商品　350000
　　贷：主营业务成本　350000

C. 借：库存商品　350000
　　贷：生产成本　350000

D. 借：库存商品　400000
　　贷：生产成本　400000

12. 甲公司购入材料一批，增值税专用发票注明：价款 30000 元，增值税进项税额 5100 元，材料尚未验收入库，价款及税款均以银行存款支付。此项经济业务未涉及的账户有(　　)。

A. 原材料　　B. 在途物资　　C. 银行存款　　D. 应交税费

13. 企业销售产品一批，售价为 30000 元，款未收。该笔业务应编制的记账凭证是(　　)。

A. 收款凭证　　B. 付款凭证　　C. 转账凭证　　D. 以上均可

14. 单据是(　　)。

A. 记账凭证　　B. 发票　　C. 记账凭单　　D. 原始凭证

15. 在使用收款凭证、付款凭证、转账凭证的单位，与货币资金无关的业务，填制的凭证是(　　)。

A. 收款凭证　　B. 付款凭证　　C. 通用记账凭证　　D. 转账凭证

16. 填制记账凭证时，错误的做法是(　　)。

A. 根据每一张原始凭证填制

B. 根据若干张同类原始凭证汇总填制

C. 将若干张不同内容和类别的原始凭证汇总填制在一张记账凭证上

D. 根据原始凭证汇总表编制

17. “应付账款”明细账户的期末余额(　　)。

A. 一定是在借　　B. 一定是在贷方

C. 可能在借方也可能在贷方　　D. 一定为零

18. 应在存货分类账簿中登记的是(　　)。

A. 购入材料可抵扣的进项税额　　B. 购入但尚未验收入库的原材料

C. 按计划准备购买的材料　　D. 租入的周转材料

19. 某公司“原材料”总分类科目下设“甲材料”和“乙材料”两个明细科目。2022 年 8 月末，“原材料”总分类科目为借方余额 500000 元，“甲材料”明细科目为借方余额 250000 元，则“乙材料”明细科目为(　　)。

A. 借方余额 650000 元　　B. 贷方余额 250000 元

C. 借方余额 250000 元　　D. 贷方余额 650000 元

20. 备查账薄是企业(　　)。

A. 必设账簿　　B. 根据需要设置　　C. 内部账簿　　D. 外部账簿

21. 实地盘存制运用的公式为(　　)。

A. 期末结存数额=期初余额+本期增加数—本期减少数

B. 本期累计结存数=本期增加数—本期减少数

C. 本期减少数=期初结存余额+本期增加数—期末实地盘点数

D. 本期增加数=期末结存余额-本期减少数—期初实地盘点数

22. 某企业 2017 年 10 月末的银行存款日记账余额为 500000 元，而银行对账单余额为 650000 元。经核对，该企业发现存在下列未达账项：

(1) 银行于 10 月 31 日计提企业存款利息 12000 元，企业尚未收到通知，未入账。

(2) 企业于 10 月 25 日开出转账支票支付购货款 145000 元，企业已入账，而收款单位尚未到银行办理入账手续。

(3) 企业于 10 月 30 日收到转账支票一张，金额为 7000 元，企业已入账，银行未入账。

则 2017 年 10 月 31 日，该企业可动用的银行存款实际金额为(   )元。

A. 512000　　B. 650000　　C. 500000　　D. 362000

23. 某企业 2013 年年末应收账款余额为 100 万元，2014 年年末确认坏账损失 10 万元，年末应收账款余额为 800 万元；2015 年收回已转销的坏账 6 万元，年末应收账款余额为 900 万元，坏账准备提取比率为 5%，该企业 3 年内计提坏账准备所记入“资产减值损失”账户的金额累计为(   )万元。

A. 135　　B. 35　　C. 11　　D. 49

24. 科目汇总表核算形式下，月末不用与总账核对的内容有(   )。

A. 现金日记账　　B. 银行存款日记账　　C. 科目汇总表　　D. 明细账

25. 总分类账的登记方法，取决于所采用的(   )。

A. 账簿体系　　B. 会计凭证的类别　　C. 会计科目的设置　　D. 账务处理程序

26. 某企业本月主营业务收入为 1000000 元，其他业务收入为 80000 元，营业外收入为 90000 元，主营业务成本为 760000 元，其他业务成本为 50000 元，税金及附加为 30000 元，营业外支出为 75000 元，管理费用为 40000 元，销售费用为 30000 元，财务费用为 15000 元，所得税费用为 75000 元。则该企业本月营业利润为(   )元。

A. 170000　　B. 155000　　C. 25000　　D. 80000

27. 在编制资产负债表时，根据总账余额和明细账的余额计算填列的项目是(   )。

A. “应付票据”　　B. “短期借款”　　C. “长期借款”　　D. “应收票据”

28. 某企业“应付账款”科目月末贷方余额为 40000 元，其中：“应付账款——甲公司”明细科目贷方余额 35000 元，“应付账款——乙公司”明细科目贷方余额 5000 元；“预付账款”科目月末贷方余额 30000 元，其中：“预付账款——A 工厂”明细科目贷方余额 50000 元，“预付账款——B 工厂”明细科目借方余额 20000 元，该企业月末资产负债表中“应付账款”项目的金额为(   )元。

A. 90000　　B. 30000　　C. 40000　　D. 70000

29. 资产负债表中，直接根据总账账户填列的项目有(   )。

A. “交易性金融资产”“应付票据”“工程物资”“短期借款”“应付职工薪酬”“应交税费”“实收资本”“盈余公积”

B. “交易性金融资产”“应付票据”“应收账款”“工程物资”“短期借款”“应付职工薪酬”“应交税费”“实收资本”“盈余公积”

C. “交易性金融资产”“应付票据”“工程物资”“短期借款”“应付职工薪酬”“应交税费”“长期借款”“实收资本”“盈余公积”

B. 34000÷(1-15%)×15%=6000(元)

C. 34000×15%=5100(元)

D. 34000×(1+5%)×15%=5355(元)

50. 根据企业所得税法律制度的规定，下列各项中，属于非居民企业的是(　　)。

A. 依照外国法律成立，实际管理机构在境内的甲公司

B. 依照中国法律成立，在境外设立机构、场所的乙公司

C. 依照外国法律成立且实际管理机构在境外，但在境内设立机构、场所的丙公司

D. 依照中国法律成立，实际管理机构在境内的丁公司

51. 甲设备生产企业2022年度利润总额800万元，实际发生未形成无形资产计入当期损益的研究开发费用150万元，无其他纳税调整项目。计算甲设备生产企业2022年度企业所得税应纳税所得额的下列算式中，正确的是(　　)。

A. 800-150×75%=687.5(万元)　　B. 800-150×100%=650(万元)

C. 800-150×50%=725(万元)　　D. 800+150×100%=950(万元)

52. 根据个人所得税法律制度的规定，下列各项中，属于稿酬所得的是(　　)。

A. 画家将书画作品以图书的形式出版取得的所得

B. 科研工作者取得的专利赔偿所得

C. 剧本作者从电视剧制作单位取得的剧本使用费

D. 作者将自己的文字作品手稿原件拍卖取得的所得

53. 2022年3月，中国公民赵某在境内公开发行和转让市场购入某上市公司股票，当年7月取得该上市公司分配的股息6000元，8月将持有的股票全部卖出。已知：利息、股息、红利所得个人所得税税率为20%。计算李某该笔股息所得应缴纳个人所得税税额的下列算式中，正确的是(　　)。

A. 6000×20%=1200(元)　　B. 6000×(1-20%)×20%=960(元)

C. 6000×(1-20%)×50%×20%=480(元)　　D. 6000×50%×20%=600(元)

54. 居民个人取得综合所得，需要办理汇算清缴的，应当在取得所得的次年(　　)内申报纳税。

A. 3月1日~6月30日　　C. 1月1日~5月31日

B. 1月1日~2月28日　　D. 3月1日~5月31日

55. 根据税收征管法律制度的规定，企业发生的下列项目中，不需要办理变更税务登记的是(　　)。

A. 改变产权关系　　C. 变更经营范围

B. 改变注册资本　　D. 经营地点变更涉及改变主管税务机关

56. 根据税收征管法律制度的规定，已开具的发票存根联和发票登记簿，应当保存(　　)。

A. 3年　　B. 5年　　C. 10年　　D. 30年

57. 根据税收征管法律制度的规定，下列各项中，不适用税收保全的财产是(　　)。

A. 纳税人的古董　　B. 纳税人的别墅

C. 纳税人的豪华小汽车　　D. 纳税人的家庭唯一普通住房

58. 因纳税人、扣缴义务人计算错误等失误，未缴或者少缴税款的，税务机关在3年内可以追征税款、滞纳金，有特殊情况的，追征期可以延长到(　　)。

A. 4年　　B. 5年　　C. 10年　　D. 无限

59. 下列关于 XBRL 描述正确的是(　　)。

A. XBRL 是基于互联网和独立平台操作为基础

B. XBRL 专门用于财务报告编制、披露和使用的人工语言

C. XBRL 完全实现了数据的集成与最大化利用以及资料共享

D. XBRL 能使财务数据具有更广泛的可比性

60. 用友 T3 会计软件属于(　　)。

A. 系统软件　　B. 应用软件　　C. 实时处理软件　　D. 工具软件

61. “会计软件应当具有符合国家统一标准的数据接口”是为了满足(　　)的需要。

A. 会计监管　　B. 企业会计核算　　C. 企业财务管理　　D. 企业成本核算

62.《企业会计信息化工作规范》第二章的内容为(　　)。

A. 总则　　B. 会计软件和服务　　C. 企业会计信息化　　D. 监督管理

63. 在用友 T3 软件中设置凭证类别时，系统不提供的限制类型和限制科目的类型有(　　)。

A. 贷方必有　　B. 贷方必无　　C. 凭证必有　　D. 凭证必无

64. 下列(　　)可以设置操作员。

A. 系统管理员　　B. 经理　　C. 账套主管　　D. 以上均可

65. 设置职员档案时，(　　)不是必录项。

A. 职员编号　　B. 职员名称　　C. 所属部门　　D. 职员属性

66. 在用友 T3 软件中，系统可以不提供(　　)账页格式。

A. 金额式　　B. 多栏式　　C. 外币金额式　　D. 外币数量式

67. 下列自动转账分录中，属于独立自动转账分录的是(　　)。

A. 固定资产计提折旧自动转账分录　　B. 期间损益结转自动转账分录

C. 销售成本结转自动转账分录　　D. 制造费用结转自动转账分录

68. 关于总账系统自动转账分录凭证生成，下列说法中不正确的是(　　)。

A. 系统按设定的自动转账分录生成转账凭证后自动审核并记账

B. 相关自动转账分录只能在某些相关经济业务入账后使用，否则计算金额时会发生差错

C. 独立自动转账分录可以在任何时候用于填制机制凭证

D. 同一张自动转账凭证，年度内可根据需要多次生成，但每月一般只需结转一次

69. 在用友 T3 会计软件中，以下不属于 UFO 报表的功能的是(　　)。

A. 可管理多达 99999 张相同格式的报表表页

B. 导入标准财务数据

C. 联查有关凭证

D. 制作 10 种图式的分析图表

70. 总账系统转账生成的凭证，系统自动追加到(　　)文件中。

A. 总账账簿　　B. 明细账簿　　C. 未记账凭证　　D. 已记账凭证

71. 如果在总账系统的选项中选择了“凭证编号方式”为“系统编号”，则系统会将凭证(　　)。

A. 任意编号　　B. 按凭证类别按月进行顺序编号

C. 按凭证类别顺序编号　　D. 按月顺序编号

72. 在固定资产核算系统的卡片中区分固定资产来源的数据项是(　　)。

A. 资产名称　　B. 资产编号　　C. 增加方式　　D. 规格型号

73. 工资核算系统是会计核算系统中的(　　)。

A. 大系统　　B. 子系统　　C. 总系统　　D. 分析系统

A. 以公益为目的的社会团体作为票据保证人的，票据保证无效

B. 保证人应当与被保证人对持票人承担连带责任

C. 保证可以附条件

D. 保证人为两人以上的，保证人之间承担连带责任

100. 根据支付结算法律制度的规定，下列各项中，属于签发银行本票必须记载事项的有(　　)。

A. 出票人签章　B. 出票日期　C. 收款人名称　D. 确定的金额

101. 与其他财政收入的形式相比，下列属于我国税收的特征的有(　　)。

A. 连续性　B. 强制性　C. 无偿性　D. 固定性

102. 根据增值税法律制度的规定，一般纳税人购进货物发生的下列情形中，不得从销项税额中抵扣进项税额的有(　　)。

A. 将购进的货物分配给股东　B. 将购进的货物用于个人消费

C. 将购进的货物用于集体福利　D. 将购进的货物无偿赠送给客户

103. 根据消费税法律制度的规定，2022 年 12 月甲酒厂发生的下列业务中，应缴纳消费税的有(　　)。

A. 以自产低度白酒用于奖励职工

B. 以自产高度白酒用于馈赠客户

C. 以自产高度白酒用于连续加工低度白酒

D. 以自产低度白酒用于市场推广

104. 根据企业所得税法律制度的规定，企业取得的下列收入中，属于货币形式的有(　　)。

A. 存货　B. 债务的豁免　C. 现金　D. 应收账款

105. 根据个人所得税法律制度规定，下列属于综合所得的有(　　)。

A. 工资薪金所得　B. 财产租赁所得　C. 劳务报酬所得　D. 财产转让所得

106. 根据税收征管法律制度的规定，下列各项中属于税务机关税务检查职权范围的有(　　)。

A. 责成纳税人提供与纳税有关的资料

B. 可按规定的批准权限采取税收保全措施

C. 询问纳税人与纳税有关的问题和情况

D. 检查纳税的账簿、记账凭证和报表

107. 定义工资项目时需要注意的事项有(　　)。

A. 各工资项目的先后顺序　B. 固定项目一般不应修改

C. 工资项目的稳定性　D. 工资项目的数据宽度

108. 关于工资系统说法正确的是(　　)。

A. 有变动工资项目需要修改，必须先修改工资项目定义，然后再修改公式

B. 工资项目定义的项目名称可以与公式中的项目名称不一致

C. 工资系统主要与账务系统和成本核算系统存在数据传递关系

D. 在工资系统中根据转账数据文件自动生成的转账凭证需传送到账务系统进行账务处理

109. 在定义固定资产类别时，哪些项目不能为空(　　)。

A. 计提属性　B. 类别编码　C. 计量单位　D. 名称

110. 会计软件管理功能包括(　　)模块。

A. 资金管理　　B. 预算管理　　C. 项目管理　　D. 财务分析

111. 企业获得的需要外部单位或者个人证明的原始凭证和其他会计资料，同时满足(　　)条件的，可以不输出纸面资料。

A. 所记载的事项属于本企业重复发生的日常业务

B. 会计资料附有外部单位或者个人的、符合《中华人民共和国电子签名法》的可靠的电子签名

C. 可及时在企业信息系统中以人类可读形式查询和输出

D. 电子签名经符合《中华人民共和国电子签名法》的第三方认证

112. 计算机环境下的账务处理的流程包括(　　)。

A. 手工填制凭证　　B. 人工审核凭证　　C. 生成科目汇总表　　D. 生成财务报表

113. 账套启用日期用于规定该企业用计算机进行业务处理的起点，一般指定年、月，针对其设定要求说法不正确的有(　　)。

A. 必须与业务处理相同　　B. 在业务处理之后

C. 在业务处理之前(或同时)　　D. 没有要求

114. 在 UFO 报表系统生成报表时，下列(　　)是必需的。

A. 已经输入舍位平衡公式　　B. 已经设置好报表格式

C. 手工输入关键字　　D. 报表审核

115. A 公司财务部于 2023 年 5 月启用总账系统，则其建账时需要输入的各科目期初余额数据有(　　)。

A. 2023 年年初余额　　B. 2023 年 5 月期初余额

C. 2023 年 1-4 月借贷方累计发生额　　D. 2022 年全年借贷方累计发生额

三、判断题(本题包括 60 个小题，每小题 1 分，共 60 分。请判断下列说法的对错，正确在答题卡上填涂代码“A”，错误在答题卡上填涂代码“B”。)

(　　)116. 账户的期初、期末余额一般都与增加额在同一方向。

(　　)117. 相关性要求企业提供的会计信息应当清晰明了，简明扼要，便于投资者等财务报告使用者理解和使用。

(　　)118. 企业从银行提取库存现金时，应编制“收款凭证”。

(　　)119. “利润分配——未分配利润”明细账户的贷方余额为未弥补亏损。

(　　)120. 取得收入，可能会表现为资产与收入同时增加。

(　　)121. 未交增值税属于应交税费的一个二级科目。

(　　)122. 余额试算平衡的依据是借贷记账法下的记账规则，因此全部账户的借方期初余额合计数与全部账户的贷方期初余额合计数也必然相等。

(　　)123. 借贷记账法的“借”“贷”其本身不具有任何内在的含义，仅代表记账符号。

(　　)124. 科目汇总表核算程序可以简化总账的登记工作，所以适用于规模较大、经济业务较多的大中型企业单位。

(　　)125. 在资产负债表中“应付账款”项目应根据“应付账款”账户和“预付账款”账户所属明细账户的期末贷方余额合计数填列。

(　　)126. 应收账款坏账损失应计入营业外支出。

(　　)127. “期初结存数+本期增加数-本期减少数=期末结存数”这个公式适用于任何一

要求：根据上述资料，分析回答下列176-179题。

176. 在该银行承兑汇票上，非基本当事人是(　　)。

A. 出票人甲公司　B. 收款人乙公司　C. 背书人丙公司　D. 保证人B公司

177. 汇票上未记载被保证人名称，被保证人是(　　)。

A. 甲公司　B. 乙公司　C. A银行　D. 丙公司

178. 戊公司有权向(　　)追索。

A. 甲公司　B. A银行　C. 丙公司　D. 丁公司

179. 丁公司未记载背书日期，则视为(　　)。

A. 背书无效　B. 背书效力待定　C. 出票日背书　D. 到期日前背书

(二)

甲设备制造企业为增值税一般纳税人，2023年5月发生经济业务如下：

(1) 从国外进口小汽车2辆自用，海关核定的每辆小汽车关税完税价格为25万元，按规定缴纳了进口环节的税款并取得了海关进口增值税专用缴款书。

(2) 购进一批原材料，取得增值税专用发票注明的金额为50万元，增值税为6.5万元。支付运费，取得增值税普通发票注明的金额为2万元，增值税为0.18万元。

(3) 接受其他企业投资转入材料一批，取得增值税专用发票注明的金额为100万元。

(4) 采取分期收款方式销售货物一批，取得价税合计金额113万元，同时向购买方收取优质费2.26万元，按照合同约定本月收取30%的款项，下个月收取70%。

(5) 因仓库管理不善导致上个月购进的一批工具被盗，该批工具的成本为9.04万元(进项税额已抵扣)。

已知：小汽车关税税率为10%，消费税税率为25%，增值税税率为13%。该企业取得增值税专用发票均符合抵扣规定；该企业其他产品适用的增值税税率均为13%。

要求：根据上述资料，不考虑其他因素，分析回答下列180~183题。

180. 下列关于进口小汽车应缴纳的关税和消费税的算式中，正确的是(　　)。

A. 进口关税=25×10%=2.5(万元)

B. 进口关税=25×(1+10%)×10%=2.75(万元)

C. 进口消费税=25×(1+10%)×25%=6.83(万元)

D. 进口消费税=25×(1+10%)÷(1-25%)×25%=9.17(万元)

181. 下列关于甲企业销售货物当月的销项税额的算式中，正确的是(　　)。

A. (113+2.26)÷(1+13%)×30%×13%=3.98(万元)

B. (113+2.26)÷(1+13%)×13%=13.26(万元)

C. 113÷(1+13%)×30%×13%=3.9(万元)

D. 113÷(1+13%)×13%=13(万元)

182. 关于该企业当月进项税计算中，下列说法中正确的是(　　)。

A. 购进原材料支付的增值税进项税可以抵扣

B. 购进原材料支付的运费的增值税进项税额可以抵扣

C. 接受其他企业投资转入材料一批不属于购入，其增值税进项税不可抵扣

D. 进口小汽车取得了海关进口专用缴款书，缴纳的进口环节增值税可以作为进项税额抵扣

183. 对于当月管理不善被盗的工具，下列处理中正确的是(　　)。

A. 无须进行增值税处理

B. 属于非正常损失，进项税额不得抵扣

C. 应转出的进项税额＝9.04×13%＝1.18(万元)

D. 应转出的进项税额＝9.04÷(1+13%)×13%＝1.04(万元)

(三)

远达公司为居民企业，2022 年度有关经济业务如下：

(1) 产品销售收入 600 万元，销售边角料收入 50 万元，国债利息收入 8 万元。

(2) 以产品抵偿债务，该批产品不含增值税售价 60 万元。

(3) 实发合理工资、薪金总额 100 万元，发生职工教育经费 6 万元，职工福利费 18 万元，工会经费 1 万元。

(4) 支付人民法院诉讼费 3 万元，税收滞纳金 4 万元，合同违约金 5 万元，银行罚息 6 万元。

(5) 因管理不善一批材料被盗，原材料成本 10 万元，增值税进项税额 1.6 万元，取得保险公司赔款 6 万元，原材料损失已经税务机关核准。

要求：根据上述资料，分析回答下列 184-187 题。

184. 远达公司下列收益中，计算企业所得税时，应计入收入总额的是(　　)。

A. 国债利息收入 8 万元　　B. 产品销售收入 600 万元

C. 销售边角料收入 50 万元　　D. 以产品抵偿债务 60 万元

185. 远达公司下列支出中，计算企业所得税时，准予全部扣除的是(　　)。

A. 工资、薪金总额 100 万元　　B. 职工教育经费 6 万元

C. 职工福利费 18 万元　　D. 工会经费 1 万元

186. 远达公司下列支出中，计算企业所得税时，不准扣除的是(　　)。

A. 税收滞纳金 4 万元　　B. 银行罚息 6 万元

C. 合同违约金 5 万元　　D. 支付人民法院诉讼费 3 万元。

187. 远达公司在计算企业所得税应纳税所得额时，准予扣除原材料损失金额的是(　　)。

A. 10-1.6-6＝2.4(万元)　　B. 10-6＝4(万元)

C. 10+1.6＝11.6(万元)　　D. 10+1.6-6＝5.6(万元)

(四)

A 公司是一家涉外经济的工业企业，客户很多，需要分类核算。2022 年成立，2023 年 1 月启用会计信息系统，执行 2007 年《企业会计准则》，每个会计期间都有涉外经济业务，业务简单，只设置一种凭证类别。2023 年 4 月 30 日，本公司的出纳员小王，在进行银行对账时，发现银行存款日记账上有一笔金额与银行对账单上不符，经核实，是 A 公司记录出了问题：2023 年 4 月 18 日张会计误将 10000 元记录为 1000 元。

黎明有限公司则务部人员、权限及账套信息如下：

操作员及权限

编号	姓名	所属部门	权　限
1001	张一	财务部	账套主管
1002	王二	财务部	公用目录设置、总账(除凭证审核、出纳签字)，工资、固定资产、采购、销售、应收、应付、核算、往来
1003	李三	财务部	公用目录设置、出纳签字、序时账查询、现金管理

11. 下列费用不可以计入销售费用的有(　　)。

A. 产品的展览费　　B. 负责企业销售的副总经理的工资

C. 专设销售机构固定资产的折旧费　　D. 销售产品的广告费

12. 下列(　　)不属于利润分配的内容。

A. 计算应缴纳的所得税费用　　B. 弥补以前年度亏损

C. 提取盈余公积　　D. 向投资者分配利润

13. 下列业务中，应该编制收款凭证的是(　　)。

A. 购买原材料用银行存款支付　　B. 收到销售商品的款项

C. 购买固定资产，款项尚未支付　　D. 销售商品，收到商业汇票一张

14. 某会计人员在审核记账凭证时，发现误将 8000 元写成 800 元，尚未入账，一般应采用(　　)改正。

A. 重新编制记账凭证　　B. 红字更正法

C. 补充登记法　　D. 冲账法

15. 下列各项中，不符合原始凭证基本要求的是(　　)。

A. 从个人取得的原始凭证，必须有填制人员的签名盖章

B. 原始凭证不得涂改刮擦挖补

C. 上级批准的经济合同，应作为原始凭证

D. 大写和小写金额必须相等

16. 下列经济业务中，应该填制现金收款凭证的是(　　)。

A. 从银行提取现金　　B. 以现金发放职工工资

C. 出售报废的固定资产收到现金　　D. 销售积压材料收到一张转账支票

17. 下列关于对账意义的说法中，不正确的是(　　)。

A. 能够保证账簿记录的准确无误和编制会计报表数字的真实性

B. 能够发现会计工作中的薄弱环节，有利于会计核算质量的不断提高

C. 能够加强单位内部控制，建立健全经济责任制

D. 能够提高会计人员的工作效率

18. 一般来说，总账、日记账和多数明细账应(　　)更换一次。

A. 每月　　B. 每季度　　C. 半年　　D. 每年

19. 下列各项中，不属于采用横线登记式明细账适用于登记的业务是(　　)。

A. 材料采购　　B. 应收账款　　C. 一次性备用金　　D. 应收票据

20. 关于需要结计本年累计发生额的账户，结计“过次页”的本页合计数，下列说法中正确的是(　　)。

A. 自年初起至本日止累计数　　B. 自年初起至本页末止累计数

C. 自月初至本页末止累计数　　D. 自本页初至本页末止累计数

21. 实际发生坏账和计提坏账准备均会使用的会计科目是(　　)。

A.“资产减值损失”　　B.“应收账款”　　C.“坏账准备”　　D.“其他应收款”

22. 甲企业坏账准备提取比例为 5%，2013 年年末“应收账款”账户余额为 100 万元，2014 年由于赊销商品使得“应收账款”增加 20 万元，2014 年发生坏账损失 1 万元，则 2014 年应提取的坏账准备为(　　)万元(假设该企业不存在需要计提坏账准备的“其他应收款项”)。

A. 6　　B. 1.85　　C. 1.65　　D. 1.95

23. 某企业期末银行存款日记账余额为 80000 元，银行送来的对账单余额为 82425 元，经对未达账项调节后的余额为 83925 元，则该企业在银行的实有存款是(　　)元。

A. 82425　　B. 80000　　C. 83925　　D. 24250

24. 下列关于编制汇总记账凭证的表述中，正确的是(　　)。

A. 汇总付款凭证按“库存现金”“银行存款”账户借方设置，并按其对应贷方账户归类汇总

B. 汇总收款凭证按“库存现金”“银行存款”账户贷方设置，并按其对应借方账户归类汇总

C. 汇总转账凭证按每一账户的借方设置，并按其对应的贷方账户归类汇总

D. 汇总转账凭证按每一账户的贷方设置，并按其对应的借方账户归类汇总

25. 甲企业为一家大型商业流通企业，主要经销家电产品，其账务处理使用汇总记账凭证账务处理程序。下列各项中，(　　)属于甲企业月末登记总账依据。

A. 原始凭证　　B. 原始凭证汇总表　　C. 记账凭证　　D. 汇总记账凭证

26. 下列项目中，不应列示在资产负债表中的流动资产部分的是(　　)。

A.“货币资金”　　B.“应收账款”　　C.“预付账款”　　D.“在建工程”

27. 关于资产负债表的格式，下列说法中，不正确的是(　　)。

A. 资产负债表主要有账户式和报告式

B. 我国的资产负债表采用报告式

C. 账户式资产负债表分为左右两方，左方为资产，右方为负债和所有者权益

D. 负债和所有者权益按照求偿权的先后顺序排列

28. 某公司“原材料”账户期末余额为 150 万元，“库存商品”账户期末余额为 220 万元，“材料采购”账户期末余额为 25 万元，“存货跌价准备”账户期末余额为 12 万元，编制资产负债表时，“存货”项目应填列(　　)万元。

A. 383　　B. 395　　C. 407　　D. 360

29. 某企业 2022 年 12 月 31 日应付生产工人薪酬 5000 元，应付车间管理人员薪酬 6000 元，应付厂部管理人员薪酬 3500 元，则该企业 2016 年 12 月 31 日资产负债表中“应付职工薪酬”项目填列的金额是(　　)元。

A. 11000　　B. 14500　　C. 8500　　D. 9500

30. 关于会计档案的销毁，下列说法中，不正确的有(　　)。

A. 财政部销毁会计档案时，应由同级审计部门派员参加监销

B. 单位销毁会计档案时，单位档案机构和会计机构应共同派员监销

C. 由单位负责人主持会计档案的销毁

D. 国家机关销毁会计档案时，应当由同级财政部门、审计部门派员参加监销

31. 根据会计法律制度的规定，现金日记账的保管时间应达到法定最低保管期限。该期限为(　　)。

A. 5 年　　B. 10 年　　C. 20 年　　D. 30 年

32. 根据会计法律制度的规定，在对外报出的财务会计报告上签名并盖章的人员不包括(　　)。

A. 注册会计师　　B. 总会计师　　C. 会计主管人员　　D. 单位负责人

33. A 外商投资企业的业务收支以欧元为主，兼有少量人民币业务。下列关于 A 企业记

D. 通过债务重组方式取得的无形资产，以该资产的公允价值和支付的相关税费为计税基础

52. 根据个人所得税法律制度的规定，下列各项中，不属于特许权使用费所得的是(　　)。

A. 提供著作权的使用权取得的所得　　B. 提供房屋使用权取得的所得

C. 提供专利权的使用权取得的所得　　D. 提供商标权的使用权取得的所得

53. 甲公司2023年度取得销售货物收入1000万元，发生的与生产经营活动有关的业务招待费支出6万元。甲公司在计算2023年度企业所得税应纳税所得额时，准予扣除的业务招待费支出为(　　)。

A. 6万元　　B. 5万元　　C. 4.97万元　　D. 3.6万元

54. 根据企业所得税法律制度的规定，企业从事下列项目的所得，减半征收企业所得税的是(　　)。

A. 花卉种植　　B. 谷物种植　　C. 中药材种植　　D. 蔬菜种植

55. 根据税收征管法律制度的规定，从事生产、经营的纳税人应当自领取营业执照或者发生纳税义务之日起一定期限内，按照国家规定设置账簿，该期限是(　　)。

A. 15日　　B. 30日　　C. 60日　　D. 90日

56. 下列税款征收方式中，适用于纳税人财务制度不健全，生产经营不固定，零星分散、流动性大的税源的征收方式是(　　)。

A. 查定征收　　B. 定期定额征收　　C. 查账征收　　D. 查验征收

57. 某酒店2022年12月取得餐饮收入5万元，客房出租收入10万元，该酒店未在规定期限内进行纳税申报，经税务机关责令限期申报，逾期仍未申报。根据税收征管法律制度的规定，税务机关有权对该酒店(　　)。

A. 采取税收保全措施　　B. 责令提供纳税担保

C. 税务人员到酒店直接征收税款　　D. 核定其应纳税额

58. 根据税收征管法律制度的规定，因纳税人、扣缴义务人计算错误等失误，未缴或者少缴税款的，税务机关在3年内可以追征税款、滞纳金；有特殊情况的，追征期可以延长到(　　)年。

A. 5　　B. 10　　C. 15　　D. 20

59. 单位档案管理机构接收电子会计档案时，下列(　　)不是对电子会计档案要求的检测。

A. 准确性　　B. 完整性　　C. 可用性　　D. 合法性

60. 不属于会计信息系统的基本要素的是(　　)。

A. 硬件资源　　B. 软件资源　　C. 会计人员　　D. 供应链资源

61.《企业会计信息化工作规范》第四十、第四十一条规定会计资料可以(　　)。

A. 无纸化　　B. 数据化　　C. 存档　　D. 不存档

62. 企业进行会计信息系统前端系统的建设和改造，应有(　　)的参与。

A. 会计信息化工作的专门机构或者岗位　　B. 高级管理人员

C. IT人员　　D. 技术人员

63. 在用友T3环境下，不属于系统管理员权限的是(　　)。

A. 账套备份　　B. 年度账备份

C. 清除系统异常任务　　D. 账套删除

64. 会计电算化系统年度结账后，可以对有些不合适的设置进行修改，下列选项中不能

修改的是(　　)。

A. 会计科目　　B. 部门档案　　C. 凭证类别　　D. 账套启用设置

65. 在用友 T3 环境下，对于错误的账套信息，不能修改的项目是(　　)。

A. 启用会计期　　B. 账套主管　　C. 行业性质　　D. 分类编码方案

66. 某企业在用友 T3 环境下建立了一个账套，该账套的启用会计期是 2023 年 8 月，该企业欲启用总账系统进行业务处理。下列选项中符合系统启用时间要求的是(　　)。

A. 2023 年 7 月　　B. 2023 年 8 月

C. 2023 年 7 月 31 日　　D. 2023 年 8 月 1 日

67. 下列选项中，不属于用友 T3 总账系统参数的是(　　)。

A. 支票控制　　B. 凭证编号方式

C. 账簿打印方式　　D. 会计科目编码方式

68. 在用友 T3 环境下，如果要求操作员只能使用具有相应制单权限的会计科目填制凭证，则需要在总账系统选项中选择(　　)。

A. 可以使用其他系统受控科目　　B. 制单权限控制到科目

C. 明细账查询权限控制到科目　　D. 资金及往来赤字控制

69. 关于用友 T3 总账系统期初余额的说法，错误的是(　　)。

A. 只能录入末级科目的余额，非末级科目的余额由系统自动汇总填入

B. 如果某科目设置为外币核算科目，应先录入本币余额，然后再录入外币余额

C. 凭证记账后就不能再输入修改期初余额

D. 如果期初余额试算不平衡，则不能在总账系统填制凭证

70. 下列关于用友 T3 总账系统填制凭证的说法，错误的是(　　)。

A. 可以根据审核无误的原始凭证直接在计算机上填制记账凭证

B. 系统会自动检查输入的会计科目是否正确，不正确则凭证不能保存

C. 系统会自动检查借、贷方金额是否平衡，不平衡则凭证不能保存

D. 凭证日期应大于等于系统启用日期，小于等于业务日期

71. 在用友 T3 总账系统填制记账凭证时，系统会按照设置的核算规则自动进行正确性检查。关于凭证自动检查内容的说法，错误的是(　　)。

A. 检查会计科目是否存在，如不存在则不能保存凭证

B. 检查金额是否正确，如不正确则凭证不能保存

C. 检查摘要是否存在，如不存在则凭证不能保存

D. 检查会计科目与凭证限制类型、限制科目是否相符，如不相符则凭证不能保存

72. 报表审核公式主要用于(　　)。

A. 报表数据生成前，审核报表数据的正确性

B. 报表数据生成后，审核报表数据的合法性

C. 报表数据来源定义完成后，审核报表的正确性

D. 报表数据来源定义完成后，审核报表的合法性

73. 在 UFO 报表中，关键字的位置可以用(　　)来表示。

A. 表样　　B. 偏移量　　C. 字符　　D. 像素

74. 如果发现 UFO 生成的财务报表中有公式的单元数据错误，如何进行修改(　　)。

A. 直接键入正确的数据　　B. 返回格式状态修改数据

销售额缴纳消费税的有(　　)。

A. 向甲公司收取的储备费　　B. 向乙公司收取的品牌使用费

C. 向丙公司收取的包装物租金　　D. 向丁公司收取的产品优质费

104. 根据企业所得税法律制度的规定，下列各项准予在以后年度结转扣除的有(　　)。

A. 职工教育经费　B. 业务宣传费　C. 广告费　D. 业务招待费

105. 根据个人所得税法律制度的规定，下列各项中，属于专项附加扣除的有(　　)。

A. 继续教育　B. 住房租金　C. 赡养老人　D. 子女教育

106. 根据税收征管法律制度的规定，下列各项财务资料中，除另有规定外，至少应保存10年的有(　　)。

A. 账簿　B. 发票的存根联　C. 完税凭证　D. 发票的登记簿

107. 会计软件各模块间数据之间属于单项传递类型的是(　　)。

A. 薪资管理模块　B. 固定资产管理模块　C. 应付款管理模块　D. 决策支持系统

108. 用户操作日志可以按(　　)进行查询。

A. 按照操作人员姓名或者用户名　　B. 操作的时间范围

C. 操作内容　　D. 以上条件的组合

109. 在用友 T3 环境下，关于指定科目的说法，正确的是(　　)。

A. 只有科目性质(即余额方向)为借方的会计科目，才能被指定为现金总账科目或银行总账科目

B. 被指定为现金总账科目的会计科目，可以查询现金日记账

C. 被指定为银行总账科目的会计科目，可以查询资金日报

D. 被指定为现金总账科目的会计科目不能删除，只有取消指定才能删除

110. 关于用友 T3 总账系统录入科目期初余额的说法，正确的有(　　)。

A. 如果是第一次使用总账系统，则必须录入期初余额

B. 录入期初余额时，应先录入底层科目的余额，然后再录入上级科目的余额

C. 对于数量金额式的科目，应先录入价值量余额，然后录入数量余额

D. 凭证一经记账，科目的期初余额就变为浏览只读状态，不能修改

111. 在用友 T3 总账系统中，在参数设置时选择了“资金及往来赤字控制”则在制单时，予以赤字控制的科目有(　　)。

A. 银行存款　B. 应收账款　C. 应付账款　D. 生产成本

112. 在会计软件中，一张凭证中可填写的行数说法不正确的有(　　)。

A. 最多为 10 行　B. 最多为 5 行　C. 有限制　D. 无限制

113. 下列操作需要在关闭工资类别的状态下进行的是(　　)。

A. 删除工资类别　B. 建立工资类别　C. 输入职工档案　D. 工资类别汇总

114. 固定资产系统与下列哪些系统有关系(　　)。

A. 账务处理系统　B. 成本管理系统　C. 报表管理系统　D. 工资管理系统

115. 定义固定资产类别时，不能为空的内容有(　　)。

A. 计提属性　B. 类别编码　C. 计量单位　D. 名称

三、判断题(本题包括 60 个小题，每小题 1 分，共 60 分。请判断下列说法的对错，正确在答题卡上填涂代码“A”，错误在答题卡上填涂代码“B”。)

(　　)116. 库存商品明细账应采用三栏式账簿，以反映其收入、发出、结存情况。

(　　)117. 随着经济业务发生，资产、负债及所有者权益的有关项目会相应发生增减变动，但资产总额与负债及所有者权益的总额总是不变的。

(　　)118. 债权人和投资人对企业的资产的要求权，在会计上总称为权益。

(　　)119. 复式记账法下，任何经济业务都必须在两个账户登记。

(　　)120. 出差人员出差带回的车票、船票不能作为原始凭证。

(　　)121. 全面清查由于清查范围广，费时费力，所以只在年末进行。

(　　)122. 期末"应收账款"账户所属明细账户有贷方余额，在编制"资产负债表"时，应在预收账款项目列示。

(　　)123. 产品销售成本是指已经销售产品的生产成本，即应当从营业收入中补偿的生产耗费。

(　　)124. 原材料的实际成本包括材料的买价、采购费用及应负担的增值税。

(　　)125. 在借贷记账法下，损益类科目期末一般都无余额。

(　　)126. 利润是收入与费用配比相抵后的差额，是经营成果的最终要素。

(　　)127. "累计折旧"和"累计摊销"属于资产类账户，借方登记增加数，贷方登记减少数。

(　　)128. 企业结账前对账时，发现记账凭证填制无误，但账簿中由于记账人员失误造成金额记大，应采用红字更正法。

(　　)129. "所得税费用"账户贷方登记期末应转入本年利润账户借方的金额。

(　　)130. 资产负债表可以提供某一特定日期资产的总额及其结构，表明企业拥有或控制的资源及其分布情况。

(　　)131. 会计人员可以根据会计主体的实际情况确定总账科目的名称和编号。

(　　)132. 在不同的账务处理程序下，登记总账的依据可以是：记账凭证、汇总记账凭证、科目汇总表。

(　　)133. 存货的定额内自然损耗属于非正常损失，可列入当期损益核算计入管理费用。

(　　)134. 财产物资的盘盈，报经批准后可能会影响当期损益。

(　　)135. 资产、负债和所有者权益三项会计要素是资金运动的动态表现，反映企业的财务状况，是资产负债表的基本要素。

(　　)136. 企业获取资产的来源渠道有两条：一是由企业所有者投资形成，二是由(向)债权人贷款形成。

(　　)137. "收料凭证汇总表"是一种累计凭证。

(　　)138. 有限责任公司应当设置总会计师。

(　　)139. 出纳人员不得兼管稽核、会计档案保管和收入、支出、费用、债权债务账目的登记工作。

(　　)140. 因故意销毁应当保存的会计凭证被追究刑事责任的会计人员，不得再从事会计工作。

(　　)141. 会计工作交接后，接替人员对移交的会计资料的真实性、完整性负责。

(　　)142. 会计账簿应当按照连续编号的页码顺序登记。

(　　)143. 会计人员在会计核算和监督时要自觉地严格遵守各项准则，同时也要求他人遵守准则，坚决抵制违法行为。

(　　)144. 付款人承兑汇票可以附有条件。

B. 会计档案销毁清册由单位档案管理机构编制

C. 保管期满但未结清的债权债务会计凭证应当销毁

D. 档案管理机构负责人、会计机构负责人、单位负责人均应在会计档案销毁清册上签署意见

179. 针对厂长杨某的做法，下列说法中正确的是(　　)。

A. 厂长杨某的行为构成了对赵某的打击报复

B. 若厂长杨某的行为构成犯罪的，依法追究刑事责任

C. 若厂长杨某的行为尚不构成犯罪的，由其所在单位或者有关单位依法给予行政处分

D. 对赵某应当恢复其名誉和原有职务级别

(二)

2023年8月，应届大学毕业生常某入职甲公司，按照公司财务人员的要求，常某在P银行申请开立Ⅰ类个人银行结算账户，用于接收工资，9月常某收到第一份工资。12月根据生活需要，常某通过P银行手机银行申请开立了一个Ⅱ类个人银行结算账户，在P银行申请到一笔汽车消费贷款，发放到该Ⅱ类账户。

已知：常某在银行未开立其他个人银行结算账户。

要求：根据上述资料，不考虑其他因素，分析回答下列180-183题。

180. 常某申请开立Ⅰ类账户可以采用的开户方式是(　　)。

A. 通过电子邮件申请开户

B. 登录P银行网站申请开户

C. P银行柜面开户

D. 自助机具开户，经P银行工作人员现场核验身份信息

181. Ⅱ类银行账户非绑定账户转入资金、存入现金日累计限额合计为(　　)元，年累计限额合计为(　　)元。

A. 1万，20万　　B. 2000，5万　　C. 1万，5万　　D. 2000，20万

182. 关于常某通过手机银行申请开立Ⅱ类账户的下列表述中，正确的是(　　)。

A. P银行需审核常某的有效身份证件

B. P银行应当验证Ⅱ类账户与绑定账户为同一人开立

C. 可以绑定常某本人Ⅰ类账户进行身份验证

D. 常某登记验证的手机号码与绑定账户使用的手机号码应保持一致

183. 下列业务中，常某使用Ⅱ类账户可以办理的是(　　)。

A. 缴存现金(经确认身份)　　B. 支取现金(经确认身份)

C. 归还汽车消费贷款　　D. 购买理财产品

(三)

云龙酒业公司为增值税一般纳税人，主要从事酒类产品的生产与销售业务。2023年6月有关经营情况如下：

(1) 销售自产A品牌白酒5吨，含增值税销售价格339000元/吨。同时向购买方收取品牌使用费226000元。

(2) 通过自设非独立核算门市部销售自产B品牌白酒3吨，含增值税销售价格135600元/吨。B品牌白酒生产成本80000元/吨。

(3) 购进C型白酒1吨，取得增值税专用发票注明金额30000元。云龙酒业公司将购进的C型白酒全部用于生产D品牌白酒，D品牌白酒当月销售2吨，含增值税销售价格67800元/吨。

(4) 将自产E品牌药酒10吨用于投资入股乙商贸公司，1吨用于抵偿所欠丙公司原材料货款，3吨用于换取丁公司销售的酿酒设备，2吨用于换取戊公司销售的包装设备。E品牌药酒不含增值税最高销售价格90000元/吨，不含增值税平均销售价格82000元/吨。

要求：根据上述资料，分析回答下列184~187题。

184. 计算云龙酒业公司当月销售自产A品牌白酒应缴纳消费税税额的下列算式中，正确的是(　　)。

A. (5×339000+226000)×20%+5×1000×2×0.5=389200(元)

B. 5×339000×20%+5×1000×2×0.5=344000(元)

C. (5×339000+226000)×20%=384200(元)

D. (5×339000+226000)÷(1+13%)×20%+5×1000×2×0.5=345000(元)

185. 计算云龙酒业公司当月销售自产B品牌白酒应缴纳消费税税额的下列算式中，正确的是(　　)。

A. 3×80000×20%+3×1000×2×0.5=51000(元)

B. [3×80000+3×135600÷(1+13%)]×20%=120000(元)

C. 3×135600÷(1+13%)×20%+3×1000×2×0.5=75000(元)

D. 3×80000÷(1-20%)×20%+3×1000×2×0.5=63000(元)

186. 计算云龙酒业公司当月销售自产D品牌白酒应缴纳消费税税额的下列算式中，正确的是(　　)。

A. 2×67800÷(1+13%)×20%-30000×20%=18000(元)

B. 2×67800÷(1+13%)×20%+2×1000×2×0.5-(30000×20%+1×1000×2×0.5)=19000(元)

C. 2×67800÷(1+13%)×20%+2×1000×2×0.5=26000(元)

D. 2×67800÷(1+13%)×20%-(30000×20%+1×1000×2×0.5)=17000(元)

187. 关于云龙酒业公司当月自产E品牌药酒消费税计税依据的下列表述中，正确的是(　　)。

A. 用于抵偿货款的1吨自产E品牌药酒，以每吨90000元的价格为计税依据

B. 用于换取包装设备的2吨自产E品牌药酒，以每吨82000元的价格为计税依据

C. 用于换取酿酒设备的3吨自产E品牌药酒，以每吨82000元的价格为计税依据

D. 用于投资入股的10吨自产E品牌药酒，以每吨90000元的价格为计税依据

(四)

天天有限公司是一家小型工业企业，于2023年2月1日开始使用用友T3系统，并启用总账及固定资产系统，2月录入固定资产卡片并处理业务如下(以下固定资产皆采用平均年限法提取折旧，净残值率皆为5%)：

(1) 2021年11月1日直接购入机器设备，原值50000元，使用年限10年。

(2) 2022年12月1日购入笔记本电脑10台，原值4900元，使用年限5年。

(3) 2023年2月2日，购买打印机一台，价值1500元，使用年限为5年。

(4) 2023年根据情况将2021年购入的轿车原值调整为20000元，将2022年购入的笔记

A. 58000　　B. 71000　　C. 70000　　D. 60000

10. 某企业生产 A、B 两种产品，有关资料如下表：

单位：元

<table>
<tr><th rowspan="2">产品名称</th><th rowspan="2">期初在产品成本</th><th colspan="3">本期生产费用</th><th rowspan="2">期末在产品成本</th></tr>
<tr><th>直接材料</th><th>直接人工</th><th>制造费用</th></tr>
<tr><td>A 产品</td><td>15000</td><td>14000</td><td>20000</td><td rowspan="2">25000</td><td>18000</td></tr>
<tr><td>B 产品</td><td>12000</td><td>16000</td><td>30000</td><td>13000</td></tr>
</table>

制造费用按照生产工人工资比例分配，则完工 A 产品的生产成本是(　　)。

A. 59000 元　　B. 56000 元　　C. 74000 元　　D. 41000 元

11. 下列关于利润分配的叙述，正确的是(　　)。

A. 企业当年实现的利润加年初未分配利润即为可供分配利润

B. 按可供分配利润的一定比例提取盈余公积

C. 按可供分配利润的一定比例向投资者分配利润

D. 当年的未分配利润可以弥补以前年度亏损

12. 甲企业向乙企业采购材料，收到的增值税专用发票上注明货款为 300000 元，税额为 39000 元。甲企业上个月已经预付了货款的 50%，则开出支票补付余款时应(　　)元。

A. 贷记“银行存款”169500　　B. 贷记“预付账款”169500

C. 贷记“银行存款”189000　　D. 贷记“预付账款”189000

13. 下列凭证中，属于自制原始凭证的是(　　)。

A. 产品入库单　　B. 增值税专用发票

C. 银行对账单　　D. 职工出差取得的车船票

14. 企业购进原材料 60000 元，款项未付，该笔经济业务应编制的记账凭证是(　　)。

A. 收款凭证　　B. 付款凭证　　C. 转账凭证　　D. 以上均可

15. 下列各项中，不属于记账凭证的基本要素的是(　　)。

A. 记账凭证的名称日期编号及交易或事项摘要

B. 交易或事项涉及的会计科目记账方向及金额

C. 记账标记及原始凭证附件

D. 单位负责人签章

16. 实存账存对比表是调整账面记录的(　　)。

A. 记账凭证　　B. 转账凭证　　C. 原始凭证　　D. 累计凭证

17. 审核记账凭证时，发现金额 2000 元误写成 200 元，凭证尚未入账，此时应采用(　　)改正。

A. 重新编制记账凭证　　B. 红字更正法

C. 补充登记法　　D. 冲账法

18. 总分类账户与明细分类账户平行登记的要点不包括(　　)。

A. 时间相同　　B. 金额相等　　C. 期间一致　　D. 方向相同

19. 下列各项中，不构成会计账簿的有(　　)。

A. 封面　　B. 扉页　　C. 账页　　D. 解说

20. 下列关于结账的说法中，不正确的有(　　)。

A. 结账具体包括月结、季结和年结

B. 结账前应将本期发生的经济业务事项全部登记入账，并保证其正确

C. 每月末结账时，只需要在最后一笔经济业务事项记录之下通栏划单红线

D. 对不需要按月结计本期发生额的账户，每次记账后，都要随时结出余额，每月最后一笔余额为月末余额

21. 编制银行存款余额调节表时，本单位银行存款调节后的余额等于(　　)。

A. 本单位银行存款余额+本单位已记增加而银行未记增加的账项—银行已记增加而本单位未记增加的账项

B. 本单位银行存款余额+银行已记增加而本单位未记增加的账项—银行已记减少而本单位未记减少的账项

C. 本单位银行存款余额+本单位已记增加而银行未记增加的账项—本单位已记增加而银行未记增加的账项

D. 本单位银行存款余+银行已记减少而本单位未记减少的账项—银行已记增加而本单位未记增加的账项

22. 进行局部财产清查时，不正确的做法有(　　)。

A. 现金每月清点一次　　B. 银行存款每月至少同银行核对一次

C. 贵重物品每月盘点一次　　D. 债权债务每年至少核对一二次

23. 下列关于现金清查的说法中，不正确的有(　　)。

A. 出纳员每天必须进行清查

B. 单位只在年终决算前组织对库存现金的专门清查

C. 清查小组清查前，出纳员应将现金收付款凭证全部登记入账，并结出账存数

D. 清查小组清查盘点时，出纳人员必须在场

24. 汇总记账凭证账务处理程序的主要优点之一是(　　)。

A. 能够进行试算平衡　　B. 能清楚反映各科目间的对应关系

C. 便于会计核算工作的分工　　D. 核算程序简单

25. 汇总收款凭证是按“库存现金”和“银行存款”科目的(　　)设置的。

A. 借方　　B. 贷方　　C. 借方或贷方　　D. 以上都对

26. 下列各项中，(　　)不属于企业资产负债表提供的信息。

A. 企业资产的构成及其状况　　B. 企业的负债总额及其结构

C. 企业利润的形成情况　　D. 企业所有者权益情况

27. 企业财务报表反映的内容没有(　　)。

A. 某一特定日期财务状况　　B. 某一会计期间经营成果

C. 某一会计期间成本水平　　D. 某一会计期同现金流量

28. 下列有关财务报表的表述中，不正确的有(　　)。

A. 财务报表是指企业对外提供的反映企业某一特定日期财务状况和某一会计期间经营成果、现金流量等会计信息的文件

预付的一年房租，11 月 5 日将房屋交付乙超市使用，11 月 10 日向乙超市开具发票。甲公司该笔业务的增值税纳税义务发生时间是(　　)。

A. 10 月 5 日　　B. 10 月 15 日　　C. 11 月 5 日　　D. 11 月 10 日

47. 甲公司为增值税一般纳税人，2023 年 8 月向农民收购一批玉米，收购发票注明买价为 10000 元，其中 1000 元玉米在运输途中因自然灾害毁损，500 元玉米入库后因管理不善造成霉烂变质损失。已知：农产品按 9%的扣除率计算进项税额。计算甲公司该笔业务准予抵扣进项税额的下列算式中，正确的是(　　)。

A. (10000-1000-500)×9%=765(元)

B. (10000-1000)×9%=810(元)

C. (10000-500)×9%=855(元)

D. 10000×9%=900(元)

48. 甲公司 2021 年 12 月销售自产 W 型小汽车 500 辆，不含增值税售价为 20 万元/辆，并将 10 辆同型号小汽车赠送给慈善组织，移送 5 辆供本公司管理部门使用。已知：W 型小汽车消费税税率为 5%。计算甲公司上述业务应缴纳消费税税额的下列算式中，正确的是(　　)。

A. (500+5)×20×5%=505(万元)

B. (500+10+5)×20×5%=515(万元)

C. 500×20×5%=500(万元)

D. (500+10)×20×5%=510(万元)

49. 根据消费税法律制度的规定，下列各项中，准予扣除外购的应税消费品已纳消费税税款的是(　　)。

A. 外购已税白酒生产的药酒

B. 外购已税烟丝生产的卷烟

C. 外购已税翡翠生产加工的金银翡翠首饰

D. 外购已税钻石生产的高档手表

50. 根据企业所得税法律制度的规定，下列各项中，属于特许权使用费收入的是(　　)。

A. 提供生产设备使用权取得的收入　　B. 提供运输工具使用权取得的收入

C. 提供房屋使用权取得的收入　　D. 提供商标权的使用权取得的收入

51. 根据企业所得税法律制度的规定，下列固定资产中，在计算企业所得税应纳税所得额时，准予计算折旧扣除的是(　　)。

A. 未投入使用的机器设备

B. 以经营租赁方式租入的机器设备

C. 已足额提取折旧仍继续使用的机器设备

D. 以融资租赁方式租入的机器设备

52. 下列情形中，应当缴纳个人所得税的是(　　)。

A. 赵某参与企业举办的抽奖，取得 500 元中奖收入

B. 钱某以 20%的折扣购入市场价格为 4000 元的空调

C. 孙某取得储蓄存款利息300元

D. 李某在通信公司营业处充话费获赠价值600元的手机

53. 根据个人所得税法律制度的规定，居民纳税人取得的下列所得中，应按“工资、薪金所得”计缴个人所得税的是(　　)。

A. 国债利息收入

B. 出租闲置住房取得的收入

C. 参加商场有奖销售活动中奖取得的奖金

D. 单位全勤奖

54. 根据消费税法律制度的规定，下列应税消费品中，实行从价定率计征消费税的有(　　)。

A. 电池　　B. 卷烟　　C. 柴油　　D. 黄酒

55. 根据税收征收管理法律制度的规定，下列税种中，由税务机关负责征收的是(　　)。

A. 关税　　B. 车船税

C. 船舶吨税　　D. 进口环节的消费税

56. 根据税收征收管理法律制度的规定，下列各项中，应由付款方向收款方开具发票的是(　　)。

A. 百货公司向甲公司销售办公用品

B. 超市向张某收购一批大米

C. 矿泉水公司向乙个人独资企业销售办公用水

D. 商场向丙厂销售办公用打印机

57. 根据税收征收管理法律制度的规定，税务机关采取税收保全措施和税收强制执行措施都需要经(　　)批准。

A. 省级人民政府省长　　B. 省级检察院检察长

C. 省级人民法院院长　　D. 县级以上税务局(分局)局长

58. 根据税收征收管理法的规定，下列说法中，错误的是(　　)。

A. 扣缴义务人应扣未扣、应收而不收税款的，由税务机关向扣缴义务人追缴税款，并对扣缴义务人处应扣未扣、应收未收税款50%以上3倍以下的罚款

B. 纳税人采取欺骗、隐瞒手段进行虚假纳税申报或者不申报，逃避缴纳税款数额较大并且占应纳税额10%以上的，处3年以下有期徒刑或者拘役，并处罚金

C. 税务代理人违反税收法律、行政法规，造成纳税人未缴或者少缴税款的，除由纳税人缴纳或者补缴应纳税款、滞纳金外，对税务代理人处纳税人未缴或者少缴税款50%以上3倍以下的罚款

D. 纳税人擅自改动税控装置的，可以处2000元以下的罚款；情节严重的，处2000元以上1万元以下的罚款

59. 在用友T3环境下，下列关于填制凭证的说法，不正确的是(　　)。

A. 制单日期应大于等于总账系统启用日期

B. 凭证日期必须序时，不能倒流

C. 借贷方金额合计必须平衡

D. 有工资停发的员工可标记停发工资，保留档案，但以后不可以恢复

75. 下列关于工资系统计算公式设置的表述中，不正确的是(　　)。

A. 只有设置了人员档案后，才能设置计算公式

B. 只有设置了工资项目后，才能设置计算公式

C. 如果公式中有“OR”或“AND”符号，要求在其前后加半角空格，符号输入须在全角状态下完成

D. 如果工资项目有变动，应重新修改公式，避免计算错误

76. 下列关于指定会计科目的说法错误的是(　　)。

A. 被指定为现金或银行总账科目的会计科目可以删除

B. 只有科目性质(余额方向)为借方的会计科目，才能被指定为“现金总账科目”

C. 指定会计科目时可以是任意级次的科目

D. 只有指定会计科目后，才能执行出纳签字

77. 若在总账管理系统的“凭证选项卡”菜单中设置了“制单序时控制”，则制单日期会受到如下(　　)限制。

A. 不受任何限制

B. 必须大于最后一张凭证的制单日期

C. 必须小于或等于计算机系统日期

D. 必须大于或等于同类凭证中最后一张凭证的制单日期

78. 固定资产原始卡片上所记录的资产的开始使用日期一定(　　)固定资产系统的启用日期。

A. 大于等于　　B. 等于　　C. 小于等于　　D. 小于

79. 下列关于固定资产卡片说法错误的是(　　)。

A. 固定资产卡片原值、累计折旧额录入的必须是卡片录入月月初的价值，否则将出现计算错误

B. 固定资产原始卡片的录入不受时间的限制，任何一个时间都可以录入

C. 固定资产卡片编号由系统根据初始化时定义的编码方案自动设定，不能修改，如果删除一张卡片，又不是最后一张时，系统会自动调整编号

D. 固定资产新卡片录入的第一个月可以不提折旧

80. 在总账管理系统查询凭证时，通过“填制凭证/查询”功能，不能查询到(　　)。

A. 未记账的凭证　　B. 标错的凭证　　C. 已记账的凭证　　D. 作废的凭证

81. 下列有关用友 UFO 报表的基本操作流程正确的是(　　)。

A. 定义公式→设计格式→数据处理→图形处理→打印

B. 设计格式→定义公式→图形处理→数据处理→打印

C. 设计格式→定义公式→数据处理→图形处理→打印

D. 设计格式→图形处理→数据处理→定义公式→打印

82. 某企业固定资产系统中，设备类编码为03，使用年限为10年，净残值率为3%，折旧方法为平均年限法，欲在该设备类下级增加机床类别，并对其进行设置，下列说法错误的是(　　)。

A. 净残值率改为4% B. 使用年限改为8年

C. 编码改为0402 D. 折旧方法改为双倍余额递减法

83. 在下列固定资产的操作中不需要进行资产变动处理的是( )。

A. 工作总量调整 B. 变更资产编号 C. 累计折旧调整 D. 资产类别调整

84. 会计报表所用的数据主要来自( )。

A. 报表系统自身 B. 工资系统 C. 账务处理模块 D. 成本核算系统

二、多项选择题(本题包括31个小题，每小题2分，共62分。在每小题给出的四个选项中，有两个或两个以上答案符合题目要求，请在答题卡相应位置用2B铅笔填涂相应答案代码。)

85. 会计方法包括( )。

A. 会计核算方法 B. 会计决策方法 C. 会计分析方法 D. 会计检查方法

86. 银行存款日记账余额与对账单余额不一致的原因包括( )。

A. 银行记账有误 B. 企业记账有误

C. 未达账项 D. 企业、银行双方有误

87. 各种账务处理程序的相同之处有( )。

A. 库存现金、银行存款日记账的登记 B. 对账要求

C. 会计报表的编制 D. 各种明细分类账的登记

88. 下列各项经济业务中，导致企业资产总额和负债总额同时减少的有( )。

A. 用现金支付职工薪酬 B. 购买材料一批，货款未付

C. 将资本公积转增资本 D. 用银行存款偿还所欠货款

89. 会计科目与会计账户的相同点是( )。

A. 结构相同 B. 名称相同

C. 反映经济内容相同 D. 作用相同

90. 下列( )项目会影响企业“营业利润”的计算。

A. 主营业务收入 B. 其他业务收入 C. 投资收益 D. 营业外支出

91. 以下错误不能通过试算平衡发现的有( )。

A. 某项经济业务借贷方金额登记了两遍 B. 漏记了一项经济业务

C. 借方金额记错，贷方金额正确 D. 借贷方向颠倒

92. 根据我国《企业会计制度》的规定，会计期间分为( )。

A. 年度 B. 半年度 C. 季度 D. 月度

93. 下列项目中，属于企业无形资产的有( )。

A. 土地使用权 B. 专利权 C. 商标权 D. 非专利技术

94. 企业支付车间水电费时，可能涉及的账户有( )。

A. 管理费用 B. 制造费用

C. 应交税费-应交增值税 D. 银行存款

95. 根据会计法律制度的规定，对单位的会计资料有监督检查权的单位有( )。

A. 中国人民银行 B. 税务局 C. 财政局 D. 审计局

96. 根据会计法律制度的规定，下列各项工作中，出纳不得兼任的有( )。

C. 登录工资管理系统的日期为反结账的当月

D. 由账套主管的身份进行

109. 下列关于企业会计信息系统与业务信息系统的表述中，正确的是(　　)。

A. 企业应当促进会计信息系统与业务信息系统的一体化

B. 为保障信息安全，企业经营数据需要先导出，经格式转换、分类汇总等人工处理后再导入或输入会计信息系统

C. 随着企业信息化工作的不断深化，会计信息系统与业务信息系统的界限越来越模糊

D. 企业可以通过业务处理直接驱动会计记账，减少人工操作，提高数据一致性

110. 下列关于会计科目的说法，正确的是(　　)。

A. 在进行科目成批复制时，源科目与目标科目的级次必须相同，且同为非末级科目

B. 建立会计科目时，对有数量核算要求的，必须输入数量计量单位

C. 在用友 T3 软件中，会计科目使用后可以再增加下级明细科目

D. 增加二级或其以下会计科目时，系统将自动与其上一级科目类型保持一致，用户可更改二级或其以下会计科目类型

111. 在用友 T3 总账系统中，关于账簿查询功能的说法正确的是(　　)。

A. 通过余额表查询功能可以查询各级科目的累计借方发生额、累计贷方发生额和余额

B. 通过总账查询功能可以查询各级科目的累计借方发生额、累计贷方发生额和余额

C. 通过明细账查询功能，只能查询明细科目的借方发生额、贷方发生额和余额，不能查询总账科目的借方发生额、贷方发生额和余额

D. 既可以查询已记账的业务，也可以在查询已记账业务的同时查询未记账的业务

112. 如果选择 A5：A10 区域定义组合单元，应采用以下(　　)组合方式。

A. 整体组合　　B. 按行组合　　C. 按列组合　　D. 区间组合

113. 固定资产系统在进行期末处理时不允许结账，原因可能是(　　)。

A. 本月未提折旧

B. 本月提取折旧后，又改变了某项固定资产的折旧方法

C. 对账不平

D. 有两项固定资产增加业务尚未制单

114. 下列关于操作员管理的说法不正确的是(　　)。

A. 系统管理员和账套主管都有权增加操作员

B. 操作员设置完成后，如果相关信息不正确，可以进行修改，但是操作员的编号不能修改

C. 操作员设置完成后，如果该操作员身份未启用，可以删除，一旦启用了，则不能删除该操作员

D. 操作员设置完成后，无论该操作员身份是否启用，均可删除该操作员

115. 下列关于总账选项参数说法，不正确的是(　　)。

A. 填制凭证时选择何种汇率方式取决于总账选项参数中的外币核算汇率方式的选择

B. 若选择了现金流量项目必录，当前是现金流量科目时必须录入现金流量项目，否则凭证不能保存

C. 若选择了出纳凭证必须经由出纳签字，则含有现金、银行存款科目的凭证出纳才能执行签字功能，否则出纳无法签字

D. 在其他选项卡中不仅可以查看账套名称、行业性质、科目级长与本位币信息，若有错误还能在此处修改

三、判断题(本题包括60个小题，每小题1分，共60分。请判断下列说法的对错，正确在答题卡上填涂代码“A”，错误在答题卡上填涂代码“B”。)

(　　)116. 如果一项经济业务的发生引起负债的增加和所有者权益的减少，则会计基本等式的平衡关系没有被破坏。

(　　)117. 非日常活动所形成的经济利益的流入不能确认为收入，而应当计入利得。

(　　)118. 年终结转以后，“本年利润”和“利润分配”账户均无余额。

(　　)119. 会计核算中，填制和审核会计凭证、登记账簿、编制会计报表顺序是不能颠倒的。

(　　)120. 科目汇总表核算形式与汇总记账凭证核算形式的适用范围是相同的。

(　　)121. 银行存款日记账必须采用订本式账簿，其账页格式可以采用三栏式和多栏式。

(　　)122. 记账凭证填制完经济业务事项后，如有空行，应当自金额栏最后一笔金额数字下的空行处至合计数上空行处划线注销。

(　　)123. 永续盘存制就是对各项财产物资平时在账簿中只登记其增加数，不登记其减少数，期末根据实地盘点的结存数来倒挤财产物资的减少数，并据以登记有关账簿的一种盘存制度。

(　　)124. 月末，应根据银行存款余额调节表中调节后的余额进行账务处理，使企业银行存款账的余额与调整后的余额一致。

(　　)125. 在我国，总分类科目制定的权威部门是国家税务总局。

(　　)126. 货币资金的清查是指对库存现金、银行存款所进行的清查。

(　　)127. 横线登记式明细账，将每一相关的业务登记在同一行，从而可依据每一行各个栏目的登记是否齐全来判断该项业务的进展情况。如其他应收款、在途物资等明细账。

(　　)128. 财产清查时为了保证清查结果的公正，财产物资保管员不得在清查现场。

(　　)129. 复合会计分录是指将不同类型的经济业务合并在一起编制的会计分录。

(　　)130. 所有的账户都是依据会计科目开设的。

(　　)131. 原材料按照实际成本进行核算时，不设置“材料采购”账户，但应单独设置“在途物资”账户进行核算。

(　　)132. 企业在生产经营过程中支付的人员工资和福利费等，均属于成本项目中的直接人工。

(　　)174. 报表管理系统的数据处理功能以变动的格式管理大量不同的表页。

(　　)175. 在一个报表中只能设置一个可变区，或是行可变区或是列可变区，行可变区是指可变区中的行数是可变的；列可变区是指可变区中的列数是可变的。

四、不定项选择题(本题包括 17 个小题，每小题 2 分，共 34 分。每小题给出的四个选项中，有一个或一个以上答案符合题目要求，请在答题卡相应位置用 2B 铅笔填涂相应答案代码。)

(一)

方兴公司的有关情况如下：

(1) 2023 年 1 月，方兴公司为支付甲企业的货款，向甲企业签发了一张 100 万元的转账支票，出票日期为 1 月 10 日，付款人为乙银行。持票人甲企业于 1 月 15 日到乙银行提示付款时，乙银行以出票人方兴公司的存款账户资金不足 100 万元为由拒绝付款，经查明，方兴公司并非以骗取财物为目的。

(2) 2023 年 2 月，方兴公司为支付丙企业的货款，向丙企业签发一张出票后 2 个月付款的银行承兑汇票，出票日期为 2 月 10 日，金额为 500 万元，承兑人为乙银行。方兴公司在申请承兑时，向乙银行存入了 50%的保证金 250 万元。4 月 10 日，该银行承兑汇票到期，方兴公司未按期足额存入剩余的 250 万元。

(3) 2023 年 3 月，方兴公司为支付丁企业的货款，向其开户银行乙银行申请办理 600 万元的国内信用证。乙银行向申请人方兴公司收取了一定数额的保证金后，为方兴公司办理了信用证。4 月 10 日，丁企业请求付款时，开证行乙银行以方兴公司交存的保证金和其存款账户余额不足为由，拒绝付款。

要求：根据上述资料，分析回答下列 176−179 题。

176. 根据本题要点(1)所提示的内容以及票据法律制度的规定，方兴公司的行为(　　)。

A. 由乙银行处以 1000 元的罚款

B. 由中国人民银行处以 5 万元的罚款

C. 方兴公司补足资金即可，无须承担责任

D. 甲企业有权要求方兴公司，赔偿 2 万元的赔偿金

177. 根据票据法律制度的规定，下列属于商业汇票的绝对记载事项的有(　　)。

A. 无条件支付的委托　　B. 确定的金额

C. 收款人名称　　D. 付款人名称

178. 根据本题要点(2)所提示的内容以及票据法律制度的规定，若丙企业于 2023 年 4 月 15 日提示付款，乙银行的下列做法符合法律规定的是(　　)。

A. 拒绝付款

B. 无条件付款

C. 对方兴公司按照汇票金额每天万分之五计收利息

D. 对方兴公司尚未支付的汇票金额按照每天万分之五计收利息

179. 根据本题要点(3)所提示的内容以及相关法律制度的规定，下列各项中，表述正确的是(　　)。

A. 乙银行可根据方兴公司的资信情况要求其提供合法有效的担保

B. 丁企业可以用该信用证支取现金

C. 该信用证可撤销

D. 乙银行拒绝付款的做法符合规定

（二）

飞亚公司为居民企业，主要从事机器设备制造和销售业务。2022 年度有关经营情况如下：

(1) 发生一笔涉及商业折扣的销售业务，该笔业务为销售设备一批，不含增值税售价 3000 万元，扣除商业折扣 150 万元后实际收到销售价款为 2850 万元、增值税税额 370.5 万元。

(2) 实际发生合理的工资、薪金支出 1000 万元，发生职工教育经费支出 70 万元。

(3) 计提未经核定的资产减值准备 20 万元；发生非广告性赞助支出 10 万元；发生诉讼费用 2 万元；员工因公出差乘坐交通工具发生的人身意外保险费支出 0.2 万元。

(4) 利润总额 2400 万元。

已知：上年度未扣除结转至本年扣除的职工教育经费支出 20 万元。

要求：根据上述资料，不考虑其他因素，分析回答下列 180-183 题。

180. 在计算飞亚公司 2022 年度企业所得税应纳税所得额时，采取商业折扣方式销售设备业务应计入收入总额的金额是(　　)万元。

A. 3000　　B. 2850　　C. 3370.5　　D. 3220.5

181. 在计算飞亚公司 2022 年度企业所得税应纳税所得额时，准予扣除的职工教育经费支出是(　　)万元。

A. 55　　B. 85　　C. 80　　D. 70

182. 在计算飞亚公司 2022 年度企业所得税应纳税所得额时，下列各项中，不得扣除的是(　　)。

A. 诉讼费用 2 万元

B. 未经核定的资产减值准备 20 万元

C. 人身意外保险费支出 0.2 万元

D. 非广告性赞助支出 10 万元

183. 计算飞亚公司 2022 年度企业所得税应纳税所得额的下列算式中，正确的是(　　)。

A. 2400-(1000×8%-70)+20+10=2420(万元)

B. 2400-20+10+0.2=2390.2(万元)

C. 2400+2+0.2=2402.2(万元)

D. 2400+20+2=2422(万元)

（三）

中国公民冯某为国内某大学教授，2022 年 1-5 月有关收支情况如下：

(1) 1 月转让一套住房，取得含增值税销售收入 1995000 元，该套住房原值 1760000 元，系冯某 2020 年 8 月购入，本次转让过程中，发生合理费用 20000 元。

(2) 2 月获得当地环保部门颁发的区(县)级环境保护方面的奖金 20000 元。

子系统

192. 若小星星公司采用多工资类别，那么下列关于工资管理系统初始设置操作顺序的说法，错误的是(　　)。

A. 建立工资账套-工资项目设置-建立工资类别-计算公式设置

B. 建立工资账套-工资项目设置-人员档案设置-建立工资类别

C. 建立工资类别-工资项目选择-人员档案设置-计算公式设置

D. 建立工资账套-人员类别设置-人员档案设置-工资项目选择